금융자본주의의 창시자

로스차일드 이야기

금융자본주의의 창시자

로스차일드 이야기

홍익희 지음

오픈하우스

차례

1장   자본주의는 어떻게 탄생되었나?

○

중세와 근대의 분기점이 된 1492년은 스페인으로서는 뜻깊은 해다. 이베리아반도에서 이슬람을 몰아내고 통일을 이룬 '레콩키스타', 콜럼버스의 '신대륙 발견', '기독교 왕국 선포와 유대인 추방', 이 세 가지 역사적 사건이 모두 이 해에 일어났다.

경제사에 있어서 1492년은 각별한 의미를 갖는다. 유대인 추방은 스페인 제국의 쇠퇴를 의미한 반면, 유대인을 받아들인 네덜란드는 중상주의가 꽃을 피우고 자본주의의 씨앗이 잉태되는 계기가 되었으며, 그 힘은 그대로 대영제국의 번영으로 이어졌다. 또한 세계 경제를 쥐락펴락하는 미국이 콜럼버스로 인해 탄생되었으니, 오늘날의 세계 질서를 만든 역사적 시발점이 1492년이었다.

'레콩키스타'는 스페인어로 '재정복'을 의미하는데, 여기서는 그리스도교 국가들이 벌인 국토회복운동을 말한다. 이슬람 세력은 결국 최후 거점인 그라나다까지 내주고 1492년에 완전히 이베리아반도에서 퇴각했다. 레콩키스타는 스페인 지역 내 기독교 왕국들의 군사적 승리를 넘어 서구가 이슬람 세력을 물리치고 세계사의 주역으로 등장하는 신호탄이 되었다. 콜럼버스의 신대륙 발견도 같은 맥락이다.

앞서 언급한 대로 그 무렵 한 가지 사건이 더 있었는데, 바로 '유대인 추방령'이다. 이사벨 여왕이 그라나다 알람브라 성에서 교서를 발표해 일명 '알람브라 칙령'이라고도 불리는 이 추방령으로 유대인뿐 아니라 이슬람인 수십만 명이 스페인에서 강제로 쫓겨났

다. 칙령에 따르면 4개월 이내에 떠나야 했으며, 재산을 처분하여 가지고 나가는 것은 허용되었지만, 화폐와 금, 은 등 몇 가지 귀중품은 가지고 나갈 수 없었다. 발각되면 처형이었다. 한마디로 재산은 놔두고 몸만 빠져나가라는 억지였다.

 1492년 3월 31일 칙령이 발표되자, 개종을 거부한 유대인은 팔 수 있는 모든 것을 헐값에 팔아 치웠다. 집을 당나귀와, 포도원 몇 필을 포목과 바꾸어야 했다. 그나마 다행인 건 평소 신변의 위험을 안고 살던 터라 재산을 나누어 관리하는 습관이 있었다. 즉, 1/3은 현찰로, 1/3은 보석이나 골동품 같은 값나가는 재화로, 1/3은 어음 같은 유가증권 등으로 분산시켜 놓았던 것이다. (안정적인 재산관리 방식인 '분산투자법'을 뜻하는 '포트폴리오'는 여기서 유래했다.) 이들은 무엇보다 담보대출 시 저당 잡았던 보석류를 챙겼다. 당시 유대인은 토지나 부동산 소유가 법으로 금지되어 대부분 보석류를 담보로 했다(이는 훗날 유대인이 주로 이주해간 앤트워프와 암스테르담이 다이아몬드 보석 시장으로 자리 잡는 주요 원인이 된다).

여기서 중요한 점은 알람브라 칙령이 이후의 경제사에 큰 영향을 미쳤다는 사실이다. 유대인을 추방시킴으로써 세계 경제사의 흐름을 바꿔 놓았기 때문이다. 포르투갈의 대항해, 브루게와 앤트워프의 발흥, 네덜란드의 중상주의 만개, 삼각무역, 영국의 산업혁명과 자본주의의 전개, 신대륙의 부흥, 미국의 성장 등은 유대인이라는 키워드 없이는 설명할 수 없다.[1]

1　『부의 역사』(권홍우 지음, 인물과사상사) 참고.

1. 자본주의를 잉태한 청어 이야기

중세 유럽에서 말린 청어와 말린 대구는 요긴한 양식이자 화폐 역할을 했다. 생선의 크기와 모양을 가급적 똑같이 만들어 말린 후, 곡식 등 온갖 물건으로 교환했기 때문이다. 이 가운데서도 네덜란드를 부강하게 만든 청어 이야기는 흥미롭다.

우리가 겨울철에 먹는 과메기는 원래 청어로 만든다. 청어는 기름지고 맛이 좋아 말리면 독특한 풍미가 살아난다. 유럽에서도 청어는 인기가 좋았는데, 말린 청어보다는 신선도를 어느 정도 유지하는 소금에 절인 절임청어가 더 맛있어서 인기가 높았다.

15세기 들어, 해류가 변하면서 발트해에서 잡히던 청어가 네덜란드 앞바다 북해로 몰려들었다. 이에 네덜란드 사람들은 너도나도 청어잡이에 나서서 매년 여름 약 1만 톤의 청어를 잡았다. 네덜란드 인구 100만 명 중 30만 명이나 청어잡이에 종사했던 걸 보면, 청어는 그야말로 네덜란드 전 국민의 밥줄이나 다름없었다.

그런데 네덜란드 사람들이 이처럼 청어잡이에 목을 맨 데는 나름의 이유가 있었다. 네덜란드는 국토 대부분이 저지대로 바다보다 낮은 늪

지일 뿐 아니라 소금기가 많아 목축업은 물론 농사도 어려워 먹을 것이 귀했다. 오죽하면 함께 모여 식사를 해도 자신이 먹은 양을 스스로 책임져야 하는 '더치페이'가 발달했겠는가.

너무 빨리 상하는 청어, 해결책은?

이렇게 중요한 청어잡이에도 심각한 문제가 있었다. 청어가 맛은 좋지만 빨리 상했기 때문이다. 어부들은 생선이 상할까 봐 조업 중에도 급히 회항하곤 했다. 배를 먼 곳까지 끌고 갔다가도 회항을 자주 하다 보니 힘만 많이 들었다.

선상에서 청어를 오래 보존하기 위해서는 소금에 절여야 했는데 옛날부터 소금은 비쌌다. 특히 연중 일조량이 적고 갯벌이 거의 없는 유럽은 소금 만들기가 어려워 더더욱 소금이 귀했다. 이때 네덜란드 사람들이 선상에서 임시방편으로 소금 대신 함수를 쓸 수 있다는 것을 발견했다. 함수는 바닷물을 끓여서 85% 정도의 수분을 날린 고염도 소금물이다. 암염광산에서 캐내어 정제를 거쳐 만드는 암염보다 그저 바닷물을 끓여 만든 함수는 비교도 안 될 정도로 비용이 적게 들었다.

빌럼 벤켈소어

1358년에 '빌럼 벤켈소어'라는 한 네덜란드 어민이 이 함수를 이용한 선상 염장법을 고안해 냈다. 그는 작은 칼을 개발해 생선을 잡은 즉시 단번에 배를 갈라 이리를 제외한 내장과 가시를 제거하고 대가리를 잘라낸 다음 함수에 절여 배에 보관했다.

이 방법으로 네덜란드 어선들은 느긋하게 조업하면서 선상에서 생선을 오랜 기간 신선하게 보관할 수 있게 되었다. 덕분에 네덜란드는 청어 산업에서 경쟁국들을 밀어내고 성공할 수 있었다. 작은 칼 한 자루와 함수가 네덜란드의 운명을 바꾸어 놓은 것이다. 훗날 신성로마제국의 황제 샤를 5세가 빌럼의 공을 기려 그의 동상을 세웠을 정도로 이는 혁신적인 방법이었다.

유대인, 천일염 수입으로 절임청어 산업 장악

육지로 옮겨진 청어는 소금에 한 번 더 절여졌다. 그 무렵 소금값이 무척 비쌌지만 소금에 절여야 보관 기간을 1년 이상으로 늘릴 수 있었기 때문이다. 절임청어 원가의 대부분을 청어가 아니라 소금이 차지할 정도였다. 당시 소금은 대부분 독일이나 폴란드 암염을 '한자동맹' 무역망을 통해 공급받았다. 한자동맹이란 13세기부터 17세기까지 중세 독일 북부 연안과 발트해 연안 도시 90여 개가 힘을 합쳐 결성한 상업동맹이자 자체적인 해군을 보유한 무역공동체를 일컫는 말이다. 이 상인 집단은 14세기 덴마크와의 10년 전쟁에서 승리하여 세력을 공고히 하였다.

이 같은 환경에서 스페인에서 추방당해 네덜란드로 건너온 유대인은 절임청어에 쓰이는 소금에 주목했다. 이들은 자신들이 살았던 이베리아 반도 북부 바스크 지역의 바스크인들이 값싸고 질 좋은 천일염을 생산해 절임대구를 만들던 것을 기억해 내어, 바스크 천일염을 수입해 독일산 암염을 대체하기 시작했다. 그리하여 유대인은 소금의 품질은 높이고 가격은 암염에 비해 낮추어 소금 상권을 장악할 수 있었다. 이는 네덜란드를 소금 중계무역 중심지로 만들어준 중요한 시초였다.

청어 산업, 분업과 표준화를 낳다

유대인은 청어를 처리하는 데도 일대 혁신을 이루었다. '분업화'를 도입
한 것이다. 즉, 고기 잡는 사람, 내장 발라내는 사람, 소금에 절여서 통
에 넣는 사람 등으로 나누어서 작업을 진행했다. 숙련공은 1시간에 약 2
천 마리의 청어 내장을 발라낼 수 있었고 절임청어의 생산량은 획기적
으로 증가했다. 그렇게 청어절임은 포획부터 처리와 가공, 수출까지 일
괄 공정으로 기업화되면서 본격적인 산업으로 자리 잡게 되었다.

　냉장고도 없고 식량도 부족하던 이 시절에 1년 이상 보관이 가능한
절임청어는 전 유럽에서 인기가 높을 수밖에 없었다. 특히 1년에 140일
이 넘는 기독교의 육류 금식 기간에도 생선은 먹을 수 있어 불티나게 팔
려나갔다. 해군과 상선에도 필수품이었다. 유대인은 이들을 대상으로
절임청어를 정기적 공급하는 한편, 절임청어를 품질이 균일한 경쟁력
있는 상품으로 만들어 전 유럽에 판매했다.

　이후 유대인은 네덜란드에서 오늘날 수협과도 같은 '어업위원회'를
만들었다. 의회로부터 법적 권리를 부여받아 청어 산업을 체계적으로
관리하고 감독한 것이다. 어업위원회는 품질관리를 위해 저장용 통의
재질과 소금의 종류, 그물코의 크기를 정했고, 가공품의 중량과 포장 규
격 등 엄격한 기준을 만들어 품질 유지에 힘썼다. 이러한 과정을 통해
네덜란드 청어 산업은 고부가가치 산업으로 발전하면서 유럽에서 독보
적인 경쟁력을 확보할 수 있었다. 일관된 공정체계의 완성과 유통의 장
악 그리고 공급의 조절 곧 '독과점 전략'은 원래 유대인의 장기였다.

유대인의 시대가 열리다

암흑의 중세가 끝나고 16세기 근대의 여명이 밝아오자 스페인에서 추방당해 비교적 종교의 자유가 있는 북해 '저지대'로 몰려든 유대인을 주축으로 '중상주의'의 꽃이 피기 시작했다.

이 저지대는 현재의 벨기에와 네덜란드 지역을 말하는데, 해발고도가 바다보다 낮아 붙은 이름이다. 이 지역은 오랜 기간 부르고뉴 공국이 다스렸는데 1477년 부르고뉴 공 샤를의 외동딸 마리와 신성로마제국 황제 막시밀리안 1세의 결혼으로 합스부르크 영토가 되었다. 이후 막시밀리안 1세의 손자 카를 5세가 1506년에 상속받았고, 카를 5세가 1516년에 스페인 국왕에, 1519년에 신성로마제국 황제에 즉위하면서 신성로마제국의 땅이 된다. 이 통에 이 지역은 비교적 종교의 자유가 있어 유대인이 종교적 박해를 피해 몰려들었다.

중상주의란 말 그대로 상업을 중시하는 정책이다. 즉, 한 나라가 부강해지려면 무역을 통해 국부를 늘려야 한다는 사상이다. 당시 정부는 중금주의라고 할 만큼 화폐를 중시했고 이를 늘리기 위한 최고의 정책 목표를 두어 수출을 장려하고 수입을 억제했다. 또 값싼 원료의 확보와 수출 확대를 위해 해외 식민지를 개척하는 것도 정부의 중요한 몫이었다. 한마디로 중상주의는 국부를 증대하기 위한 정부의 전방위적인 강력한 계획과 간섭이었다. 네덜란드는 이 같은 중상주의를 추구하면서도 개인의 자유무역을 우선적으로 존중했다. 중상주의보다 자본주의 원칙에 더 충실했던 것이다. 이로써 장사의 귀재인 유대인의 세상이 열리게 되었다.

유대인, 막강하던 한자동맹을 물리치고 상권을 장악하다

그 무렵 유대인과의 소금 유통 경쟁에서 밀린 한자동맹 도시들의 북해 주도권은 여기서 끝나 역사 속으로 사라졌다. 그만큼 이때 소금이 교역에서 차지하는 비중이 높았다. 유대인은 채굴하기도 어렵고 운반도 힘든 암염 대신 양질의 천일염을 대량으로 들여와 한자동맹과의 무역전쟁에서 이겼다. 소금이 경제권역 간의 주도권을 바꾼 것이다. 유대인은 청어를 절이고 남은 천일염과 정제 소금을 인근 국가에 싼값에 팔아 소금 유통을 완전히 장악했다. 소금의 생산지-유통-소비지 일체를 지배하는 독과점 체제를 이룬 것이다. 이들은 유통시킬 국내 자원이 부족한 경우, 경쟁력 있는 원자재나 상품의 부가가치를 높여 재수출하는 중계무역을 키워나갔다. 네덜란드의 척박한 환경이 오히려 전화위복이었던 셈이다.

한자동맹이 망한 이유는 또 있었다. 이들은 유대 상인들이 발행하는 환어음을 거부하고, 현지 화폐만 받고 상품을 팔았다. 그러니 당시 북부 이탈리아와 플랑드르 상권을 쥐고 있던 유대 상인과는 상업이 연계될 수 없었다. 그러던 차에 소금 판매가 줄고 금융이 꽉 막히면서 급격히 쇠퇴한 것이다.

환어음 거래 활성화로 상업 활동이 활발해져

고대로부터 상인들이 몸에 귀중품이나 금은 주화를 갖고 다니는 것은 매우 위험했다. 그래서 귀한 상품이나 주화를 운반해야 하는 상인들은 항상 대규모 상단을 구성해 함께 다녔고, 용병들을 고용해 자신들을 호위하게 했다.

유대인은 이러한 위험 부담을 줄이기 위해 그들 디아스포라[2] 간의 교역에 있어 주화 대신 어음을 사용했다. 어음은 거래 당사자 간 일정한 시기에 일정한 장소에서 일정한 금액을 주겠다고 약속한 증서다. 처음에는 어음 발행자가 채권자에게 직접 지급했지만, 시간이 흐르면서 어음의 뒷면에 채권의 양도를 기재하는 이서로 상인들 사이에 서로 이전되고 할인시장에서 유통되기도 했다. 이것이 환어음이다. 한마디로 수표 역할을 한 것이다. 유럽에서 어음이나 수표 등을 처음 사용한 것은 유대인들이다. 이들은 민족의식을 가지고 국경을 초월하여 장사와 금융 분야에서 서로를 도왔다. 그래서 현금 없이 신용장이나 환어음으로 거래하는 일이 가능했다. 이러한 신용거래는 유대인의 경전인 『탈무드』를 토대로 하는 계약에 대한 존엄성과 상호 신뢰가 만들어낸 작품이기도 했다.

강력하고 거대했던 한자 상인들이 환어음을 받지 않아 망하는 것을 본 유럽 상인들은 유대인의 환어음을 받아들이기 시작했다. 환어음이 유통되자 신용거래가 자리 잡고 시중 유동성이 늘어나며 상업 활동이 활발해졌다.

유대인, 동방상품과 설탕, 다이아몬드 산업으로 부를 일구다

이리하여 네덜란드는 청어 산업의 호황과 더불어 한자 상인을 물리치고 유럽의 무역주도권을 획득했을 뿐 아니라 유대인 덕분에 포르투갈로부터 동방상품의 유럽 유통권을 인계받았다.

---

2 팔레스타인을 떠나 세계 각지에 흩어져 살면서 유대교의 규범과 생활 관습을 유지하는 유대인을 지칭한다.

이 무렵 소금도 비쌌지만 그보다 더 비싼 것이 설탕이었다. 암스테르담이 원당의 집산지가 되었는데 당시로서는 설탕 산업이 가장 많은 돈을 버는 첨단 산업이었다. 이로써 암스테르담이 당대 최대의 상업도시가 된다. 설탕과 마찬가지로 유대인 다이아몬드 산업도 암스테르담에서 꽃을 피웠다.

당시 유대인이 추방당해 떠난 포르투갈과 스페인 항구에는 동방에서 향신료와 비단, 도자기 등 고급 상품들을 가득 싣고 온 배가 입항해도 이를 유통시킬 상인들이 없었다. 그래서 이 배들이 다시 유대 상인을 찾아 저지대 항구로 갔다. 이후 본격적인 네덜란드 시대가 전개된다.

해상무역 증대와 비례해 커지는 상선들

13세기에 삼각돛을 활용해 맞바람을 이겨내고 앞으로 나아가는 '자이빙'이라는 기술이 개발되었다. 그러자 종래 인간의 힘으로 노를 저어 움직이던 갤리선은 그 역사를 마감하고 범선에 자리를 내주었다. 1450년경 순풍에 유리한 사각범과 역풍에 유리한 삼각돛의 장점을 혼용해 강한 계절풍을 타고 큰 바다를 항해하는 데 적합한 캐럭선이 등장했다. 콜럼버스가 신대륙을 발견한 배가 바로 캐럭선이다. 그 뒤 해상무역이 증대하자 상선의 크기도 커졌다. 캐럭선의 크기는 점차 커졌다. 15세기에 보통 400톤 정도였던 것이 16세기에는 1천 톤 이상으로 대형화되었다.

이후 해적의 출몰이 잦아지자 16세기에 그들을 제압하기 위한 군함 갤리온선이 등장한다. 16세기 말엽의 갤리온선은 크기가 더 커져 보통 2천 톤 규모로 건조됐다. 해적으로부터 안전한 갤리온선의 등장은 해상무역을 증대시켰고, 많은 식민지에 해상무역에 종사하는 유대인 커뮤니티

갤리온선

인 디아스포라를 탄생시켰다.

원래 유대인은 중세 해양국가 베네치아 이래로 선박 제조와 항해에 대한 남다른 기술을 갖고 있었다. 이 기술이 스페인과 포르투갈에 전해져 대항해 시대를 여는 원천기술이 된다. 이후 갤리온선의 덕을 톡톡히 본 것은 네덜란드였다. 그 무렵 네덜란드는 유대인 덕분에 해상무역뿐 아니라 조선업 경쟁력도 세계 최강이었다.

수산업의 발전이 가져온 조선업의 발전

청어잡이와 포경산업이 호황을 누리다 보니 고기잡이배가 많이 필요했다. 이는 자연스레 조선업의 발전으로 이어졌다. 또 조선업이 발전하다 보니 많은 목재가 필요했다. 유대인은 화물선을 제작해 노르웨이 숲에서 대량의 목재를 실어 날랐고, 노르웨이와의 목재 무역은 발트해 무역을 발전시켰다. 빈 배로 가서 목재를 실어 오느니 뭐라도 싣고 가서 싸게 팔고 목재를 실어 오는 게 남는 장사였다. 소금, 청어, 직물, 공산품 등이 주요 수출 품목이었다. 돌아올 때는 목재 이외에 곡물과 아마, 대마 등을 주로 수입했다. 여기에서 습득한 무역 노하우로 유대인은 다른 지역으로 무역망을 확충해 나갔다. 그러다 보니 이제는 화물선도 많이 필요했다. 그러자 고기잡이배뿐 아니라 화물선 제작능력도 좋아졌다. 네덜란드 산업은 이처럼 수산업에서 시작하여 조선업의 발전으로 이어졌다.

17세기 네덜란드 암스테르담의 조선소 모습

'경량화'와 '표준화'에 승부를 걸다

16세기 중반부터 네덜란드 선박은 유대인 주도로 '경량화'와 '표준화'에
승부를 걸었다. 그래야 배가 가벼워 빨리 달릴 수 있고 만들기 쉽기 때
문이다. 가볍고 표준화된 '보급품 수송함'의 대량 건조기술은 1570년에
개발되었다. 경제사에 한 획을 그을 만한 대단한 기술이었다.

경쟁국인 영국 배들이 많은 대포로 중무장할 목적으로 튼튼하게 건조
하는 데 중점을 두었다면, 네덜란드 선박들은 최소의 대포와 선원으로
최대의 경제효과를 얻는 데 초점을 맞추었다. 그 결과 이전에 만들어진
배에 비해 1/3 정도의 인원만으로 운영하게 됨으로써 상품 운임 단가를
경쟁국의 1/3로 줄일 수 있었다.

게다가 선박 건조 표준화로 건조 비용이 영국의 60%밖에 되지 않았
다. 이는 곧 화물유통 경쟁력의 차이로 이어졌다. 이로써 네덜란드 조선

업은 당대 최고의 산업이 되었다.

운송비 경쟁력으로 세계 해운업계 평정

그 무렵, 스칸디나비아 발트해를 지나려면 통행세를 물어야 했다. 통행세 부과 기준은 갑판의 넓이였다. 당시에는 해적의 출몰이 빈번하여 대부분의 배가 양옆으로 많은 대포를 장착하고 다녔는데, 그러기 위해서는 단단하고 굵은 목재를 써서 갑판을 크게 할 수밖에 없었다.

그러나 네덜란드 유대인들은 말 그대로 죽기 아니면 까무러치기식으로 대포 숫자를 최소한으로 줄이거나 아예 없앴다. 대신 상대적으로 값싼 나무로 화물칸을 배불뚝이로 만들고 갑판은 좁게 만들어, 제작 경비와 함께 통행세도 절감하는 방안을 채택했다. 이런 형태의 배를 '플류트선'이라 불렀다. 오늘날의 컨테이너선인 셈이다.

플류트 선박은 1595년에 처음 건조되었는데, 초기 갤리온선의 설계와 유사해 그리 크지 않았다. 보통 한 척의 적재용량은 약 250~500톤에 길이는 25mm 내외였다. 게다가 배불뚝이 저중심 설계라 출발과 정지가 쉽고 폭풍우 같은 악천후에도 잘 견뎠다. 양옆은 통통하고 둥글었고, 갑판이 좁고 긴 대신 선복이 깊고 넓어서 많은 화물을 실을 수 있었다. 그리고 돛이 매우 효율적으로 배치되어 있어 선박이 가벼워 항해 속도가 빨랐다.

여기에 유대인의 지혜가 더해졌다. 보통 플류트선 위 2~3개의 대형 마스트에 큰 가로돛과 세로돛을 달았다. 당시 주력이었던 갤리온 선박보다 마스트의 높이가 더 높았는데 이는 빠른 속도를 위한 것이었다. 따라서 바람의 방향이나 풍속이 바뀌면 재빨리 돛의 방향과 높낮이를 조

플류트선

절해줄 돛 관리 선원들이 많이 필요했다. 하지만 유대인들은 이 배의 돛대에 '블록 앤 태클(block and tackle)'이라 불리는 복합도르래를 설치하여 사각범과 삼각돛을 관리하는 선원 수를 대폭 줄일 수 있었다.

그 덕에 발트해에서 다른 나라 선박이 한 번 왕복할 동안 플류트선은 두 번 왕복할 수 있었고, 영국의 동급 선박의 승선 인원이 30명인 데 비해 플류트선은 보통 9~10명으로 저렴하게 운행할 수 있었다. 이렇게 유대인은 목숨을 담보로 화물운송비를 1/3까지 낮추었다.

해상 운송 물량이 폭증하자 유대인은 이 플류트선을 대량 건조했다. 이를 위해 조선소의 설비와 자재, 계측장비 등도 표준화했다. 유대인의 또 다른 장기였던 '표준화'는 청어 산업에 이어 조선업에서도 위력을 발하여 배를 저렴하고 빠르게 건조할 수 있었다. 네덜란드는 16세기 중엽에 이미 북방무역의 70%를 장악하며 세계 해운업계를 평정했다.

플류트선의 비밀, 평저선

플류트선이 이렇게 빨리 세계 해운업계를 평정할 수 있었던 비결은 바로 평저선에 있다. 네덜란드 앞바다는 세계 5대 갯벌 중 하나인 바덴해 갯벌이다. 갯벌에서 운항할 수 있는 배는 밑바닥이 평편한 평저선이라야 한다. 그래야 조수 간만의 차로 물이 빠질 때 배가 갯벌 위에 쓰러지

지 않는다.

세계 대부분의 배는 첨저선이다. 평저선은 배 밑부분이 뾰족한 유선형의 첨저선에 비해 항해 속도가 느려, 갯벌이 있는 나라에서만 만들어 쓴다(참고로 우리나라 한선도 전통적인 평저선이다).

하지만 느린 것만 빼면 장점이 많다. 일단 선박 건조 작업이 쉽다. 첨저선은 먼저 V자형 용골을 짜고 그 안에서 배를 제작해야 하는데, 평저선은 맨땅 위에서 만들 수 있다 보니 제작 비용도 덜 들고 건조 기간도 훨씬 단축된다. 또 용골의 구애를 받지 않기 때문에 배의 크기도 다양하게 만들 수 있고 무엇보다 크게 만들 수 있다.

둘째, 배의 진화에 빨리 적응할 수 있다. 배불뚝이 선박 플류트선은 속도를 높이기 위해 길쭉한 형태로 진화하게 되었는데, 길이와 폭의 비율이 4대 1, 나중에는 6대 1로 연장되었다.

셋째, 물에 잠기는 흘수 부분이 첨저선에 비해 얕기 때문에 무게중심을 아래로 끌어내리려면 배 밑바닥에 짐을 많이 실어야 해서 같은 용량의 첨저선에 비해 선복량이 많다. 빈 배로 운행할 때는 배 밑바닥에 돌멩이를 싣고 다니다가 화물을 운송할 때는 돌멩이들을 들어내고 그 무게만큼의 상품을 더 실을 수 있는 것이다. 게다가 제작비용까지 적게 드니 플류트선이 첨저선에 비해 운임이 적게 드는 건 당연한 일이다. 또, 흘수가 얕다 보니 입항시설이 미비한 곳이라도 쉽게 정박이 가능하여 상품을 고객이 원하는 가장 가까운 곳까지 배달해줄 수 있다. 플류트선은 바다뿐 아니라 웬만한 강도 거슬러 올라가 상품을 배달해주었다. 고객들에게 인기가 높을 수밖에 없었다.

네덜란드는 이 배로 곧 발트해 교역을 장악해 이어 지중해, 인도, 극동까지 진출해 국제 해상무역을 주도했다. 이 시기에 네덜란드 무역은 급팽창하여 무역선단이 본격적으로 지브롤터해협을 지나 지중해로 들어가서 이탈리아와 레반트 지역과 직접 교역을 했다. 북유럽 선단이 이탈리아와 레반트 지역에 곡물과 원료와 공산품을 대주고 동방물품을 직접 수입하는 동방무역이 시작된 것이다. 발트해-북해-대서양 연안-지중해에 이르는 대서양 시대가 열린 획기적인 사건이었다.

이와 동시에 네덜란드는 식민지 사업에 뛰어들었다. 1602년 네덜란드 동인도회사 설립이 그 첫걸음이었다. 네덜란드 교역망은 발트해를 넘어 북극해로, 아프리카의 열대 지역으로, 일본의 나가사키까지 뻗어나갔다. 그 결과 세계의 상품이 암스테르담으로 몰려왔다.[3]

플류트선이 도입된 지 약 30년 후, 유대인은 플류트선이 못 올라가는 작은 하천 배달을 위해 유틸리티 벌크선을 개발해 이 배의 이름을 '캣쉽(Katship)'이라 불렀다. 아주 작고 홀수선이 극히 얕은 하천 운송에 특화된 배였다. 그러다 보니 플류트선이 유럽 화물운송을 거의 싹쓸이할 수 있어 암스테르담이 자연히 유럽 물류의 중심이 되었다.

유럽 5대 도시로 급성장한 앤트워프

유대인들이 부유한 플랑드르(벨기에) 지역에서 척박한 환경의 네덜란드 저지대로 옮겨간 사연을 알아보자. 벨기에의 도시 앤트워프의 인구는 유대인이 몰려오기 전까지는 2만 명이었다. 그러나 스페인과 포르투갈에서 추방당한 유대인들이 몰려온 1500년 무렵에 두 배가 넘는 5만 명으로 급성장했다. 그 무렵 도시 인구의 반이 유대인이었다. 이 시기에

3　『네덜란드』(주경철 지음, 산처럼) 참고.

앤트워프는 중계무역을 바탕으로 금융업이 급속히 커져갔다. 유대인을 추방한 스페인과 포르투갈, 영국은 무역과 금융 모두를 앤트워프에 전적으로 의존했다.

이후 앤트워프는 경제가 무섭게 급성장했다. 1560년 무렵에는 인구가 10만 명이 되어 당시 스페인의 최대 항구 세비야를 능가하는 항구이자 대도시가 되었다. 조그마한 앤트워프가 상업 면에서 스페인 제국을 능가한 것이다. 앤트워프는 당시 유럽에서 나폴리, 베네치아, 밀라노, 파리 다음의 큰 도시로 성장해 유럽 5대 도시의 하나가 되었다. 이후 유럽 경제의 중심지는 단연 활기찬 앤트워프였다. 세계 교역의 반이 이 도시에서 거래되었다. 완연히 국제적인 상업도시의 면모를 보였다.

여기서 주의 깊게 보아야 할 점이 있다. 경제사적인 측면에서 소도시에 지나지 않았던 앤트워프가 1500년 무렵을 전후해 급속도로 성장한 이유에 대해 유대인을 빼놓고는 설명할 길이 없다는 것이다. 유대인의 거주 시기와 이후 16세기 중후반부터 쇠퇴의 길을 걸으며 스페인의 지배에 들어가기 전 앤트워프의 짧은 번영기가 정확히 맞아떨어진다. 유대인은 참으로 무서운 민족이다. 지금도 이 시기를 바탕으로 발전한 벨기에는 비록 나라는 작지만 강소국으로 유명하다. 오늘날 벨기에에는 유럽연합(EU)의 집행부가 있어 유럽의 수도 역할을 하고 있다.

유대인, 앤트워프에서 암스테르담으로 옮겨가다

16세기 중엽부터 유대인이 가장 많이 모여든 곳은 앤트워프나 브루게보다 스페인의 영향력이 미치지 않는 네덜란드의 암스테르담이었다. 이는 종교적 관용을 베푼 네덜란드의 유대인 수용정책 덕분이었다. 네덜란드는 유대인이 그리스도교하고 결혼하거나 국교를 비판하지 않는다는 조건으로 그들을 받아들였다. 이는 오히려 유대인이 원하는 바였다.

16세기 후반 앤트워프는 스페인의 영향력 아래 있었는데, 스페인은 도시를 지키기 위해 용병들을 끌어들였다. 그런데 스페인은 과도한 팽창정책으로 인한 재정 파산으로 용병들의 월급을 지불하지 못했다. 이것이 화근이었다. 보수를 제대로 받지 못한 용병들처럼 위험한 존재는 없었다. 이들은 툭하면 폭동을 일으키고 약탈을 일삼았다. 1576년에는 6천여 명이 살해되었다. 이것이 앤트워프 쇠락의 근본 원인이다. 이때 많은 유대인이 암스테르담으로 옮겨 네덜란드 독립전쟁에 가담했다.

1579년 네덜란드는 공화국으로의 독립을 모색하며 건국헌장에 종교의 자유를 선언했다. 이후 유대인을 비롯해 유럽 전역의 종교 난민들이 네덜란드로 몰려들었다. 이때부터 네덜란드에서는 각자의 양심의 자유와 내면적 신앙은 불가침의 영역으로서 존중되었다.

게다가 1585년에 앤트워프가 다시 스페인에 정복되면서 절반 가까운 시민들이 북부 네덜란드로 탈주했다. 그나마 그때까지 남아 있던 유대인도 이때 대부분 암스테르담으로 옮겨갔다. 1560년 10만 명이었던 앤트워프 인구는 도시 함락 후인 1590년에 4만 2천 명으로 줄었다. 이때 앤트워프 시민들 가운데 1만여 명이 런던으로 이주했다. 이 가운데 상당수가 유대인이었다. 당시에는 영국이 유대인의 공식 입국을 허용하지 않았을 때였지만 해상무역의 진흥을 위해 입국을 눈감아 주었다. 아니, 영국이 불러들였다고 보는 게 옳다. 여기에는 두 가지 이유를 들 수 있다. 먼저, 당시 영국이 무역에 있어서 '양모'라는 단일 품목 수출과 '앤트워프'라는 단일 수출 시장에 목매고 있었다는 점이다. 또 하나, 영국에서는 왕실의 긴급 자금 조달과 관련하여 영국 내 유대 금융인이 없었기 때문에 국내에서 자금을 조달할 수 없었다. 그래서 앤트워프에 대리인을 파견해 필요한 자금을 융통해 쓰던 실정이었다. 이때 앤트워프에서 건너간 유대인들이 그 후 영국의 해상무역을 이끌었다. 1600년 영국 동인도회사와 1605년 레반트회사를 설립해 동방무역을 주도한 이들이 바로 유대인들이다.

이러한 유대인의 이주는 당시 플랑드르 경제에 막대한 손실을 입히는 원인이 되었는데, 반대급부로 암스테르담의 경제는 급속히 발전했다. 그러자 유럽 각지에 흩어져 살고 있던 유대인이 암스테르담으로 대거 모여들었다. 더불어 암스테르담이 부흥하자 유럽 각국의 부유한 상인과 예술가 들이 이곳으로 밀려들었다. 1580년대 말, 암스테르담의 경제 규모는 이전보다 3배나 커졌다. 당시 암스테르담은 앤트워프 항구가 가지고 있던 시장을 빠르게 잠식해 가면서 유럽 최대의 항구로 급성장했다. 유대인은 16세기 말에 암스테르담 상권을 완전히 장악했다.

유대인들과 개신교도들이 몰려오자 저지대 북부 7개주 연합인 네덜란드 지역은 스페인령 플랑드르 지역에 비해 인구가 많이 늘어났다. 1600년대 들어 네덜란드 지역 인구는 150만 명으로 스페인령 플랑드르 인구 160만 명과 얼추 비슷한 수준이 되었다. 그 무렵 특히 유대인들이 많이 몰려든 암스테르담은 인구가 7만 명으로 늘어나 앤트워프를 제치고 저지대 전체에서 가장 큰 도시가 되었다.

자본주의 싹들이 피어나다

그 무렵 네덜란드 선주들은 동양의 향신료를 수입하기 위해 자체적으로 새로운 항로를 개척하여 원양항해에 나섰다. 이런 회사들이 몇 년 사이에 14개로 늘어났다. 하지만 이들의 지나친 경쟁이 문제였다. 게다가 스페인, 영국 등과 경쟁하기 위해서는 규모가 크고 강한 회사가 필요했다. 이 문제를 해결하기 위해 네덜란드 정부와 의회가 나서서 회사의 합병을 유도했다. 그 결과 통합되어 1602년에 탄생한 것이 '동인도회사'다.

이때의 동양 탐험에는 엄청난 자본이 필요했다. 어느 한두 사람의 힘으로 해결될 문제가 아니었다. 유대인은 그들이 처음으로 정착해 비즈니스를 시작했던 앤트워프 시절에 시도한 바 있는 '주식회사'라는 개념을 다시 생각해냈다. 그리하여 동인도회사 설립에 필요한 자본을 당시 해상무역을 주도하던 선주 각자의 소액투자로 충당했다. 약 645만 길더, 즉, 금 64톤이 모였다. 엄청난 양이었다.

네덜란드 동인도회사는 이렇게 모은 자본으로 설립한 근대 최초의 주식회사였다. 유대인의 기발한 상상력 덕분에 선박 건조와 각종 사업에 필요한 자금을 여러 사람으로부터 모을 수 있었고, 이 선진화된 금융시스템을 바탕으로 영국 동인도회사의 8배가 넘는 대규모 경영을 할 수 있었다.

동인도회사의 주식 발행 이후, 여러 무역회사의 주식이 생겨나기 시작했다. 대형 수송선과 무역선을 건조하기 위한 주식이 대다수를 차지했다. 이러한 해운업과 무역업의 발전으로 네덜란드는 물류산업 중심지가 되었고, 이후 자연스럽게 중계무역 중심지가 될 수 있었다. 또 무역업의 발전은 이를 지원하는 금융업과 보험업의 발달을 가져왔다. 이 과정에서 자본주의의 싹들이 네덜란드에서 피어났다.

그런데 네덜란드가 세계 물류의 중심이자 중계무역 기지가 되다 보니 유통되는 화폐의 종류만 수백 가지가 넘어 불편하기 이를 데 없었다. 더구나 네덜란드에는 지역 정부가 운영하는 14개의 정부 주조소와 40여 개의 민간 주조소가 경쟁하면서 주조 차익을 늘리기 위한 주화 변조 행태가 만연했다. 남부 네덜란드에서 은 함량이 낮은 주화 '파타곤'이 다량 유입되면서 시장에 악화만 남고 양화가 사라졌다. 더구나 은 함량이 높은 주화를 녹여 은 함량이 낮은 주화로 재주조하는 행태도 빈발했다.

게다가 금화의 주변을 살짝 깎아내는 '클리핑(clipping)'과 금화를 가죽부대에 넣고 마구 비벼 가루를 얻으려는 편법적인 시도가 기승을 부렸다. 그러다 보니 온전한 금화는 시중에서 자취를 감추고 훼손되어 가치가 떨어진 악화만이 유통되면서 시중 유동성이 말라갔다. 이를 개선할 획기적인 방안이 필요했다.

원활한 상거래를 촉진하고 상인들이 믿고 사용할 수 있는 지급결제 수단의 필요성이 대두되면서 1606년 5월 10일 암스테르담 상인들이 시의회에 원활한 화폐의 사용을 위한 은행의 설립을 청원했다. 그 결과 1609년에 화폐 통일을 목적으로 근대적 의미의 중앙은행 모태 격인 '암스테르담 은행'이 탄생했다. 이곳은 국가가 설립한 중앙은행이 아니라, 상인들의 이익을 대표하는 암스테르담 시의회가 지원해 만든 기구였다. 시의회가 은행 거래에 대한 보증을 했을 뿐만 아니라 지급결제 독점권 부여 등 여러 가지 규정을 제정해 은행의 영업을 대폭 도왔다. 1613년에는 네덜란드 동인도회사 등 여러 무역회사의 주식을 사고팔 수 있는 '증권거래소'가 암스테르담에 세워졌다.

이후 암스테르담 은행은

암스테르담 은행

신용대출을 선보였고, 채권시장이 활성화되어 시중금리가 2~3%대로 낮아져 대규모 자본이 소요되는 세계무역망 구축과 해외 투자가 시작될 수 있었다. 이를 토대로 네덜란드는 세계 무역과 자본주의 중심국으로 우뚝 서게 된다. 결과적으로 청어가 조선업과 해운 발전에 지대한 공헌을 하면서 중상주의를 활짝 꽃피워 자본주의의 씨앗들을 탄생시켰다.[4]

---

4 『세상을 바꾼 음식이야기』(홍익희 지음, 세종서적) 참고.

2. 17세기 네덜란드는 어떻게 2~3%대 저금리가 가능했을까?

최초의 국채

최초의 공채는 14세기경 북부 이탈리아 도시국가 피렌체에서 발행됐다. 당시 부자들은 의무적으로 정치에 참여했고, 나라에 전쟁 자금이 필요해 군주가 공채를 발행하면 이를 사고 그 대신 세금을 면제받았다. 공채에 이자가 지급되었으나 국가에 대한 의무적인 투자로 생기는 보상이었으므로 엄밀히 말해 고리대금업은 아니었고, 이자 수수를 금지한 당시의 교회법에도 저촉되지 않았다.

피렌체는 채권 투자자가 현금이 필요할 경우 채권을 다른 시민에게 팔 수 있도록 제도화했다. 이로써 채권은 누구나 투자할 수 있는 유동자산이 되었고, 절대왕정 시대 군주는 공채로 자금을 조달해 자주 전쟁을 벌였다.

그런데 공채를 둘러싼 정책에는 몇 가지 문제가 있었다. 먼저, 군주가 발행하는 공채가 군주의 사적 채무인지, 국가의 공적 채무인지 구별하기가 어려웠다. 또 군주의 채무 불이행 위험이 있었는데, 다음 군주가

선대의 채무를 승계하지 않아 부도로 처리되기도 했다(이런 리스크 때문에 공채는 이자율이 높을 수밖에 없었다). 이러한 폐단을 막기 위해 의회가 군주의 공적 재정을 관리하기 시작했고, 군주는 부채를 얻기 위해서는 먼저 의회의 동의를 구해야 했다. '의회가 상환을 보증'하는 국채가 발행되기 시작한 것도 이때부터다.

최초의 국채는 1517년 네덜란드에서 발행되었다. 발행 당시 네덜란드라는 국가는 없었고, 암스테르담 시청에서 발행한 것이 나중에 네덜란드 국채와 합쳐졌는데, 당시 국채 평균 이자율이 약 20%에 달했다. 네덜란드에 최초의 중앙은행 격인 암스테르담 은행이 설립된 후 유동성이 풍부해지면서 국채 이자율도 내려갔다.

은행권의 탄생

은행이 처음 생긴 건 11세기 이탈리아에서였으나, 중앙은행의 모태가 암스테르담 은행이라는 데에는 모든 역사가의 의견이 일치한다. 암스테르담 은행이 훗날 영란은행의 모델이 되고, 미국 연방은행제도에도 영향을 미쳤으니 말이다.

1609년에 문을 연 암스테르담 은행은 여느 곳과 달리 고객들이 가져온 금괴와 은괴를 비용 부담 없이 전액 동등한 무게의 길더 주화와 바꾸어 주었다. 이는 당시로서는 획기적인 일이었다. 그 무렵 일반인들은 은괴를 잘라 주화 대신 지불하거나, 국영 주조기관이나 주조업체(금세공인)에 은괴를 가져가 주화로 주조해 사용했다. 주조에 따른 수수료는 5% 정도였다. 그러다가 은행에서 무료로 주화를 바꿀 수 있게 되었으니, 네덜란드 인근의 모든 은괴와 금괴가 암스테르담 은행으로 몰리는 건 당연했다.

상인들은 일부만 주화로 바꾸고 나머지는 은행화폐로 받아갔다. 무거운 주화보다 은행화폐가 훨씬 편했기 때문이다. 사람들은 갖고 있던 주화도 은행에 맡기고 편리한 은행화폐로 바꾸어갔다. 이렇게 해서 '뱅크 길더(Bank Guilder)'라 불린 은행화폐, 즉 '은행권'이 탄생했다.

암스테르담 은행은 서로 다른 국가의 주화들을 정해진 교환 비율에 따라 뱅크 길더로 바꾸어 상인들의 계좌에 입금했고, 상인들은 그 증서를 화폐 대신 상거래에 사용했다. 지급준비 자산 격인 각국의 금은 주화를 보유하고 그 대신 지폐를 발행하여 유통을 책임지는, 근대적 지급결제시스템을 갖춘 중앙은행이 최초로 성립된 것이다.

암스테르담 은행으로의 유입 자금은 특히 30년 전쟁[5] 기간 중인 1630년대에 폭발적으로 늘어났다. 전쟁 중에는 무겁고 위험한 경화(금속화폐)보다 은행권이 소지하기 편리하고 안전했기 때문이다. 당시에는 돈을 은행에 맡기면 이자를 받기는커녕 오히려 보관 수수료를 물어야 했음에도 예금은 날로 늘어갔다. 암스테르담 은행권이 유통 중인 금속화폐의 총액을 넘어섰고, 이후 '뱅크 길더'는 유럽과 신대륙의 기축통화가 되었다. 애덤 스미스도 그의 저서 『국부론』에서 암스테르담 은행의 성공 사례를 극찬했다.

'신용창조'의 시작

암스테르담 은행은 초기에는 예금 기능만 있었으나 나중에는 대출 기능

---

5 1618~1648년 독일을 무대로 신교(프로테스탄트)와 구교(가톨릭) 간에 벌어진 종교 전쟁.

도 겸했다. 사람들에게 예금을 받고 대출을 해주는 과정에서 이자 수입이 생겼고, 예금으로 받은 주화는 계속 가지고 있으면서도 주화를 대신한 지폐(길더) 대출을 통해 화폐의 '신용창조'도 이뤄졌다.

'신용창조'란 중앙은행이 찍어낸 돈이 예금과 대출을 반복하면서 시중에 또 다른 유동성(돈)을 만들어내는 일련의 과정을 말한다. 사람들이 돈을 은행에 맡기면 은행은 일부를 지급준비금으로 남기고 나머지는 다시 대출해주고, 대출받은 사람이 이를 다시 예금하고, 은행은 그중에서 지급준비금을 뺀 나머지를 대출해주는 식의 순환이 이루어지면서 통화량은 당초 예금액의 몇 배에 달하게 된다.

화폐 발행으로 얻게 되는 이득, 즉 '시뇨리지 효과'가 생기면서 이후 네덜란드의 다른 도시들과 독일도 은행을 만들었다(이 무렵 대부분의 은행은 유대인이 주도했다). 금융 역사에 있어 획기적인 혁명이 시작된 것이다.

얼마 지나지 않아 네덜란드 전역에 은행과 증권거래소가 들어섰고, 은행들은 동인도회사 주식을 담보로 대출을 해주었다. 이로써 은행과 주식시장의 신용공여 유대관계가 맺어졌다.

이방인에게도 확대 적용된 신용대출

암스테르담 은행은 경제 발전에 중요한 밑거름이 되는 '신용대출'이라는 개념도 탄생시켰다. 사실 신용대출은 유대 상인들 사이에서만 가능했던 금융기법이었다. 유대인 사회에서는 그들의 경전인 『탈무드』가 상거래에서 국제법의 역할을 해 신용대출이 가능했는데, 유대 금융인들이 믿을 만한 이방인과의 거래로 신용대출의 적용 범위를 넓힌 것이다.

이후 암스테르담 은행은 상거래 실적과 능력에 따라 선별된 사람들에게 담보 없이 신용대출을 해주었고, 이로 인해 시중 유동성이 풍부해져 금리가 내려갔다. 네덜란드 동인도회사의 초기 대출이자는 6.5% 선이었으나, 17세기 중반에는 3.5%였다. 프랑스 역사학자 페르낭 브로델은 당시 네덜란드 금융을 이렇게 평가했다. "당시 전 유럽을 통틀어 신용대출 개념을 이해하고 응용한 것은 네덜란드 상인뿐이었다. 바로 이것이 네덜란드 경제 번영의 비결이다."

그 뒤 신용도에 따라 이자율을 달리 적용해 신용 있는 사람들에게는 저리로 돈을 빌려주었다. 저금리 신용대출은 무역 발전을 촉진했고, 나아가 네덜란드 경제의 황금시대를 불러왔다.[6]

네덜란드 독립전쟁이 키운 채권 시장

1568년 스페인 제국에 맞서 네덜란드 독립전쟁이 일어났다. 1648년까지 이어져 80년 전쟁이라고도 불린다. 전쟁 후반부는 30년 전쟁과 엮여 30년 전쟁의 일부로 취급되기도 한다.

당시 네덜란드에는 1492년 스페인에서 추방당한 유대인 수십만 명과 1517년 마르틴 루터의 종교개혁 이후 개신교도들이 모여 살고 있었다. 스페인 제국의 가톨릭 세력이 네덜란드의 독립을 인정하지 않고 공격해 오자, 유대인들과 개신교도들은 빌럼 1세를 도와 자신들의 목숨과 전 재산을 걸고 항전했다. 유대인들로서는 네덜란드마저 망하면 더 이상 피난 갈 곳이 없었기에, 막다른 골목에서의 항전인 셈이었다.

유대인들은 민병대를 조직해 싸웠다. 1574년 전쟁 때, 레이던 시민들

---

6 『대국굴기』(왕지아펑 외 7인 지음, 크레듀) 참고.

로 구성된 민병대가 바다 제방을 무너뜨려 네덜란드 함대가 내륙으로 들어와 스페인군을 공격할 수 있도록 한 일도 있었다. 전쟁이 끝난 뒤 오렌지공 빌럼 1세는 시민들의 영웅적인 행동에 대한 보답으로 무엇을 원하는지 물었고, 그들은 후손을 위한 대학을 지어달라고 했다. 1575년 네덜란드 최초로 세워진 레이던 대학교는 이 시민 영웅들에게 오렌지공 빌럼 1세가 내린 보상이었다. 또한 오늘날에도 레이던 공성전 마지막 날이었던 10월 3일을 기념하는 경축 행사가 매년 개최되고 있다.

무엇보다 유대인들이 전쟁 중 세운 가장 큰 업적은 전쟁 자금을 지원한 것이었다. 스페인 제국에 맞서 싸우기 위해서는 지상군 못지않게 해군을 키우는 일이 중요했고, 이를 위해 많은 전함이 필요했다. 그들은 독립전쟁을 이끄는 빌럼 1세와 그의 아들 마우리츠를 도와 '전쟁기금 모금기구'를 만들어 전 유럽의 디아스포라로부터 자금을 끌어들였다. '종신형 연금', '상속형 연금', '복권식 채권' 등 온갖 전시채권이 발행되었는데, 국가 부도 위험이 상존하고 낮은 이자였음에도 전시채권을 산 유대인 투자자가 6만 5천 명이 넘었다.

마우리츠는 전시채권으로 조달한 자금을 토대로 전함을 건조하고 군대를 개혁해 정예부대를 길러냈다. 네덜란드 전함들은 밑바닥이 평편한 평저선이라 대포의 반동을 잘 흡수해 명중률이 높았다. 게다가 빠른 물살에서도 회전력이 좋아 해전에 강했다. 네덜란드 독립군은 1600년 니우포르트 전투에서 이기고, 1607년에는 지브롤터 만에 정박해 있던 스페인 해군기지를 기습 공격하여 스페인 함대를 격멸시킴으로써 결정적인 승리를 쟁취했다. 이로써 네덜란드 공화국은 스페인 제국의 지배에 사실상의 종지부를 찍고 막강한 해군력을 바탕으로 열강의 대열에 합류할 수 있었다. 이후 네덜란드는 인도네시아와 싱가포르 등을 식민지배하면서 동양과의 무역을 독점하기에 이른다.

대규모 글로벌 투자와 무역을 가능케 한 저금리

전쟁이 끝난 17세기 중반 이후에도 각 주에서 발행한 공채의 이자율은
3%였다. 네덜란드가 전쟁을 거듭하는 동안 채권 시장 규모가 급성장해
금리가 많이 내려간 것이다. 유대인들이 애국심을 발휘해 전시채권을
많이 사준 덕분이었다. 당시 네덜란드의 경쟁국이었던 영국에서는 신용
이 좋은 사람도 연 10%로 대출을 받아야 했고, 유대인을 추방한 스페인
왕국의 펠리페 2세는 금융업자들에게 40% 금리로 대출을 받았을 정도
이니(결국 펠리페 2세는 파산했다), 네덜란드의 저금리가 얼마나 큰 경쟁
력이었는지 가늠할 수 있을 것이다.

당시 세계에서 가장 싸게 자본을 빌릴 수 있는 곳이 네덜란드였다. 암
스테르담의 유대 상인들은 3~4%의 이자로 돈을 빌려서 영국과 프랑스
유대인 디아스포라에 6% 정도의 이자율로 돈을 빌려주었다고 한다. 이
렇게 지역 간 금리 차를 이용한 자본의 흐름이 결국 자본 시장을 넓히고
유럽 대륙 전체의 금리를 낮추는 역할을 했다.

애덤 스미스는 저서 『국부론』에서 이렇게 말했다. "네덜란드는 영토
도 작고 인구도 적지만, 영국보다 훨씬 부유한 나라다. 네덜란드 정부는
연 2%에 돈을 빌릴 수 있다. 신용 좋은 민간인도 3%면 차입이 가능하
다. 노동자의 임금도 영국보다 훨씬 높다."

결국 암스테르담이 유럽의 금융과 외환의 중심지로 발전했고, 대규모
투자와 무역도 이뤄졌다. 이 시기에 네덜란드는 세계 무역의 절반 이상
을 차지했다. 17세기 후반, 네덜란드는 무역 거점을 마련하기 위해 연간

국내총생산의 2배에 달하는 약 15억 길더를 해외에 투자했다. 오늘날 지구촌 곳곳에 자본을 깔았다는 미국의 해외 투자가 국내총생산의 절반에 못 미치는 것과 비교하면, 당시 그들이 얼마나 공격적으로 투자했는지 알 수 있다. 이렇듯 17세기의 자본주의는 유대인의 자금과 분리해 생각할 수 없다.

유대인이 가는 곳에는 경쟁력 있는 저금리가 자리 잡았다. 유대인의 본격적인 자본 축적은 네덜란드에서 시작되었고, 이후 이들의 잉여자본이 영국으로 건너가 영국의 발전과 산업혁명에 기여하게 된다.[7]

---

7 『유대인 경제사 5』(홍익희 지음, 한스미디어) 참고.

후진국이었던 영국이 스페인 무적함대를 이긴 비결

'수출 규제'로 뒤바뀐 제국의 운명

과거 수출 규제 조치로 운명이 뒤바뀐 제국이 있다. 16세기 영국과 스페인의 이야기이다. 영국 헨리 8세 때의 일로, 그 무렵 영국은 유럽 대륙에 비해 형편없는 후진국이었다.

국가의 주 수입원은 양털 판매와 해적질이 전부였는데, 그나마 양털 수출도 유대 상인들에 의존해야 했다. 해적질에 필요한 무기도 모두 대륙에서 수입했다. 다만 해적질에 특화되다 보니 배의 성능이 치고 빠지기에 알맞게 진화해 기동력이 좋았다. 그것이 유일한 경쟁력이었다.

그런데 그 무렵 스페인 왕이자 신성로마제국 황제인 카를 5세가 플랑드르 공업지대의 대영국 수출 금지를 단행했다. 해적질을 할 무기를 수입할 수 없게 되자, 헨리 8세는 자구책으로 자급화 정책을 폈다. 대포도 자체적으로 제작하기로 했다. 당시 청동 가격이 철의 4배에 달해 청동대포 대신 철제대포 개발에 나섰다.

그는 먼저 철광맥과 거대한 숲이 있는 서식스 지역에 제철소 건립을 지원하였고, 제철업자들에게 거액의 지원금을 주어 철제대포와 포탄을 만들 수 있는 품질 좋은 철을 생산하게 했다. 1549년 서식스 지역에서 가동되는 제철공장은 53곳에 이르렀고, 마침내 균일한 품질의 철 생산에 성공했다. 이는 훗날 산업혁명의 토대가 된다.

이제 남은 과제는 대륙의 청동대포보다 포신이 긴 장거리 철제 대포를 개발하는 것이었다. 화력이 월등한 스페인 무적함대를 상대하기 위해서라도 사거리가 긴 장거리 함포가 절실했다. 헨리 8세는 장인들을 끌어모아 마침내 장거리용 철제대포 개발에 성공했는데, 여기에는 운도 따랐다. 서식스 지역 광산에서 채굴된 철광석 속에 포함된 인(燐)이 대포의 내구성과 효율성 증진에 크게 도움이 되는 특성을 갖고 있었기 때문이다. 이후 영국은 연간 400톤이 넘는 철제대포를 생산했다. 이는 유럽 전체 대포 생산량의 70%에 달하는 엄청난 양이었다.

역사를 바꾼 평저선

철제대포는 사거리가 100m를 넘었다. 청동대포의 사거리가 60m인 것에 비하면 장족의 발전이었다. 그런데 어렵게 개발한 장거리 함포의 명중률이 형편없었다. 함포 발사 시 배가 너무 흔들려 조준 사격이 소용없었던 것이다. 이에 대한 해결책이 바로 평저선이다. 평저선의 개발은 영국의 운명까지 바꾸었다. 함포가 발사될 때의 반동을 흡수할 수 있도록 범선의 밑바닥을 비교적 크고 편평하게 만들자는 아이디어는 헨리 8세가 직접 냈다고 한다.

헨리 8세의 공은 또 있다. 그는 철 대포 개발 이전에 상선을 차용한 무장 상선이 아닌 본격적으로 전투를 위해 설계된 전함을 이미 제작해 '포문'을 설치했다. 그전에는 갑판에 함포를 적재했기에 무게중심이 위로 쏠려 전복될 위험성이 있어 많은 함포를 적재할 수 없었다. 헨리 8세는 그러한 문제를 '포문'을 만들어 해결했다. 수면 바로 위에 위치한 아래 갑판에 경첩식 나무 창문을 만들어 포문을 통해 함포를 발사하도록 한 것이다. 후발국 영국이 당대 최강 스페인 무적함대를 무찌를 수 있었던 건 바로 하중을 낮춘 갤리온선과 평저선에 장거리 철 대포를 장착했기 때문이었다. 영국의 갤리온선 포문 설치와 평저선 개발은 이후 세계사를 바꾸는 원동력이 된다. 이것이 네덜란드 유대인의 영국 이주와 영란은행을 탄생시키는 시발점이 될 줄 그때는 아무도 몰랐다.

헨리 8세의 딸인 엘리자베스 여왕이 지휘했던 1588년 칼레 해전에서 영국은 전투선인 갤리온선 34척, 무장 상선 163척 외에 평저선 30척으로 스페인 제국에 맞섰다. 영국의 갤리온선은 무게중심이 낮고 날렵해 200문 이상의 철제대포가 장착되어 있음에도 무적함대보다 월등히 빨랐다. 또한 영국의 평저선은 함포 명중률이 첨저선이었던 스페인 무적함대보다 높았을 뿐 아니라 사거리도 길었다. 더구나 평저선은 수심이 얕은 연안에도 정박할 수 있어 인근 해안가에서 탄약과 식량 등을 보급받기도 수월했다. 당시 칼레 항구는 수심이 낮아 흘수가 깊은 대형 선박은 정박할 수 없었기에, 평저선은 여러모로 쓸모가 좋았다.

그 무렵 해전은 주로 배와 배끼리 들이받은 후 갈고리가 달린 사다리를 상대 배에 내려 보병들이 건너가 싸우는 백병전으로 치러졌다. 하지만 당시 영국 해군 선원은 6천 명에 불과했고, 스페인 무적함대는 해군 선원 8,500명, 보병 2만 명으로 무장되어 있었으니 근접 전투를 한다면 영국이 질 것은 불 보듯 뻔했다.

이에 영국은 근접 전투를 피해 80m 밖에서 철제대포를 쏘며 치고 빠지는 전술로 스페인 무적함대를 괴롭혔다. 사거리가 60m에 불과했던 스페인 무적함대는 백병전을 시도하려 했지만, 영국 평저선이 재빨리 회전하면서 자유자재로 함포 공격을 벌이는 통에 그야말로 속수무책이었다. 쫓고 쫓기는 전투는 일주일간 이어졌다.

결국, 지친 무적함대가 모두 정박해 있을 때 영국이 8척의 화공선을 기습적으로 스페인 진영에 투입했고, 놀라 달아나는 무적함대들을 향해 총공세를 펼쳐 칼레 해전을 승리로 이끌었다. 칼레 해전은 유럽에서 전함에 대포를 장착해 적함을 화력으로 격파시킨 최초의 해전이었다.

마침내 영국이 스페인의 무적함대를 무찔렀다. 이는 세계 권력의 이동이자 해상권의 장악을 뜻했다. 해상 무역을 제패한 영국은 그들 영해에서뿐만 아니라 미국과 인도의 항구에서도 스페인 상선을 공격해 쫓아냈고, 이로써 북미에 식민지를 많이 건설할 수 있었다. 스페인 제국이 지고 영국의 해가 떠오르기 시작한 것이다.

3. 주식회사 민간 중앙은행의 탄생 비화

크롬웰의 항해조례와 영국-네덜란드 전쟁

영국의 산업혁명과 그 전파는 저금리 덕분에 가능했다. 영국의 시중금리는 1690년대 연 14%에서 1702년 6%를 거쳐 산업혁명 직전인 1755년에는 2.74%까지 떨어졌다. 어떻게 이렇게 드라마틱하게 금리가 떨어질수 있었는지 그 과정을 살펴보자.

스페인의 무적함대를 격파한 엘리자베스 여왕이 죽은 후, 왕위에 오른 제임스 1세와 그 뒤를 이은 찰스 1세는 왕권신수설의 신봉자로 전제정치를 실시하며 의회와 대립했다. 결국 국왕과 의회의 대립은 내란으로 치달았고, 1645년 크롬웰이 이끄는 의회군이 승리했다.

1649년에 공화정을 세우고 정권을 잡은 크롬웰은 영국이 장악한 해상권을 활용해 국부를 증대할 방편을 떠올렸고, 1651년 그 유명한 '항해조례'를 발표하기에 이른다. 항해조례에 따르면, 유럽 다른 나라들이 영국및 영국 식민지와 무역을 하려면 반드시 영국 또는 영국 식민지 선박만을 사용해야 했다. 또한 선원의 절반 이상은 영국인이어야 하며, 담배와

올리버 크롬웰

설탕, 직물은 오직 영국만 팔 수 있고, 신대륙으로 향하는 모든 상품은 영국을 거쳐 수입 관세를 내야 했다. 한마디로 경쟁국인 네덜란드를 해운과 무역업계에서 배제시키겠다는 의도였다. 항해조례로 네덜란드의 독주에 제동이 걸린 것은 물론, 네덜란드의 유대인 해상무역업자들에게도 위기가 닥쳤다.

1652년 영국과 네덜란드 사이에 1차 전쟁이 벌어졌고, 3년여간의 전쟁 끝에 영국이 이겨 결국 네덜란드 해안은 봉쇄됐다. 해상무역에 종사하는 네덜란드의 유대인들로서는 네덜란드를 떠나는 것 외에는 별다른 방도가 없었다. 유대인들은 그들의 대표인 랍비 '마나세 벤 이스라엘'을 영국에 파견해 1656년 네덜란드 유대인 무역상들의 영국 이주를 허가받았다. 이로써 해상봉쇄로 어려움을 겪었던 세파르디계 유대인[8] 무역업자들이 먼저 도버 해협을 건너게 됐다. 세계의 경제력과 경쟁력이 유대인과 같이 도버 해협을 건넌 것이다.

프랑스-네덜란드 전쟁 때 빌럼 3세를 도운 유대인들

1658년 크롬웰이 사망하자 영국은 11년 만에 왕정이 복고되었다. 한편

---

8 유대인은 크게 두 부류, 즉 중세 때 스페인에 살았던 세파르디와 독일 라인 강변에 살았던 아시케나지로 구분된다. 세파르디들은 팔레스타인 지역의 중동 혈통을 그대로 보존하고 있으나, 아시케나지들은 십자군 전쟁 때 학살을 피해 동구와 러시아로 이주해 슬라브족의 피가 섞여 백인화되었다.

유럽 대륙에서는 프랑스의 태양왕 루이 14세가 네덜란드 침공 야욕을 드러냈다. 네덜란드는 인구도 적은 데다 해군 중심 국가여서 프랑스 육군을 대적하기 힘들었다. 게다가 프랑스와 영국이 도버 밀약을 맺고 네덜란드를 협공하기로 했다. 1671년 전쟁이 임박하자 사람들은 오렌지 가문의 빌럼 3세를 위기에 대처할 지도자로 추대했다. 네

빌럼 3세

덜란드는 육지에서 막강 프랑스군과 해상에서 무적함대를 격파한 영국 함대와 맞서야 하는 절체절명의 순간에 직면했다.

당시 빌럼 3세를 도운 사람들은 주로 유대인들이었다. 특히 전쟁 자금과 군수품을 조달한 것은 세파르디계 유대인 그룹이었다. 빌럼 3세는 그들 대표인 안토니오 모세 마차도와 자코브 페레이라를 조달장관이라고 불렀다. 유대인들은 뼈를 묻는 각오로 빌럼 3세를 도왔다. 스페인에서 쫓겨난 그들은 자신들의 마지막 안식처인 네덜란드마저 패망하면 또다시 정처 없는 방랑길로 내몰려야 하기 때문이었다.

유대인들은 빌럼 3세가 주도하는 '전쟁기금 모금기구'에 적극 협력했다. 그들은 국제적인 친족 연락망, 곧 전 세계 유대인 디아스포라 망을 통해 엄청난 자금을 끌어들였다. 이 자금 덕분에 네덜란드는 1672~1673년 악전고투 끝에 프랑스와 영국의 동시 침공을 격파해 유럽 전역을 깜짝 놀라게 했다. 전비 조달 능력, 곧 돈의 힘은 이토록 강했다.

영국은 의회의 요구로 1674년 네덜란드와 휴전했다. 네덜란드는 프랑스 루이 14세의 야심에 대항하기 위해서는 영국과의 관계를 개선할 필

요성을 느꼈다. 이를 위해 빌럼 3세는 1677년 요크 공 제임스 2세의 딸이자 자기의 사촌인 메리와 결혼했다. 네덜란드는 6년간의 전쟁 끝에 프랑스를 물리치고 1678년 평화조약을 맺었다.

빌럼 3세의 영국 왕위 계승으로 유대 금융 이동

1685년 영국에서는 찰스 2세의 뒤를 이어 그의 동생 제임스 2세가 왕이 되었다. 제임스 2세는 즉위하자마자 전제정치를 고집해 의회와 충돌을 빚었다. 이에 영국 의회는 당시 영국에서도 인기가 높았던 네덜란드의 빌럼 공을 영국 왕으로 추대하여 불러들일 공작을 꾀했고, 1688년 6월 말 영국 왕위계승권 1순위인 네덜란드의 오렌지공 빌럼 3세와 메리 부처에게 영국의 자유와 권리를 수호하기 위해 군대를 이끌고 귀환하도록 초청장을 보냈다. 빌럼 3세가 영국 찰스 1세의 딸 메리의 아들로 외가 쪽으로 영국 왕실의 혈통을 이어받았고, 그의 왕비 메리 스튜어트 또한 영국 왕실의 적통을 이을 수 있는 제임스 2세의 딸이었으니 자격은 충분했다.

사실 빌럼 3세도 미리부터 영국 입성을 준비하고 있었다. 용병을 모으는 한편, 군자금 7백만 길더를 확보한 상태였다. 4백만 길더는 국채를 발행해 마련했는데 대부분 유대 금융가들이 사주었고, 2백만 길더는 유대인 은행가 프란시스코 수아소로부터 빌렸다. 수아소는 빌럼 3세에게 큰돈을 내주며 "폐하께서 이긴다면 반드시 갚으리라 생각합니다. 하지만 진다면 내 손실로 감수할 수밖에 없겠지요"라고 말했다고 한다. 심지어 교황 인노첸시오 11세도 숙적인 프랑스의 루이 14세를 견제하기 위해 빌럼 3세에게 자금을 빌려주었다.

그해 11월 빌럼·메리 부부는 1,700 문의 대포를 탑재한 53척의 군함들과 이를 뒤따르는 수백 척의 선박에 기마병 3천 명, 보병 1만 명을 이끌고 영국에 상륙했다. 대단한 위용이었다. 제임스 2세의 입장에서는 네덜란드의 침공이었고, 빌럼의 입장에서는 제임스 2세의 탄압을 저지하기 위한 혁명군이었다. 영국 귀족과 지방 호족들도 잇달

메리 2세

아 빌럼 진영에 가담했다. 사위 부부가 장인을 공격하는 얄궂은 판이었다. 12월 11일 제임스 2세는 왕실 인장을 템스강에 버리고 도망쳤지만, 다음날 잡히고 만다. 빌럼은 사형될 공포에 사로잡혀 있는 제임스 2세를 풀어주어 프랑스로 건너가게 했다.

1688년에 일어난 이 사건은 피 한 방울 흘리지 않고 통치자를 교체했기 때문에 무혈혁명 곧 '명예혁명'이라 불린다. 이듬해 2월, 의회는 빌럼 3세와 메리 부부에게 '권리선언'[9]을 제출하여 승인을 요구했고, 이들은 이를 승인한 다음 공동으로 왕위에 올라 4월 21일 대관식을 거행했다. 같은 달 그들은 스코틀랜드 왕위에도 올랐다.

네덜란드 통령 빌럼 3세는 영국으로 건너가 윌리엄 3세가 된다. 그는 1702년 서거할 때까지 네덜란드 통령과 잉글랜드 왕, 스코틀랜드 왕의 자리를 함께 지켰다. 네덜란드에서는 빌럼 3세, 영국에서는 윌리엄 3세라 불렀다.

---

9 1689년에 영국에서 빌럼 3세와 메리 2세가 즉위할 때에 의회가 수락 조건으로 요구한 인민 권리의 선언으로 권리 장전의 원형이 되었다.

1688년 빌럼 3세를 따라 영국으로 건너간 인원은 호위 병력을 포함하여 3만여 명에 달한다. 민간인 가운데 반 이상이 유대 금융인들로, 세파르디계 3천 명과 아시케나지계 5천 명 등 8천여 명이 이때 영국으로 옮겨갔다. 네덜란드의 빌럼 3세가 영국 왕 윌리엄 3세가 되어 양국을 동시에 통치하게 되자 그의 경제관과 금융에 대한 시각을 잘 알고 있던 네덜란드 유대인과 금융 자본이 속속 영국으로 건너갔다. 이와 함께 유대인 금융업자들이 네덜란드를 부흥시켰던 사업 방식도 고스란히 영국으로 건너갔다. 이후 유대인들의 선진기법이 영국의 금융·세제·행정 전체를 개혁했다. 윌리엄 3세는 유대인들의 의견을 받아들여 네덜란드식 국채 발행 제도를 도입하고, 영국 동인도회사를 개혁했을 뿐 아니라 네덜란드의 경험을 살려 재무부와 상무부 조직도 만들었다. 크롬웰과의 물밑협상에 성공해 1656년 이주한 유대인 무역업자들은 이미 자리를 잡은 상황이었다. 이렇게 네덜란드에서 영국으로 유대인 무역 네트워크와 유대 금융자본이 고스란히 건너갔다.

유대인 재정참모와 병참장관 탄생

빌럼 3세는 영국 왕위에 오른 직후, 재정 담당 겸 참모 역할을 네덜란드 때부터의 조력자인 유대 금융인 살로몬 메디나에게 맡겼다(11년 후 살로몬 메디나는 기사 작위를 받았다). 빌럼 3세가 영국으로 건너올 때 맨 앞에서 8천여 명의 유대 금융인들을 이끌었던 페레이라의 아들 이삭은 병참장관이 되었다. 그는 1690년 9월부터 1년간의 짧은 시기에 9만 5천 파운드에 달하는 막대한 선박 건조 비용과 군수품 조달을 무난히 성사시켰다.

모세 마차도 같은 유대 금융인들은 1689년 런던에 도착한 직후, 네덜란드에서 번창했던 주식시장을 도입했다. 이러한 자본조달 시장의 변화로 대규모 주식회사들이 탄생했다. 이뿐만 아니라 대출 의존도가 낮아지다 보니 연 14~30%에 달했던 시중금리가 내려가기 시작했다. 이들 진취적인 유대인 금융업자들과 함께 네덜란드를 부흥시켰던 '사업 방식'이 고스란히 영국으로 건너갔다. 이로써 네덜란드 경제는 쇠퇴하기 시작했고, 영국은 짧은 기간에 선진적인 금융 산업의 토대를 구축할 수 있었다.

네덜란드로부터 국제 금융 중심지의 바통을 넘겨받은 영국

명예혁명 이전의 영국은 오랫동안 종교 간, 민족 간 전쟁이 벌어지던 각축장이었으나 빌럼 3세와 메리 2세가 즉위하면서 모든 것이 달라졌다. 1689년 영국 의회는 '권리장전'과 '관용법'을 통과시켰는데, 이러한 혁명적인 법률들은 새로운 시대의 출발을 알리는 신호였다.

권리선언을 기초로 같은 해 12월에 제정된 것이 권리장전이다. 권리장전은 제임스 2세의 불법 행위를 열거한 뒤 의회의 동의 없이 법률의 제정이나 세금의 징수를 금지하며 의회를 자주 소집할 것과 국민의 재산을 강탈하지 않을 것 등을 규정하고 있다. 그 뒤 영국 정부는 단 한 차례도 국채 이자 지급을 연체하지 않았다. 또 비국교도를 포함한 개신교도들에게 예배의 자유를 허용하는 '관용법' 덕분에 유대인들은 어느 때보다 자유롭게 영국 사회로 진입할 수 있었다.

유대 금융인들이 건너온 이후, 영국의 제조업은 대규모 금융 지원 덕분에 나날이 발전했다. 무역 확대와 식민지 개척도 속도를 냈다. 영국은 네덜란드로부터 세계 최고의 해상국가로서의 지위까지도 넘겨받아 사상 최대 규모로 전 세계 상업과 식민 정책을 주무르는 제국으로 비상했다.

한편 70~80여 년간 황금기를 누린 네덜란드는 국제 금융 중심지의 바통을 영국에 넘기고 쇠락의 길로 접어들었다. 17세기부터 18세기까지 네덜란드의 전성기를 이끈 암스테르담 은행도 정부의 회수 불가능한 전쟁 자금 대출로 어려움을 겪다가 1819년 결국 파산하고 말았다. 놀랍게도 네덜란드의 전성기와 유대인들의 네덜란드 체류 시기가 정확하게 일치한다. 유대인이 대단한 저력을 가진 민족임을 부정할 수 없다.[10]

빌럼 3세, 네덜란드식 국채 발행 제도 도입

영국 왕위에 오른 빌럼 3세가 처음 부닥친 난제는 재정 적자였다. 오랜 전쟁으로 국고가 바닥나 매우 곤란한 지경이었다. 일단 세금을 올려 재정을 충당했는데, 평소 소득의 2~4%를 세금으로 거둔 반면, 전시에는 그 비중을 6%까지 높였고, 프랑스와의 긴장이 고조된 1689년에는 12%까지 올렸다. 하지만 전비를 조달하기에는 역부족이었다.

1689년 영국은 네덜란드와 연합해 프랑스와 전쟁을 치르고 있었다. 당시 프랑스는 영국보다 인구가 4배나 많았고 모든 산업에서 앞서 있을 뿐 아니라 군사력도 우위에 있었다. 육군은 물론 해군력도 영국보다 강했다. 그러던 중 1690년 7월 비치 헤드 해전에서 영국이 11척의 함선을 격침당하는 대패를 겪었다. (프랑스 함선은 단 1척도 파손되지 않았다.) 빌럼 3세는 강력한 해군을 양성하는 것이 시급하다고 판단했고, 서둘러 프랑스 전함을 능가하는 강력한 성능을 가진 전함을 건조하고자 했다. 하

---

10 『제국의 미래』(에이미 추아 지음, 비아북) 참고.

지만 막대한 비용이 문제였다. 함포 74문짜리 전함 한 척을 건조하는 데 약 5만 파운드(대략 150억 원)가 들었다. 20척을 건조하려면 100만 파운드가 필요했다. 전비가 모자라자 영국 왕실은 예전 방식대로 금세공사나 상인들한테 높은 이자율로 급전을 빌렸다. 이자율이 30%에 달할 때도 있었다.

이를 본 재무대신 살로몬 메디나는 국가 재정개혁의 필요성을 절감했다. 그는 1692년에 네덜란드 방식의 국채 발행 제도를 도입했다. 일종의 재정 혁명이었다. 그간 군주의 변덕에 시달렸던 대부 방식을 효과적인 정부 채권 체계로 대체했으니 말이다. 게다가 국채를 발행하기 위해서는 의회의 동의를 받아야 했기에 재정 악화를 견제하는 효과도 있었다. 확실히 의회는 재정 운용권을 가지게 되자 이전처럼 국가 부채와 증세에 반대하지 않았다. (1693년에는 의회가 국가채무에 대해 지급을 보장하기도 했다.)

1692년 영국 왕실은 연 10%라는 짭짤한 이자를 약속하는 국채를 처음으로 발행했다. 판매 목표는 1백만 파운드였다. 하지만 정작 팔린 액수는 고작 10만 8천 파운드로 목표액의 1/10에 불과했다. 민간 은행들이 왕실을 믿지 못해 국채 인수에 소극적이었던 것이다.

국채 판매가 목표에 못 미치자, 궁지에 빠진 영국 왕실은 10% 이자 이외에 국채에 복권 혜택을 추가로 부여했다. 이러한 채권의 실질비용 곧 이자율은 연 14%나 되는 셈이었다. 하지만 여전히 팔리지 않았다.

유대 자본, '전쟁기금 모금기구'의 발권력 요구

국채 발행으로는 전비를 마련하는 것이 불가능하자, 빌럼 3세는 네덜란드 시절부터 친하게 지냈던 유대 금융가들에게 긴급 협조를 요청했다. 네덜란드 시절 유용하게 활용했던 '전쟁기금 모금기구'를 설치해 앞장서서 돈을 모으도록 부탁한 것이다.

그런데 빌럼 3세가 요청한 금액은 120만 파운드나 됐다. 이는 몇 명이 나서서 해결할 수 있는 금액도 아닐뿐더러 재정 적자가 날로 심해지는 형국이라 돈을 돌려받을 가능성도 희박했다. 그렇다고 모른 척할 수도 없어 유대 금융가들은 몹시 난처했다.

이들은 고민 끝에 영국 내 반유대 감정을 고려해 우선 윌리엄 패터슨 등 런던 내 몇 안 되는 스코틀랜드 출신 금융인들을 끌어들여 전면에 내세웠다. 이른바 신디케이트 대출[11]을 구상한 것이다. 그리고 자신들은 커튼 뒤에 숨어 일을 진행했다.

네덜란드에서 1609년 세계 최초의 중앙은행 격인 암스테르담 은행을 만들어 화폐 통합을 이루어낸 바 있는 이 유대인들은 또 한 번 기발한 발상을 했다. 그들은 왕에게 '전쟁기금 모금기구'를 만들어 돈을 모아 빌려주는 대가로 그 모금기구가 '은행권'을 발권할 수 있게 해달라고 요구한다. 즉 상인들이 120만 파운드의 자본금을 모아 '주식회사 은행'을 세워 모은 자본금 전부를 국왕에게 대부할 테니, 출자액만큼 은행권, 즉 지폐로 교부받아 지불 수단으로 통용할 수 있게 해달라고 한 것이다. 핵심은 주식회사 은행이 정부에 빌려준 채권, 즉 국채를 담보로 은행권을 '발권'하고, 이를 민간대출에 사용할 수 있도록 해달라는 것이었다.

당시 잉글랜드와 웨일스에서 주화와 금세공인들이 발행한 금괴나 은괴 보관증은 많이 통용되어도 은행이 정식으로 발권한 은행권이라는 개

---

11 syndicated loan, 2개 또는 그 이상의 은행들이 차관단을 구성해서 일정 조건하에서 대규모의 중장기자금을 대출해주는 것.

52

넘은 없던 때였다.[12] 17세기 영국 상인들은 여유 자금을 주로 정부 기관인 조폐창에 맡겼다. 그런데 돈이 궁해진 찰스 1세가 '대부'라는 명목으로 조폐창에 보관 중인 상인들의 돈 20만 파운드를 강탈하는 사건이 벌어졌다. 이후 상인들은 조폐창에서 돈을 빼 금세공인들에게 맡기기 시작했다. 금세공인들은 예금 이자도 지불했고 보관영수증도 발행했는데, 이들이 발행한 보관영수증이 은행권처럼 통용되었던 것이다.

빌럼 3세는 은행권 발권 개념을 잘 이해하지는 못했지만, 유대인들의 제안은 솔깃했다. 무엇보다 상인들이 출자금만큼을 은행권으로 가지고 가니 빚을 구태여 갚지 않아도 됐다. 물론 유대인들로서도 금괴를 출자하고 그만큼의 은행권을 찍어내는 것이니 밑질 게 없는 장사였다. 그뿐만이 아니었다. 더 중요한 것은 최초로 은행권을 찍어낼 수 있는 '발권력'을 손에 쥐게 된다는 점이었다. 유대인들은 고대로부터 발권의 위력을 잘 알고 있었다.

의회에 세금징수권을 내주는 통에 세금을 거두지 않고 전쟁 비용을 마련할 방안이 필요했던 왕은 120만 파운드를 연이율 8%로 빌리는 대신, 이자만 지급하고 원금은 영구히 갚지 않아도 되는 조건으로 유대인들과 협상했다. 의회도 국왕이 다시는 조세권에 접근하지 못하게 하려고 왕의 차입을 적극 지원했다.

유대 자본, 민간소유 주식회사 중앙은행을 설립하다

유대인들은 다급한 왕실의 형편을 틈타 몇 가지 유리한 조건을 더 따냈

---

12 당시 스코틀랜드 왕국에는 은행권 발권은행이 3개가 있었으나 스코틀랜드 왕국과 잉글랜드 왕국이 합병되어 그레이트브리튼 왕국이 된 것은 1707년이다.

다. 은행은 정부에 돈을 빌려주는 대신 대출수수료 명목으로 10만 파운드어치의 영구연금채권을 받고 정부의 모든 대출을 관리할 독점권과 더불어 매년 대출채권 관리비 명목으로 4천 파운드를 받기로 했다. 그리고 이 모든 수령 금액에 대한 면세 조건을 얻어냈다.

여기에 더해 '영국 왕이 직접 은행 설립을 인가했다는 문서에 친필 사인을 해줄 것'도 요구했다. 이는 은행권을 지급 결제에 사용하는 데 있어 왕이 직접 신뢰도를 부여했다는 사실을 일반인들에게 알리기 위한 것이었다. 궁지에 몰린 상대를 공략하는 유대인다운 암팡진 협상이었다. 그 무렵 연 14%의 국채조차 팔리지 않던 상황에서 연 8% 금리는 아주 좋은 조건이었다. 은행권 발권력 부분만 제외하면 누이 좋고 매부 좋은 협상이었다.

유대인들은 암스테르담에서 그들이 했던 방식을 토대로 영국의 금융 혁명을 일사천리로 밀어붙였다. 먼저 의회로 하여금 '국가채무에 대한 의회의 지불 보장'을 법으로 제정토록 하였고, 이를 근거로 1694년 런던 금융가의 중심인 '더 시티 오브 런던'에 영란은행(잉글랜드은행)을 설립했다.

영란은행

54

영란은행은 여느 개인 기업과 마찬가지로 주식 공모를 통해 설립 자금이 마련됐다. 이때 은행 경영이 소수의 사람들에 의해 휘둘리지 않도록, 누구도 2만 파운드 이상은 청약할 수 없도록 했다. 당시 영국 왕이 요구한 돈은 120만 파운드였으나 투자자들인 런던 상인 1,286명에게서 주식 공모 형태로 거둬들인 돈은 80만 파운드에 불과했다. 그 무렵 상인이라 함은 유대인과 동의어였다. 엘리자베스 여왕 시절까지만 해도 영국은 양털 판매와 해적질이 국가의 주 수입원이었는데, 당시 양털을 수거해 수출해주던 사람이 유대인들이었다. 영국 사람들은 그들을 '모험상인'이라 불렀다. 당시 영국 수출의 80% 이상을 그들이 주도했다.

공모된 금액이 목표액에 많이 부족했지만, 다급한 영국 정부와 의회는 1694년 7월 의회 입법을 통해 영란은행의 창립을 허가했다. 영란은행은 주주들 가운데 2천 파운드 이상 응모한 상인 중 14명에게 이사 자격을 주었다. 이렇게 유대인 금융가들은 네덜란드로부터 영국에 건너온 지 얼마 안 되어 17세기 말 영국 중앙은행을 탄생시켰다.

빌럼 3세는 영란은행에 은행권 발행 독점권을 주는 칙허장을 교부했다. 칙허에 따라 금세공인들은 금을 보관하고 보관영수증을 발행할 수 없게 되었다. 그들이 갖고 있던 금조차 모두 영란은행 금고에 보관해야 했다. 이로써 영란은행 주식 공모 때 금세공인들이 대거 참여했다. 군비 조달을 위해 자금을 영구히 빌리는 대가로 빌럼 3세는 유대인들에게 화폐 발행권을 독점적으로 행사할 수 있는 환경까지 만들어 준 것이다. 이렇게 국가를 대표하는 왕과 상인들의 이해관계가 절묘하게 맞아떨어져 탄생한 것이 바로 영국의 중앙은행, 영란은행이다. 이는 민간 중앙은행 제도의 시작이자 동시에 현재에 이르는 국제금융 역사의 시작이었다.

영란은행, 정부와 민간 양쪽으로부터 이자 수입 거둬

영란은행은 1695년 1월 1일 54명의 인원으로 영업을 개시했다. 유대인들이 몰려온 17세기 후반 이후, 영국의 대외무역 팽창으로 상인과 해운업자들의 자금 수요가 크게 늘어나면서 새로운 금융기관에 대한 요구가 커진 터라 모두 은행의 출현을 반겼다.

영란은행이 첫 대출로 정부에 80만 파운드를 빌려주었을 때, 일부는 은행권 형태로 지불되었고 그만큼의 금괴는 은행에 남겨져 지불 보증금으로 보관되었다. 정부는 이 은행권으로 루이 14세와 싸우기 위한 전함을 건설하고(빌린 돈의 2/3를 군함 건조에 썼다) 전쟁 보급품을 사들였다.

정부가 은행권을 사용하였기에 은행권에 신뢰가 더해졌다. 은행권은 기업 사이에서 그리고 사람들 사이에서 주화처럼 유통되었다. 이것이 영란은행 지폐의 원조이다. 최초의 지폐는 손으로 제작되었다. (참고로 인쇄된 지폐는 30년 뒤인 1725년부터 발행되었는데 인쇄된 지폐에 은행장이 손수 사인하여 지불을 보증했다.)

영란은행의 발권 독점권은 영구적인 것은 아니었다. 대출 원금이 상환되면 은행이 누리던 특권도 중지할 수 있도록 12년에 한 번씩 갱신하는 것으로 정했지만, 대출금은 영원히 상환되지 않았다.

처음 영란은행은 대출 업무만 취급했다. 은행권을 민간에게 대출하여 이자 수입을 올렸고, 국가로부터도 이자 수입을 챙겼다. 정부와 민간 양쪽으로부터 이중의 이자 수입을 올린 건데, 설립 때 출자한 금괴만큼에 상응하는 은행권을 발행해 이를 되받아 갔으니 실질적으로 국가에 빌려준 돈은 없었다. 그럼에도 매년 꼬박꼬박 이자를 챙겼다. 참 이상한 셈법이었다.

참고로 은행 창립의 주역이었던 스코틀랜드 금융인 윌리엄 패터슨은 1년 뒤 이사 자리에서 쫓겨났다. 유대 금융인들은 예로부터 위험을 회피하기 위해 가명 내지 익명을 애용했는데, 영란은행의 많은 주주 이름 역시 익명으로 처리되어 누군지 알 수 없었다. 이 때문에 패터슨은 영란은행 주주들과 일하는 데 어려움이 있었고, 결국 이사들 간의 정책 대립에서 밀려나고 말았다. 영란은행 설립 초기에 간판스타로 쓰였으나 유대 금융인들에게 내쳐진 것이다.

국채 증가로 늘어난 통화량

영란은행 설립 당시, 왕실과 휘그당의 정적인 토리당 당원들은 영란은행을 '네덜란드 금융'이라 칭하며 대놓고 반대했다. 이 네덜란드 방식의 금융이 전쟁 자금을 쉽게 조달하게 해 전쟁을 부추길뿐더러 도시 상인들이 지방 대지주를 압도하는 위치에 서게 한다는 것이었다. 하지만 영란은행은 흔들리지 않았다.

영란은행은 금세 신뢰를 얻었고, 자본 확충을 위한 영란은행 주식 공모는 청약 개시 2~3일 만에 마감될 정도로 성공을 거두었다. 당시 영국은 식민지로부터 들어오는 금과 은이 많아 유동성이 풍부했다. 배정받은 영란은행 주식은 20%의 프리미엄을 받고 팔려나갔다.

1697년 초반, 런던 증권거래소는 이내 네덜란드 증권거래소를 뛰어넘어 세계를 선도하는 증권거래소가 되었다. 증권거래소 회원 124명 가운데 12명은 영구적으로 유대인들에게 할당되었는데, 이들 12명의 브로커가 더 시티 오브 런던으로부터 거의 무한에 가까운 자금을 지원받아 주식시장을 주도했다.

영국 정부는 계속 영란은행에서 돈을 꾸어 통화량을 늘려나갔다. 처음 영란은행이 주식 발행으로 확충한 자본금 역시 영국 정부가 대출해 갔다. (이걸로도 모자라 1695년에는 네덜란드로부터 30만 파운드를 빌리기도 했다.) 쉽게 돈을 빌릴 곳이 생기면서 영국의 재정 적자는 큰 폭으로 늘어났다. 1694년 80만 파운드였던 왕실 빚은 4년 만에 무려 1,700만 파운드가 되었다. 이는 전체 영국 경제의 절반 수준이었다. 이때부터 통화량 증대가 경제 상황을 감안한 정부의 정책이 아니라 대출에서 기인한 이상한 상황이 이어졌다.

국채와 화폐 발행을 묶어놓은 괴상한 구조

시중에 유통되는 돈이 늘어나 경제 사정은 호전되었다. 그런데 이로 인해 영국 정부는 영원히 채무를 상환할 수 없는 상황에 놓이게 됐다. 국채를 상환하면 국가의 화폐를 폐기하는 셈이 되므로 시중에 유통되는 화폐가 사라지기 때문이었다. 화폐 발행과 국채가 영구적으로 묶인 아이러니한 구조가 된 것이다.

경제도 발전시켜야 하고 이자도 갚아야 하므로, 화폐 수요는 필연적으로 늘어날 수밖에 없었다. 게다가 정부는 그 돈을 은행에서 빌려와야 했기 때문에 국채는 계속 불어났다. 채무에 대한 이자 수입은 고스란히 은행가의 지갑으로 들어갔고, 이자는 국민 세금으로 부담했다. 실제 영국 정부는 그때부터 채무를 갚지 않고 이자만 지불했는데, 1783년 국채 발행 누적액은 세금 수입의 20년분이었다.

영란은행, 파격적인 저금리로 유대 무역상 지원

자연스레 영국의 금융업은 크게 발달했다. 런던 금융시장의 유통자본이 늘고 국채의 신뢰도가 높아지자 이자율은 하락하기 시작했다.

영란은행은 설립 후 왕실 대부 다음으로 유대 무역상들을 위한 무역 어음 할인을 추진했다. 어음 할인율은 왕에게 제공했던 이자율보다 훨씬 낮은 4.5~6% 수준이었다. 이듬해인 1695년에는 3~6% 수준으로 더욱 낮추었고, 1698년부터는 4.5%로 운용했다.

또 영란은행은 런던 상공업자를 대상으로 대출해주었고, 런던 이외에도 지방은행이 설립되어 소액 은행권을 발행하거나 대부했다. 18세기 말 런던의 이자율은 연 6~8%대로 내려갔다. 이러한 저금리 자금 지원이 영국의 무역 네트워크가 순식간에 네덜란드를 앞서며 세계를 제패한 이유이기도 하다.

뉴턴의 톱니바퀴 은전 탄생

당시 영국은 은화를 사용하고 있었는데, 불량 은전이 많았다. 불로소득을 노리는 이들이 은화의 테두리를 야금야금 잘라내 부당이득을 챙겼기 때문이다. 온전한 은전은 장롱 속으로 들어갔고 시중에는 불량 은전만 유통되었다. 그래서 나온 말이 '악화가 양화를 구축한다'는 그레이엄의 법칙이다. 명예혁명 직후, 네덜란드에서 귀국한 철학자 존 로크는 당시 극심했던 그레이엄의 법칙에 경악하면서 화폐개혁을 제안했다. 골머리를 앓던 영국 정부는 유명한 학자들에게 편지를 보내 도움을 청했다.

이때 물리학자 아이작 뉴턴이 아이디어를 냈다. 시중의 은전을 모두 회수해 녹여서 테두리에 톱니바퀴를 넣은 새로운 주화로 만들라는 것이었다. 은전에 톱니바퀴가 있으면 테두리를 조금만 훼손하더라도 금세 탄로 나기 때문이었다. 이 인연으로 뉴턴은 1696년 조폐국 감사로 임명되어 새 은전을 주조했다. 뉴턴은 30여 년간 왕립조폐국장으로 활동하며 위조화폐 적발 등 통화질서를 바로잡는 역할을 했다.

신용금융과 채권시장이 활성화되다

1700년대 초, 영란은행은 정책을 바꾸어 개인 예금을 받기 시작했다. 이를 대출해주어 대출액은 기하급수적으로 늘어났고, 대출액이 다시 예금으로 이어지는 '신용창조'가 이루어졌다. 신용창조로 시중에 유동성이 풍부해지자 시중금리가 내려갔다.

영란은행은 정부와 일반 국민을 대상으로 예금을 받고 예금주에게 예금증서를 발행했는데, 이것이 예금통장의 전신이다. 또 예금을 기초로 하여 어음을 발행했는데, 이는 수표의 전신이다. 기한부 어음도 발행했는데 이 경우 이자를 지급하기도 했다.

영국 재무부는 영란은행 은행권을 현금과 같이 취급해 은행권으로 부채를 상환했다. 이를 본 국민들도 거액을 송금하는 수단으로 은행권을 사용하기 시작했다. 이후 영란은행은 국내외 상업어음을 할인해주었고, 금괴와 외국환을 취급했다.[13]

1704년 유대인들은 의회로 하여금 약속어음에 관한 법을 제정토록 하여 신용을 토대로 하는 금융의 기초를 닦았다. 이로써 신용금융이 확대

---

13 『금리의 역사』(시드니 호머·리처드 실라 지음, 리딩리더) 참고.

되어 산업혁명이 태동하여 성장하고 파급될 수 있는 금융적 토양이 구축되었다.

1709년에는 영란은행의 영업 면허가 1732년까지 연장되었다. 이후 영국 정부가 부담하는 추가 대출 금리는 8%에서 6%로 떨어졌고, 영란은행의 자본 규모와 은행권 발권 규모는 2배로 늘어났다.

7년 뒤인 1716년에는 브리스톨은행을 필두로 지방은행들이 설립되어 왕권에 맞서며 은행권을 발행했고, 이후 600여 개로 불어난 다른 지방은행들도 우후죽순으로 은행권을 남발했다. 그러다 공황이 밀어닥치자 지방은행의 반 이상이 망하여 사회문제가 되었다. 이를 계기로 영국 정부는 1717년 금본위제[14]를 채택했다.

1751년 영란은행은 아예 정부 부채 관리를 떠맡았다. 그리고 이때 유대인들은 또 한 번의 기발한 금융상품을 선보였다. 민간인을 상대로 상환 의무가 없는 공채를 발행한 것이다. 영란은행은 여러 종목의 국채를 모아 상환 기간을 없앤, 일종의 영구채 형태로 통합한 만기가 아예 없는 영구공채를 만들어 팔았다. 18세기 중반부터 약 200년에 걸쳐 영국이 발행했던 콘솔채가 바로 그것이다. 콘솔채는 정부가 상환 의무를 지지 않는 대신 매년 이자를 영원히 지급하는 조건으로 발행한 공채다. 이를 산 사람은 나라를 믿고 재산을 맡긴 거나 다름없었다. 물론 시장에서 언제든지 콘솔채를 사고팔 수 있어 환금성도 좋았다. 콘솔채는 유럽에서 가장 리스크가 낮은 채권으로 인식되어 쿠폰 이자율이 3~5%로 낮았음에도 영국에서뿐만 아니라 전 유럽에 걸쳐 인기가 높았고, 그 덕분에 영국 채권시장은 급격히 커져갔다. 이 과정에서 영란은행은 국가의 세

---

14 화폐단위의 가치와 금의 일정량의 가치가 등가관계를 유지하는 본위제도.

출·세입 계좌를 가지는 유일한 은행, 곧 중앙은행으로서의 지위를 공고히 했고, 런던은 세계 환거래 중심지로 자리 잡았다.

콘솔채의 매력은 전시에 더 빛을 발했다. 전비 마련을 위한 정부의 빚더미가 쌓일수록 콘솔채의 유통 가격이 낮아져 수익률이 30%까지 올랐다. 콘솔채가 채권시장을 200년 이상 휩쓴 이유였다.

저금리로 산업혁명의 토양이 마련되다

영국뿐 아니라 세계의 투자자들이 너도나도 콘솔채를 사들이자 국공채 가격은 폭등했다. 표면 금리가 정해진 국공채 가격이 올라간다는 것은 국공채의 실질 금리가 떨어짐을 의미했다. 인기가 높은 영구채 덕분에 국공채의 시중금리는 1755년에는 2.74%까지 떨어졌다. 당시로서는 누구도 생각하지 못했고 해내지 못했던 대단한 저금리였다. 네덜란드 유대 금융인들이 런던으로 건너오기 전에는 시중금리가 연 14~15%에 달했고, 유대 금융인들이 런던에 정착한 이후 6~8%를 거쳐 18세기 전반에 3.05%, 중반에 2.74%까지 내려간 것이다.

이러한 저금리와 '낮은 세율과 특허제도' 덕분에 투자가 활성화되어 산업혁명이 이루어질 수 있었다. 이후 로스차일드 가문이 주도한 금융의 글로벌화와 자본시장 발전으로 철강·철도 등 거대 장치산업[15]이 세계로 전파되었다.

역사가 토머스 애슈턴은 다음과 같이 자본시장의 중요성을 이야기했다. "18세기 중반에 경제 발전이 가속화된 단 한 가지 이유를 찾는다면

---

15 생산수단으로서 각종 대규모 장치를 설치함으로써 경상적인 생산이 가능해지는 산업.

(물론 한 가지 이유만 찾는다면 잘못된 일이겠지만), 우리는 낮은 이자율에 주목해야 한다. 산업혁명기에 깊게 파고들어 간 광산들, 견고하게 지어진 공장들, 잘 건설된 운하와 회사들은 모두 비교적 저렴한 자본의 산물이었다."

영란은행 은행권, 영국 유일의 법정화폐로 선포되다

영국은 1793년부터 22년간 나폴레옹과 전쟁을 치르면서 역사상 가장 많은 채권을 발행했다. 이때 국채가 3배나 증가했는데, 영국 총생산액의 2배가 넘는 7억 4,500만 파운드였다.

액면가 100파운드짜리 연리 3%의 콘솔채가 워털루 전쟁 직전 60파운드 이하로 폭락해 영국은 급격한 인플레이션을 겪게 되었다. 1814년 나폴레옹 전쟁이 끝났을 때는 국채의 이자 지급액이 국가 세입의 56%를 차지할 정도였다. 이후에도 국채는 계속 발행되어 영국 정부의 채무는 급증했고 시중 유동성이 늘어나 인플레이션은 더 심화됐다. 독점적 발권력을 가지고 화폐 가치를 안정시킬 중앙은행이 절실한 상황이었다.

1844년 당시 수상이던 로버트 필은 '은행 허가법'을 제정하여 이러한 금융 상황을 정리했다. 지방은행권 발행을 금지하고 영란은행의 은행권만을 유일한 법정화폐로 선포한 것이다. 이후 19세기 중반, 세 차례에 걸쳐 발생한 금융공황을 계기로 영란은행은 시중은행에 최종적으로 자금을 대부하는 '은행의 은행' 기능을 수행함으로써 금융시장을 안정시키는 역할도 하게 됐다.

영란은행을 본떠 만든 미국 연방준비제도[16]

미국은 중앙은행을 설립할 때 영란은행 시스템을 그대로 따라 했다. 1791년 해밀턴이 만든 승인 기간 20년의 미합중국 제1은행, 1817년의 미합중국 제2은행 모두 영국의 영란은행을 본뜬 주식회사 형태의 중앙은행이었다. 1913년 설립된 지금의 연방준비제도이사회(연준, FRB) 또한 그 전통을 이어받아 만들어진 민간은행 연합체이다. (이에 대해서는 3장에서 자세히 다룬다.)

지금도 미국의 중앙은행(연준)은 미국 정부로부터 사들인 국채에 대한 이자를 매년 꼬박꼬박 받고 있다. 그중 6%만 주주들에게 배당하고 나머지는 미국 정부에 돌려주고 있다. 미국 정부가 재정 적자를 겁내지 않는 이유 중 하나이다.[17]

---

16 '연방준비제도'라는 명칭은 당시 연방은행 설립에 대한 반발을 누그러뜨리기 위해 만든 조어이다.

17 『유대인 경제사 5』(홍익희 지음, 한스미디어) 참고.

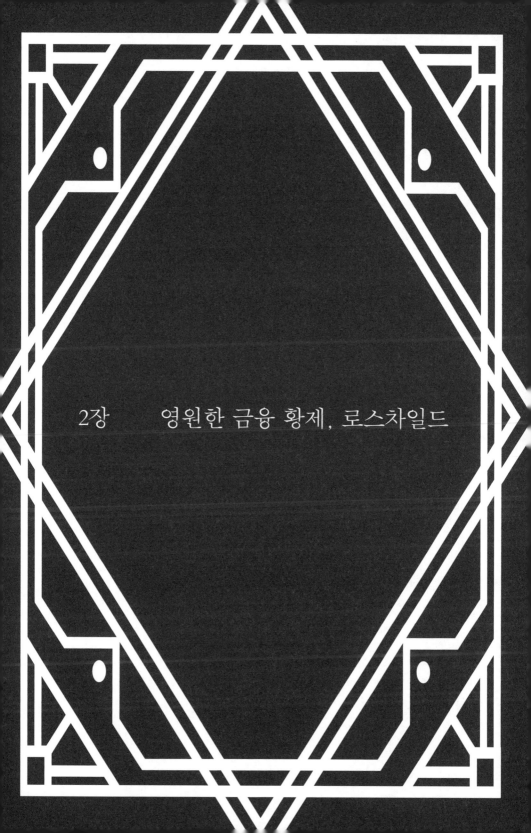

2장 　　　　　영원한 금융 황제, 로스차일드

○

산업혁명은 18세기 후반 영국에서 시작된 기계의 발명과 기술 혁신이 자본과 결합해 이루어진 대규모 산업 발전이다. '산업혁명'이라는 용어는 영국의 역사가 아널드 조셉 토인비가 처음 사용했는데, 산업혁명으로 여러 사회경제적 변화가 복합적으로 이뤄졌다.

산업혁명 이전에 농업혁명이 있었다. 16세기 플랑드르에서 중세의 '삼포제'를 대체하는 '4윤작법'이 개발되었다. 삼포제가 밭을 3등분해서 그중 1/3을 1년에 한 번씩 돌아가며 휴작하는 방식이었다면, 4윤작법은 밭을 4등분해서 보리-클로버-밀-순무 순으로 땅을 놀리지 않고 심는 농법이다. 클로버와 순무는 사료로 사용되었을 뿐만 아니라 지력을 회복시키는 작용을 했기에 밭 일부를 놀리는 삼포제에 비해 훨씬 효율적이었다. 이렇게 혁명적으로 발전한 농업은 인구의 급속한 증가를 가능케 했다. 곧 생산 인구이자 소비 인구가 늘어났고, 이는 산업혁명의 기반이 되었다.

산업혁명은 19세기 들어 본격적인 궤도에 진입했다. 산업혁명이 세계로 전파되는 데 가장 큰 공헌을 한 것이 저금리의 금융 산업 발전과 해상무역의 발달이다. 그 중심에 유대인들이 있었다.

유대인 이야기의 사실상 클라이맥스는 로스차일드가에서 시작한다. 이전까지는 스페인계 세파르디가 유대인 사회를 주도해 왔다면, 로스차일드 가문 이후 독일계 아시케나지가 그 바통을 이어받는다.

로스차일드 가문은 산업혁명이 불길처럼 번지고 금융업이 전에 없이 번성하던 시대에 탄생해, 성장하고, 시대를 주도했다. 이 가문은 '국제금융의 설립자'로 불리는데, 19세기 당시 '지역 대부업' 수준이었던 금융업을 온갖 혁신적인 아이디어로 '글로벌 금융 산업'으로 바꿔놓았기 때문이다.

독일 프랑크푸르트 게토 출신의 마이어 암셀 로스차일드(1744~1812년)가 본격적으로 국제 금융업에 뛰어든 것은 18세기 말이다. 당시 독일은 통일국가가 아니었다. 독립 주권을 가진 235개의 공국과 51개의 자유도시로 나뉘어 있었다. 신성로마제국이라는 명목상의 느슨한 연방을 형성하고 있었는데, 여기에는 독일과 오스트리아, 헝가리, 체코, 폴란드 등 중부와 동부 유럽 국가들이 거의 포함되었다.

그 무렵 유럽은 18세기 후반에 시작된 산업혁명으로 대자본이 필요해졌을 뿐 아니라, 국제적인 무역 증가에 따른 대금 결제 필요성도 증대되었다. 게다가 나폴레옹 전쟁에 휩쓸려 있던 시기였는데, 역사적으로 전쟁이 많은 걸 바꾸어 놓았듯 금융 산업 역시 예외가 아니어서 이때 새로운 금융 기법들이 탄생했다.

전시에 유대인은 부를 쓸어 모으는 데 탁월한 창의적 재능을 발휘했다. 창의성이란 원래 평화로운 시기보다는 비상시에 더 빛을 발하는 법이다. 마이어 암셀 로스차일드는 갓 10대를 벗어난 다섯 아들을 유럽 주요국의 5대 도시, 프랑크푸르트, 빈, 런던, 나폴리, 파리에 보내 어음결제은행을 세웠다. 은행 이름은 '로스차일드상사'로, 메디치 가문 이후의 최대 민간 '다국적 은행'이다. 유럽에서 처음으로 국제적인 대규모 금융 산업을 일으킨 로스차일드 가문을 모르고서는 오늘날 세계 금융시장의 뿌리를 이해할 수 없다.

1. 로스차일드 가문의 탄생

상업도시로 우뚝 선 프랑크푸르트

프랑크푸르트가 독일에서 상업과 금융의 중심도시로 발전하게 된 역사적 계기가 있다. 원래 프랑크푸르트는 마인강을 끼고 있어 중세 이래 교통과 상업의 요충지였다. 여기에 더해 1236년 프랑크푸르트 시 당국이 유대인 정착을 장려하는 정책을 시행했다. 유대인들이 많이 들어와야 상업과 금융이 발달하고 세수입도 늘어나기 때문이었다(유럽의 왕이나 영주들은 자국의 경제 부흥을 위해 유대인들을 유치했다가 민심이 나빠지면 그들을 박해하고 추방하는 일을 반복했다). 유대인들이 몰려들자 몇 년 지나지 않아 프랑크푸르트의 상업은 급속히 발전했다.

그러자 신성로마제국의 프리드리히 2세는 프랑스 샹파뉴 정기시[18]에 대항하기 위해, 1240년 7월에 프랑크푸르트에서 독일 최초의 박람회를 개최하기로 결정한다. 황제는 프랑크푸르트 박람회장으로 가는 모든 상

---

18 정기적으로 시장이 형성되는 것을 의미한다.

인과 상품을 황제의 군대가 직접 보호하겠다는 친서도 내렸다. 덕분에 각국에서 상인들과 상품들이 몰려들었고, 베네치아 상인들이 들여오는 동양 향신료와 비단, 도자기를 비롯해 폴란드와 러시아의 모피, 프랑스 와인, 영국의 양모와 모직물 등이 군인들의 보호 아래 국경을 넘어 무사히 박람회장에 도착했다. 이때 많은 유대인 장사꾼이 프랑크푸르트에 정착했다.

이후 지중해에서 플랑드르의 브루게를 오가는 직항로가 개설되면서 육로 운송이 대폭 줄어들었고, 베네치아와 제노바 상인들은 샹파뉴 정기시를 이용하지 않더라도 플랑드르와 교역이 가능해졌다. 이로 인해 샹파뉴 정기시는 점점 쇠락의 길로 접어들었는데, 여기에 프랑스의 필리프 4세가 한몫했다. 그가 과욕을 부려 샹파뉴 정기시 참가 세금을 올린 것이다. 1297년 플랑드르가 항의하자, 필리프 왕은 샹파뉴 시장에 장사하러 온 플랑드르 상인들을 체포하고 상품을 몰수했으며, 한발 더 나아가 플랑드르가 '영국과 손잡고 프랑스를 공격하려 한다'며 플랑드르를 공격했다. 이 전쟁으로 결국 정기시는 급격히 쇠퇴했다. 이탈리아의 환전상들마저 시장에서 철수하며 샹파뉴 정기시는 역사의 뒤안길로 사라졌다.

그 뒤 상인들은 샹파뉴 정기시 대신 프랑크푸르트 전시회를 찾았다. 1330년 프리드리히 4세는 프랑크푸르트에 제2의 박람회장을 짓도록 했고, 전시회를 봄·가을로 확대 개최했다. 1403년에는 각국 화폐의 환전과 어음 결제를 위해 독일 역사상 최초의 은행이 프랑크푸르트에 문을 열었다. (이 전통을 이어받아 프랑크푸르트에서는 오늘날에도 연간 120여 개의 전시회가 열린다. 명실상부한 세계 최대 전시회 개최 도시이다.)[19]

프랑크푸르트의 유대인 박해

1744년 프랑크푸르트 게토[20]에서 마이어 암셀 로스차일드가 태어났다. 프랑크푸르트는 예로부터 반유대 정서가 강한 곳이었다. 중세에는 프랑크푸르트 유대인들이 주기적으로 박해당했는데, 1215년 로마에서 열린 4차 라테란 공의회[21]에서 유대인 차별 조항이 크게 늘어났다. 유대인은 모든 공직에서 배제되었으며, 유대인 남자는 유대인임을 식별할 수 있도록 노란 표식을 달고 다녀야 했고 유대인 여자들은 줄무늬 베일을 쓰고 다녀야 했다. 또 '게토'라는 유대인 집단거주지에서 살아야 했다. 평일 낮에만 게토 밖에서 생활할 수 있었고, 프랑크푸르트를 벗어나려면 특별 통행증을 받아야 했으며, 시내로 들어올 때는 기독교도보다 두 배나 많은 통행세를 내야 했다. 유대인은 이 통행세 외에 인두세도 내야 했다. 저녁에는 반드시 게토로 복귀해야 했고, 기독교 기념일에는 공공장소 출입이 금지되었다.

최초의 프랑크푸르트 박람회가 열린 1241년은 프랑크푸르트 유대인에게 악몽의 해였다. 프랑크푸르트 시민들은 유대인들이 갑자기 늘어나자 불안감을 느꼈다. 그러던 차에 유대인들이 몽골군과 내통하여 몽골군의 유럽 정복을 돕는다는 소문이 퍼졌다. 프랑크푸르트 시민들은 프랑크푸르트 유대인들이 폴란드와 헝가리까지 쳐들어온 몽골군과 결탁할지도 모른다는 생각에, 선제적으로 유대인들을 학살하기 시작했다.

---

19 『프랑크푸르트: 괴테와 박물관의 도시』(이기식 지음, 살림출판사) 참고.

20 ghetto, 유대인 거주구역.

21 Lateran council, 로마 라테란 대성당에서 5회에 걸쳐 열린 가톨릭 교회의 종교회의로 '라테란 종교회의'라고도 한다.

그해에 프랑크푸르트 유대인 중 3/4 이상이 목숨을 잃었다. 그해 몽골 제국의 제2대 황제인 오고타이가 사망하는 바람에 몽골군은 쳐들어오지 않고 퇴각했다. 죄 없는 유대인들만 무고하게 학살된 것이다.

그 뒤 수십 년이 지나서야 유대인 사회는 가까스로 재건되었는데, 1세기 뒤인 1349년에 또다시 학살이 자행됐다. 유대인들이 흑사병을 퍼트린다는 루머가 당시 유럽 전역에 퍼진 탓이었다.[22]

그 무렵 유럽 사회의 반유대주의는 뿌리 깊었다. 유대인들은 주재국의 모든 법에서 소외되었으며 갖은 구박과 냉대를 받았다. 상대가 "유대인이여, 의무를 다해라"라고 말하면 언제든 모자를 벗고 정중히 인사해야 했는데, 그게 어린아이여도 예외 없었다. 유대인이 이유 없이 구타당하거나 강탈당하는 일도 잦았다.

붉은 방패 달린 집, 로스차일드가의 시작

마이어 암셀 로스차일드가 태어났을 당시, 프랑크푸르트 게토에는 다른 독일인 지역 같으면 150여 명 정도 살았을 면적에 3천 명이 넘는 유대인이 살았다. 독일 도시 중에서도 가장 번창해 장사가 잘되는 프랑크푸르트로 유대인들이 몰려들었기 때문이다.

마이어 암셀 로스차일드의 아버지, 암셀 모제스는 잡화상 겸 골동품상을 운영하면서 한편으로는 환전업을 했다. 또한 금세공과 대부업도 겸했다. 모제스는 하노버에서 은행업을 하는 유대인 오펜하임 가문의 도움으로 그 은행의 지사 업무도 맡아 했다.

---

22 『전설의 금융가문 로스차일드 1』(니얼 퍼거슨 지음, 21세기북스) 참고.

가게에는 붉은 바탕에 사자와 유니콘이 그려진 방패 모양의 간판이 달려 있었다. 가게 이름도 '붉은 방패'를 뜻하는 'Rot Schild'였다. 당시 유대인은 성(姓)이 없었다. 성이 없다 보니, 누구의 아들 누구, 어느 지역의 누구, 이런 식으로 이름 앞에 아버지의 이름이나 마을 이름을 넣어 구별했다. '로스차일드(Rothschild)'라는 성은 나중에 집 대문에 그려진 '붉은(rot) 방패(schild)'에서 따온 것이다. 이 가문은 오늘날 영어로는 로스차일드, 독일어로는 로트실트, 프랑스어로는 로칠드로 불린다.

어린 시절 랍비 교육을 받은 마이어 로스차일드

마이어 로스차일드는 어려서부터 명석했다. 그의 아버지는 랍비를 양성하는 학교에 마이어를 보내서 유명한 랍비로 키우고 싶어 했다. 유대인 사회에서 랍비는 가장 존경받는 직업이었다. 마이어 자신도 어릴 적 랍비가 되기를 꿈꿨고, 아버지의 지원으로 열 살 때 프랑크푸르트에서

마이어 암셀 로스차일드

200km 떨어진 퓌르트에 있는 랍비 양성 학교, 즉 유대교 신학교에 들어갔다. 그런데 부모가 천연두에 걸려 일찍 사망하는 바람에 마이어는 3년 만에 학업을 중단할 수밖에 없었다. 하지만 이때 마이어가 신학교에서 받은 교육, 특히 『탈무드』 교육은 훗날 그가 세계의 금융업자로 우뚝 서는 데 든든한 지식과 지혜의 창고 역할을 했다.

랍비 교육에는 유럽과 중동의 역사

뿐 아니라 히브리어, 라틴어, 아랍어 그리고 거주지 언어까지 모두 포함되는데, 이는 여러 언어를 구사하며 그 지역의 특수성을 역사적 안목과 현실적 상황에서 조망할 수 있는 능력을 갖추는 토대가 됐다. 또 지식과 지혜보다 '정직과 신뢰'가 더 중요하다는 것도 배웠다. 『탈무드』에는 랍비 라바의 이런 말이 있다. "인간이 죽어 천국에서 가장 먼저 접하는 질문은 '너는 장사를 정직하게 하였느냐?'라는 것이다." 이는 장사를 하지 않은 사람에게도 똑같이 적용되는데, 사람들의 삶 속에 장사의 요소가 다 들어 있기 때문이다.

마이어의 친구들은 대부분 랍비였다. 이들은 지식정보 네트워크 역할을 톡톡히 했는데, 예로부터 랍비들은 주변 공동체 랍비들과 종교적 의문점이나 정보를 서신으로 교환하는 일을 생활화했다. 랍비 공동체는 정보의 집합처였고, 정보는 곧 힘이자 돈이었다.

로스차일드, 정식 금융교육을 받다

돈에 대한 유대교 경전인 『토라』와 『탈무드』의 가르침은 여타 종교들과 판이하다. 대부분 종교는 '청빈(淸貧)'을 강조하지만, 유대교는 부(富)가 신의 축복임을 인정한다. 이는 2,500년간의 방랑생활로 얻은 지혜이기도 했다. 이국땅에서 유대인의 생명을 지켜준 것은 다름 아닌 돈, 즉 군주와 영주들에게 바쳤던 '보호세'였다.

심지어 『탈무드』는 '가난은 죄악'이라고 가르쳤다. 돈 걱정이 인생의 모든 걱정보다 무겁다고 했다. 다음은 『탈무드』에 나오는 구절이다. "우주의 어느 것도 가난보다 나쁜 것은 없다. 빈곤은 가장 큰 고통이다. 가난은 자신의 어깨 위에 전 세계 고통의 무게를 운반하는 것과 같다. 만

약 이 세계 모든 고통과 괴로움을 저울 위에 놓고 다른 한편에 가난을 놓는다면 그 균형은 가난 쪽으로 기울 것이다."

유대인들은 자녀들에게 돈의 중요성을 알게 하고 부를 이루는 것을 하느님의 축복이라고 가르친다. "사람을 해치는 세 가지가 있는데 이는 근심, 말다툼, 그리고 빈 지갑이다"와 "몸의 모든 부분은 마음에 의지하고 마음은 돈지갑에 의존한다"는 모두 유대인 속담이다.

동시에 유대교는 '청지기론'을 이야기한다. 재능이나 돈 등 세상의 모든 것은 원래 하느님의 것으로, 이를 적정한 사람들에게 임시로 맡긴 것뿐이니 하느님으로부터 특별한 재능, 즉 달란트를 받은 사람과 부의 축복을 받은 사람은 이를 공동체를 위해, 특히 공동체 내의 약자를 위해 써야 한다는 것이 청지기론의 핵심이다.

부득이 랍비 학교를 그만두게 된 마이어는 랍비가 못 될 바에는 차선책으로 부의 청지기가 되자고 생각했다. 졸지에 소년가장이 되어 누이와 아우 넷의 생계를 책임져야 했던 그는 외삼촌의 도움으로 하노버로 가서 아버지의 사업 파트너였던 하노버 선제후국의 궁정 유대인 오펜하임이 세운 은행에서 사환으로 일하기 시작했다.

마이어 로스차일드의 외가 친척들은 왕실 상인들이라 살림이 넉넉했다. 외삼촌은 쾰른 대주교의 어용상인이었다. 마이어는 외삼촌 집에 살면서 처음으로 궁정 유대인들의 세상을 알게 되었다. 그리고 은행에서 업무 차 그들과 직접 접촉하며 인간관계의 중요성을 배웠다. 사업을 할 때는 귀족과 부호의 돈줄을 잡아야 한다는 것을 깨달았고, 그러기 위해서는 그들의 취미와 생활, 사고방식에 맞추어야 한다는 것도 배웠다.

사환에서 견습생으로, 다시 은행원으로 승진한 그는 환전 업무를 하며 희귀 동전과 옛날 화폐도 취급했다. 주된 고객은 수집광들인 귀족들이었다. (당시 유럽의 귀족들은 예술작품 또는 골동품, 옛날 화폐를 수집해 자신의 명성을 과시했다.) 마이어는 복잡한 '화폐 분류 체계'에 대한 지식을 요하는 업무를 하면서, 고(古)화폐에 대한 전문적 식견을 갖추게 되었다.

또 그는 은행업을 랍비 학교에서 배운 탈무드적 시각으로 조망하고 종합하며 금융업의 본질을 파악하는 데 주력했다. 그는 금융업의 웬만한 기법과 수단을 다 습득했고, 일을 잘해 어린 나이임에도 주니어 파트너로 승진했다. 로스차일드 가문이 금융을 장악한 시작점은 바로 오펜하임은행이었다.

환전소 겸 고물상 영업을 시작하다

마이어는 7년간 다양한 유형의 금융업을 체득한 뒤, 법적으로 성인이 되던 해인 1764년에 고향으로 돌아가기로 했다. 외삼촌이 그 좋은 직장을 왜 그만두냐며 강하게 말렸지만 그의 결심을 꺾지는 못했다. 마이어는 월급쟁이보다는 자기 사업을 일구어 자립하는 것이 더 바람직하다고 판단했다.

고향에 돌아온 마이어는 아버지가 하던 양털과 비단을 취급하는 잡화상 겸 환전소를 맡았다. 그 무렵 프랑크푸르트는 유럽 최대의 전시회를 연중 개최하는 상업도시였고, 이곳에서는 유럽 전체의 화폐가 유통되었다. 환전소는 다양한 주화를 교환해주는 초보적 형태의 은행과 다름없었다. 그 무렵 유럽 지역에서 통용되던 화폐의 종류는 매우 다양했다. 독일 지역만 해도 235개 공작령, 51개 백작령 도시들이 저마다 독립국인 양 독자적인 화폐를 발행했다. 따라서 환전소를 하려면 모든 화폐에 대해 잘 알아야 했다. 은행에서 환전 업무를 맡았던 마이어에게는 제격

인 일이었다. 그는 동전을 수집하는 부유층을 상대로 옛날 동전을 판매
했다. 장사는 부자를 상대로 해야만 이윤이 많이 남는다는 기본적인 유
대인의 상술을 따른 것이었다.

2. 고화폐 상인에서
  황실 대리인이 된 마이어

고화폐의 카탈로그 판매를 시도하다

마이어는 환전소에서 많은 수익을 올렸지만, 환전소 영업보다는 옛날 동전 수집에 더 정성을 쏟았다. 그는 프랑크푸르트에서 열리는 모든 전시회에 참가하여 각양각색의 금화, 은화, 주화, 훈장 등을 사들였다. 그리고 부랑아나 탈영병이 쓰레기더미를 뒤져서 찾은 옛날 동전과 훈장을 인근 골동품 상점들보다 더 비싼 가격에 사들였다. 이들은 값나가는 귀중품일수록 마이어를 찾아왔다. 마이어는 그들로부터 중세 이슬람의 디나르 주화와 16세기의 탈러[23] 은화를 구입했다. 또 형편이 어려운 몇몇 동전 수집상을 아예 인수해 희귀한 동전들을 많이 보유했다. 귀족 및 부호들과 관계를 맺기에 진귀한 옛날 동전만 한 게 없다고 보았던 것이다.

그 무렵 각국의 독특한 화폐를 수집하는 것을 취미로 하는 왕이나 귀족들이 많았는데, 그들은 고화폐에도 관심이 많았다. 마이어는 은행원

---

23   thaler, '탈러'로부터 '달러'의 명칭이 유래되었다. 오랜 세월 음운 변화를 거쳐 달러로 바뀐 것이다.

시절 쌓은 지식으로 희귀한 고화폐를 분별해낼 수 있었다. 그는 부유한 귀족들에게 이 희귀한 화폐를 팔러 다녔지만, 귀족도 만나지 못하고 문전박대당하기 일쑤였다.

그는 궁리 끝에 아이디어를 냈다. 옛날 동전 카탈로그를 만들어 자기소개를 곁들인 편지와 함께 흥미를 가질 법한 부호들에게 속달우편으로 보낸 것이다. 편지지에 향수를 떨어트려 편지를 읽을 때 좋은 향기가 나게 하는 것도 잊지 않았다. 귀족들은 향기 나는 카탈로그를 받자 무척 신기해했고, 물건을 갖고 방문해 달라는 회신을 보냈다.

여기서 주목할 점은 그가 우편 주문으로 고화폐를 판매한 사실이다. 그 옛날에 요즘으로 치면 '다이렉트 메일(DM)'로 장사를 시작한 것이다. 마이어는 자신의 단골 고객인 탁시스 집안의 우편 사업에 깊은 관심을 가지고 있었다. 이탈리아에서 우편 배달업으로 큰 탁시스 가문은 독일과 오스트리아 여러 곳에 사무소를 두고 속달우편을 배달하는 업무를 했는데, 주로 귀족들이 특별한 경우에 이를 이용했다. 마이어는 이 우편 사업을 보며 다이렉트 메일 사업이라는 아이디어를 얻었고, 그 자신이 사업을 키우게 되면 사업상의 정보 교환을 좀 더 조직적으로 해야 할 필요성도 느꼈다. 또 '빠른 정보가 부(富)를 낳는다'는 사실을 다시 깨닫고, 훗날 그의 아들들에게 이를 가르친다.

고화폐로 맺어진 인연

그에게 드디어 기회가 찾아왔다. 하노버에 있을 때 심부름을 한 적이 있는 폰 에스트로프 장군이 프랑크푸르트 인근 빌헬름 공의 하나우 성에 머물고 있다는 소식을 들은 것이다. 마이어는 벨벳 상자로 특별 포장된 자신의 고급 수집품들을 가지고 그를 찾아갔다. 다행히 장군은 그를 알아보았다. 마이어는 장군에게 가지고 간 수집품을 보이며 자세히 설명했고, 장군은 그의 해박한 지식에 감탄하며 골동품과 옛 화폐를 사들였다. 나아가 주변 귀족들에게 마이어의 고화폐를 소개했는데, 이때 빌헬름 공(나중에 빌헬름 9세로 즉위)도 연결시켜 주었다. 빌헬름 공의 어머니는 영국 조지 2세의 딸 메리 공주로, 그는 조지 2세의 외손자이자 조지 3세의 사촌이었다. 그의 집안은 대대로 독일 내 영향력 있는 영주 가문으로, 빌헬름은 당시 프로이센 제국 황제의 조카였기 때문에 권력이 상당했다.

마이어는 빌헬름 공에게 공을 들였다. 남들이 구하기 힘든 진귀한 동전과 골동품들을 선물하거나 반값에 대주었는데, 가장 좋은 상품을 경쟁자들보다 훨씬 저렴하게 공급해 신용을 얻었다. 랍비 교육을 받은 마이어는 항상 정직하고 신뢰할 수 있는 상인으로 활동했다. 그는 훗날 자녀들에게도 항상 이 점을 강조했다.

당시 빌헬름에게는 카를 부데루스라는 아주 총명한 젊은 재무관이 있었다. 그는 궁전의 재산뿐 아니라 빌헬름의 개인 재산을 잘 관리하여 총애를 받았다. 더구나 빌헬름은 덴마크 공주였던 부인과의 사이에 3명의 아이들 외에도 23명이나 되는 사생아가 있었는데, 부데루스는 이 아이들을 잘 챙겨 빌헬름으로부터 각별한 신임을 얻었다.

부데루스는 각종 진기한 물건들을 들고 찾아오는 마이어 암셸에게 관심을 보였다. 그는 유대인을 좋아했을 뿐 아니라 마이어가 공휴일마다 건네는 진기한 동전 또한 좋아했다. 부데루스는 마이어를 통해 빌헬름 공의 런던 채권을 할인하기도 했다. 로스차일드가 마침내 궁전의 금융 업무에 파고든 것이다. 당시 빌헬름은 자신의 채권을 가능한 한 여러 사람들을 통해 할인받고자 했다. 한 사람에게 맡기면 이자율과 환율이 떨어질지도 모르기 때문이었다. 하지만 그의 재무관인 부데루스가 로스차일드의 능력을 인정하면서 이 일은 마이어의 차지가 되었다. (부데루스가 일을 챙겨줄 때마다 마이어는 그에게 수익의 일부를 은밀하게 건넸다.) 이들의 관계는 점점 긴밀해져 갔다.

궁정상인이 되다

마이어는 25세가 되던 1769년에 빌헬름 공에게 청원서를 보냈다. "소인 로트실트에게 하명해 주신다면 언제든 영주님께 즐거움이 되도록 모든 힘과 자금을 바치겠습니다. 영주님께서 저를 궁정상인으로 임명해주신다면 모든 노력을 다하겠습니다."

이로써 마이어는 1769년 9월 빌헬름 왕자로부터 '궁정상인'으로 지정받았다. 이것은 궁정과의 거래를 공개적으로 인정해 주는 것이었다. 주위 사람들은 흥분했다. 그도 그럴 것이 당시로는 궁정 귀족들을 상대로 하는 장사만큼 좋은 사업도 없었다. 이윤이 컸을 뿐 아니라 다른 많은 기회를 얻을 수 있었기 때문이다.

궁정상인 직함은 그에게 많은 것을 안겨주었다. 일단 여권 문제가 편리해졌다. 궁전의 심부름을 하는 궁정상인은 어디든 쉽게 여행할 수 있었다. 건물주가 건물의 일부를 마이어에게 팔기로 결정하면서 마이어의 숙원도 이뤄졌다. 또 그간 그를 탐탁지 않게 생각했던 예비 장인이 그에게 16세 된 딸을 주기로 결정했다. 장인 역시 작센-마이닝겐 왕자의 궁정상인이었는데 마이어에게 2,400굴덴이라는 지참금도 안겨주었다. 현재 가치로 약 13억 원이 넘는 돈이다.

그 뒤 마이어 로스차일드는 특별허가를 얻어 자기 가게에서 세금을 걷는 대행업을 하는 동시에 소규모 대부업을 포함한 금융사업도 할 수 있게 되어 큰 성공을 거두게 된다.

'단결과 신뢰' 강조한 자녀 교육

마이어 로스차일드는 궁정상인이 된 이듬해에 '구텔레'를 아내로 맞아들였다. 정통파 유대교도인 마이어 부부는 결혼 이듬해인 1771년부터 1792년까지 신이 주시는 선물을 마다하지 않고 거의 해마다 아이를 낳아 19명의 자녀를 얻었다. 이들 중 9명은 전염병으로 일찍 죽었고 슬하에는 5명의 아들과 5명의 딸이 남았다.

그는 1783년 자라나는 아이들을 위해 단칸방에서 침실이 2개 있는 집으로 옮겼다. 녹색 방패 간판이 달린 집이었는데 집값이 무척 비쌌다. 앞서 언급했듯이 프랑크푸르트 게토에는 너무 많은 사람이 살고 있어 집에 대한 수요가 항상 공급을 초과했기 때문이다. 마이어는 그 집을 1만 1천 굴덴 이상 주고 구입했는데, 게토 밖이라면 침실 10개가 딸린 대저택을 살 수 있는 가격이었다. 이 집에는 지하실이 두 개 있었는데, 하나는 계단 밑에 숨겨진 입구를 통해서만 들어갈 수 있는 비밀 공간이었다. 이곳은 훗날 빌헬름 공의 비밀장부 등을 숨기는 데 요긴하게 사용된다.

마이어 로스차일드는 아들들에게 유대인의 역사와 정신, 그리고 장사를 가르쳤다. 그는 유대인이 돈을 벌 수 있는 이유를 '5천 년의 역사'와 '머리'라고 말했다. "우리에게는 농사지을 땅도, 사냥터도 없다. 5천 년 역사와 머리가 있을 뿐이다. 장사는 유대인의 천직이 될 수밖에 없다. 양모, 비단, 무명, 뭐라도 좋다. 사들인 천을 두 조각으로 잘라 조금이라도 더 비싸게 파는 거다. 그것으로 더 큰 천을 사서 이번에는 세 조 각으로 잘라 같은 방식으로 팔고, 벌어들인 돈으로 살 수 있는 데까지 계속 천을 사서 매번 더 많은 조각으로 잘라 판다. 그렇게 몇백 번이고 되풀이하는 사이에 돈이 불어나고, 스스로 5천 년을 이어 내려온 장사꾼 핏줄이란 걸 알게 되는 것이다. 장사는 우리 유대인의 본능이다."

그러나 마이어가 이러한 장사 방법보다 더 중요하게 가르친 것이 있었다. 그는 아무리 개개인이 총명하더라도 일이 성취되기 위해서는 집단의 힘인 단결력이 중요하다는 것을 누누이 강조했다.

그는 아들들에게 스키타이 왕의 '다섯 화살' 이야기를 들려주었다. "기원전 6세기 무렵 카스피해 동부에 강대한 국가를 건설했던 유목 민족 스키타이의 왕은 자기가 죽은 후에 다섯 아들의 권력 다툼으로 나라가 혼란에 빠질까 우려했다. 임종을 맞은 왕은 다섯 아들을 불러 화살을 한 개씩 꺾게 했다. 그러자 모두 화살을 꺾었다. 다음에는 다섯 개 화살묶음을 주고 꺾어보라고 한다. 아무도 그것을 꺾지 못하자 왕은 이렇게 말했다. '너희가 결속해 있는 한 스키타이의 힘은 강력하다. 그러나 흩어지게 되면 스키타이의 번영은 끝난다. 형제간에 화합하라.'"

마이어가 한 자녀 교육의 또 다른 특징은 돈보다 '신뢰'를 중시했다는 것이다. 『탈무드』에는 "돈을 보고 쫓아가면 돈은 더욱 멀리 도망간다"는 말이 있다. 특히 금융업에서 신뢰는 필수였다. 또한 "손님이 소중히 대우받는 듯 느끼게 하라"고 교육을 시켰다. 아들들에게 부족했던 온화함을 가르쳤고, 협상 능력보다 '상대방을 즐겁게 하는 능력'이 더 중요하다는 사실을 알려주기 위해 항상 먼저 미소를 지었다. 마이어는 사람을 편하게 해주는 능력이 있었다. 이것이 사람을 끌어당기는 매력이었다.

마이어는 아이들에게 좋은 아버지였다. 유대인들은 공원에 갈 수 없었기 때문에 그는 평소 뒷마당에서 아이들과 놀아주었다. 그리고 평일에도 아이들을 불러 앉혀 『탈무드』를 히브리어로 즐겁게 읽어주었다. 아이들에게 자연스럽게 종교 교육이 되도록 세심하게 배려했다.

유대인 복지공동체

유대인은 교육열이 높아 조그만 게토에도 초등학교가 3개나 있었고, 『탈무드』를 가르치는 예시바(유대인 학교)도 있었다. 공동체 사람들은 모두 서로를 돌보는 보호자이자 한 형제였다. 그들은 스스로 가난한 사람들을 돕는 복지제도를 갖추고 있었다. 복지공동체는 먹고사는 문제뿐 아니라 공동체 자녀들의 교육도 책임졌다. 가정형편이 어려워도 본인이 원하는 공부를 할 수 있도록 경제적 지원을 해주는 경우가 많았다. 그 덕분에 의사와 학자가 많이 배출되었다.

안식일은 유대인들에게는 축제의 날과 같았다. 이들은 집집마다 불을 환하게 밝히고 온갖 정성이 깃든 성찬을 즐겼다. 마이어는 토요일 저녁 안식일 예배가 끝나면 종종 가족 성찬에 랍비를 초대했다. 그 자신도 어렸을 적에는 랍비가 되기 위해 공부했던 사람이었다. 가족들과의 담소가 끝난 후에도 둘은 밤새도록 포도주를 마시며 이야기를 나누었다.

기독교인인 괴테는 프랑크푸르트 게토를 방문한 뒤, "유대인들은 근면하고 친절하다. 그들이 고집스럽게 지키고 있는 전통적인 방식을 존중하지 않을 수 없다"고 말했다.

헤센-카셀 공국의 용병 장사로 국제간 어음결제 금융거래 계기 마련

당시 헤센-카셀 공국의 후계자 겸 하나우 공국의 군주인 프리드리히 2

세는 용병을 영국, 프로이센, 스웨덴 등에 보내 많은 돈을 벌고, 그 돈을 다른 나라에 빌려주어 고리대금업으로 유럽 최대의 부를 축적했다. 인구의 7% 정도를 군 병력으로 유지하면서 이른바 용병 장사를 했는데, 대의명분에 상관없이 값을 높이 부르는 쪽에 병사를 팔았다. 어떤 때는 싸우는 양쪽에 용병을 보내기도 했다. 로마 시대 이후 용병 하면 스위스 용병을 최고로 쳤지만, 스위스 용병 몸값이 치솟으면서 헤센-카셀 공국 용병이 그 자리를 차지하게 되었는데, 이들은 남부 독일인으로 스위스 용병과 달리 경작할 땅이 없어 전쟁이 계속 일어나지 않으면 실업자 신세가 될 수밖에 없는 직업군인이었다.

프리드리히 2세의 아들 빌헬름 공은 용병 대금을 보통 채권으로 받아 영국의 어음과 유가증권을 샀다. 빌헬름의 재무관이었던 부데루스가 이를 담당했는데, 마이어 로스차일드가 어음과 증권에 눈을 뜨게 된 것이 부데루스의 덕분이다. 그 무렵 대부업, 어음, 유가증권 등을 다루는 이들이 대부분 유대인이었다는 점에서 부데루스 역시 궁중 유대인일 확률이 높다.

빌헬름 공은 1775년 미국에서 독립전쟁이 발발하자 휘하의 군대를 300만 달러에 영국 측 용병으로 파견했다. (헤센 공국의 군인들은 일반 용병과 달리 개인적으로 참전하지 않고 부대 전체가 한꺼번에 파병됐다.) 당시 미국에 파병됐던 3만 병력 가운데 40%가 넘는 1만 3천 명이 헤센-카셀 출신이었다.

이때 마이어 로스차일드에게 기회가 왔다. 그는 빌헬름 공이 용병 파견 대가로 받은 영국은행 어음의 일부를 1776년 맨체스터 섬유업체에 결제해야 할 금액과 연계시켰다. 독일 로스차일드상사[24]가 맨체스터 섬유업체에 지불해야 할 돈을 영국은행 어음으로 바로 주었던 것이다. 이로써 빌헬름 공과 로스차일드 모두 각자 부담해야 할 환전수수료를 아낄 수 있었다. 단순히 할인하는 것보다 2~3배 더 이익이었다.

또한 로스차일드는 부데루스의 귀띔대로 가장 저렴한 어음 할인율을 제시해 다른 어음 할인업체에 비해 경쟁력을 높였다. 이 같은 방법으로 로스차일드는 미국의 독립전쟁 때 국제간 어음결제를 시작하여, 어음 할인 규모가 커지자 큰 이익을 보았다. 이는 훗날 로스차일드가 국제간 어음결제 금융거래를 본격적으로 하게 되는 계기가 되었다.

로스차일드, 빌헬름 9세의 오른팔이 되다

빌헬름 공은 프리드리히 2세의 뒤를 이어 1785년 '빌헬름 9세'로 헤센 공국 군주의 직을 승계한 후, 하나우 궁전을 떠나 카셀에 위치한 빌헬름 쇠헤 대궁전으로 거처를 옮겼다. 당시 4천만 달러라는, 큰 규모의 유산도 상속받았다. 국제 용병사업으로 벌어들인 엄청난 수입 덕분이었다.

그간 신임을 쌓은 로스차일드는 대궁전의 '최고' 궁정상인이 되었다. 그는 포도주, 커피, 담배, 영국산 직물 등 귀족들이 애호하는 고급 명품 거래로 부를 축적해 나갔다. 사업이 번창하여 1786년에는 게토에서 가장 큰 건물을 사들였다.

로스차일드는 20년 이상 궁정상인으로 일하며 정치적 실세들과 교분을 쌓아갔다. 관리해야 할 귀족 고객들에게는 동전과 골동품을 남보다 싸게 팔았다. 이렇게 신용이 쌓이자 1789년에는 빌헬름이 돈을 빌려주고 받은 비교적 큰 금액의 채권 할인 업무에도 참여하게 되었다. (빌헬름

---

24 로스차일드 일가는 200년 이상 '로스차일드상사'라는 상호를 사용하다가 1967년에 이름을 '로스차일드은행'으로 바꾸었다.

백작은 용병사업과 영지에서 나오는 막대한 수입 대부분을 채권에 투자했다.)

마이어의 아들들은 프랑크푸르트 대형은행들을 찾아가 독일계 유대어인 이디시어로 인사를 하면서 "빌헬름 백작과 당신 은행을 연결하는 중개인으로 저희를 써 달라"고 부탁했다. 당시 독일 금융가는 배트만 브러더스, 루펠 운트 하니에르 등 프랑크푸르트 기반의 게르만계 대형은행들이 주류를 이루고 있었다. 대형은행들은 처음에 이들을 무시했지만 이들의 열의에 조금씩 마음의 문을 열기 시작했다. 이때 부데루스가 로스차일드 가문 아들들을 은밀히 후원하면서 마침내 대형은행들이 이들을 받아들여 적은 액수나마 채권을 맡기기 시작했다.

1789년 프랑스에서 혁명이 일어나 유럽 전역이 전쟁에 휩싸였는데, 이는 마이어에게 사업을 확대할 기회가 되었다. 그가 진정한 은행업이라 할 만한 사업을 시작한 것은 막내아들 야콥이 출생한 1792년 직후였다. 빌헬름 공이 그에게 새 은화 등 화폐 제작을 위임하곤 했기 때문이다. 1794년에 마이어가 헤센 주 재무부에 상당량의 은을 최적의 가격에 팔겠다고 제안할 정도로 사업이 커졌다.

1795년 이전의 20년간 마이어의 세금 납부액은 대략 2천 굴덴 정도였는데, 1795년 한 해에만 그 2배가 되었으며, 그다음 해에는 1만 5천 굴덴으로 껑충 뛰었다. 이는 게토에서 가장 큰 액수였다. 하지만 이러한 변화는 앞으로 일어날 사건에 비하면 아무것도 아니었다.

빌헬름 9세의 돈을 관리하다

부데루스는 용병 대금으로 받은 영국 어음을 파는 입찰에 기존 5개 회사에 덧붙여 마이어를 추천했다. 마이어는 처음에는 낙찰받지 못했으나

1796년에는 입찰에 성공한다. 그 뒤 부데루스는 마이어에게 다른 은행들의 어음 판매가를 알려주었고, 이보다 낮은 가격에 영국 어음을 국방부에 팔 것을 제안했다. 마이어로서는 수익이 거의 없었지만 이를 통해 어음 구매와 판매 등 어음 유통의 발판을 다지는 계기를 마련할 수 있었다. 그 뒤 몇 해 동안 마이어는 빌헬름 사업에서 자신의 영역을 꾸준히 늘려갔다. 1801년에서 1806년 사이에 헤센 왕국의 11개 이상의 주요 대출에 관여해 매 거래마다 10%의 수수료를 챙겼다.

이 무렵 마이어는 빌헬름 9세의 대출 업무를 처리하면서 차제에 금융업을 키우기 위해 자신의 은행을 설립했다. '로스차일드상사'가 탄생한 것이다. 장남 암셀은 빌헬름의 저당 일을 맡았고, 차남 살로몬은 헤센의 수도 카셀에 거의 출근하다시피 했다.

당시 나폴레옹은 프로이센을 무력으로 정복했다. 그러나 오스트리아는 나폴레옹에 끝까지 대항했다. 나폴레옹은 오스트리아를 압박하기 위해 독일과 오스트리아의 거래를 중단시켰다. 하지만 빌헬름 9세는 프랑스 몰래 오스트리아와 돈 거래를 시도했다. 대형은행들은 프랑스에 들켜 파산할 것을 우려해 빌헬름 9세의 제의를 거절했는데, 로스차일드상사가 그 일을 떠맡게 되었다. 마이어의 아들들은 프랑스의 눈을 피해 오스트리아와 채권 중개를 성사시키면서, 유럽 전역에 산재한 빌헬름 9세의 채권을 관리하기 위해 어디라도 마다하지 않고 뛰어다녔다. 마이어 역시 할인한 만기 채권의 회수를 위해 유럽 여러 곳을 다녀야 했다. 이때 마이어는 세상 돌아가는 국제 정세와 전쟁 판도를 유심히 살펴보면서 중요한 도시마다 자신의 일을 봐줄 정보원을 심어두어 정보수집과 업무의 편의를 도모했다. 유럽 전역에서 전쟁이 이어지자 그는 전쟁 자금을 빌려주는 국제금융 사업까지 벌이면서 자신의 위치를 더욱 확고하게 굳히고 재산도 불렸다.

또한 마이어는 빌헬름을 대신해 부동산 구매에도 개입했다. 이 기간 마이어는 빌헬름 9세에게 적어도 450만 굴덴(약 7억 원)의 덴마크 채권을 판매했다. 또한 헤세 다름슈타트 영주에게 140만 굴덴을 대출해주었는데 이중 절반은 빌헬름 9세에게 빌린 돈이었다.[25]

부데루스는 이미 로스차일드의 가장 강력한 후견인이 되어 있었다. 로스차일드상사의 일정 지분을 소유한, 드러나지 않는 파트너가 되어 있었던 것이다. 이후 헤센 왕국과 거래하던 기존의 은행들을 제치고, 로스차일드상사가 빌헬름 9세의 주거래 은행이 되었다.

로스차일드가는 외부 노출을 꺼리는 빌헬름 9세의 대부와 대출금 회수 등의 크고 작은 일들을 도맡아 처리했다. 로스차일드가는 1796년부터 크게 세력이 성장하였고, 1797년에 마이어는 프랑크푸르트 10대 유대인 부호 중 한 명이 되었다. 이 무렵 그는 게토 외부에 방 4개가 딸린 대규모 창고를 임대해 사업을 확장했다. 사업은 계속 번창했고, 그는 멀리 암스테르담, 파리, 런던 등 외국까지 거래를 확대했다.

신성로마제국 '황실 대리인'과 헤센-카셀 '재정 관리인'이 되다

마이어는 1800년 신성로마제국 황제가 수여하는 '황실 대리인' 칭호를 부여받았다. 이 칭호 덕분에 그는 제국의 각 지역을 자유롭게 통행할 수 있었다. 그의 회사 직원들은 무기를 소지할 수도 있었다. 그리고 그해에 오스트리아 황제로부터 군수물자 공급자로 임명되었고, 헤센-카셀로

---

25 『전설의 금융가문 로스차일드 1』(니얼 퍼거슨 지음, 21세기북스) 참고.

부터 차용금 이자 수금 업무를 맡는 제국의 궁정대리인 직함을 받았다. 1801년에는 꿈에 그리던 헤센-카셀의 '재정 관리인'이 되었다. 마이어는 영국이 헤센 용병에게 지급하는 거액의 급여와 비용도 관리하게 되면서, 국제적인 금융·환전 사업을 키울 수 있었다.[26]

재정 관리인이 된 뒤에도 마이어는 빌헬름 9세의 크고 작은 심부름을 자처하고 나섰다. 특히 빌헬름 9세의 대부업을 도왔다. 빌헬름 9세는 재산 5천만 탈러[27] 중 58%가량인 2,880만 탈러나 대부업에 투입했다. 유럽 왕실과 귀족들 절반이 그의 고객이었다. 누군가에게 대출을 해줄 때는 현금, 즉 금화나 은화를 마차로 운반해주어야 했다. 매월 대출 이자 역시 현금으로 받아와야 해서, 노상강도에 대비하여 무장한 기마병에게 마차를 호송하도록 했다. 당시 환어음도 있었으나 은행 간 교환 절차가 복잡했을 뿐 아니라 환전수수료도 10% 정도로 비쌌다.

마이어의 형제들은 빌헬름 9세 자신이나 측근들이 나설 수 없는 일을 도맡아 처리했고, 그의 다섯 아들은 빌헬름 9세를 위해 프랑크푸르트 은행들을 은밀히 연결하는 메신저 역할을 하며 양쪽에서 수수료를 받았다.[28]

1802년에는 정부 차관급 대형 거래를 성사시키는 업적도 세웠다. 영국 넬슨 제독이 이끄는 함대에 기습 공격을 받은 덴마크는 주식과 채권 가격이 곤두박질쳐 파산 위기에 봉착했고, 이때 덴마크 국왕이 빌헬름 9세에게 400만 굴덴의 차관을 요청했다. 덴마크 왕국은 빌헬름의 처가였다. 가족끼리의 돈 거래는 위험했지만 그렇다고 모른 척할 수도 없었다.

---

26 『전설의 금융가문 로스차일드 1』(니얼 퍼거슨 지음, 21세기북스) 참고.

27 신성로마제국의 은화 1탈러는 은 약 26그램으로 만들어졌다.

28 『로스차일드 신화』(리룽쉬 지음, 시그마북스) 참고.

빌헬름 9세가 고민에 빠지자, 부데루스가 이를 마이어와 상의했다. 마이어는 부데루스에게 묘책을 일러주었다. 덴마크 왕실에 정부차관이 아닌 로스차일드상사 상업차관 형식으로 돈을 대출해주자는 것이었다. 물론 그 돈은 빌헬름 9세의 것이었지만, 이렇게 하면 빌헬름의 재산은 노출되지 않을뿐더러 원금을 떼일 염려도 없었다. 빌헬름 9세로서는 로스차일드를 내세워 처가에 돈놀이를 할 수 있는 셈이었다. 이 일을 성사시키기 위해 마이어는 자기 아들들을 코펜하겐으로 급파했고, 덴마크 왕실에서 신청한 6건의 대출을 성사시켰다. 로스차일드가 빌헬름 9세한테 공들인 지 33년 만에 얻어낸 첫 번째 정부 차관급 대형 거래였다. 이를 계기로 로스차일드는 유럽 금융계에서 삽시간에 유명해졌다.

1803년 마이어는 성 요한 기사단, 헤세 다름슈타트 영주, 부딩엔 백작 등의 궁정 대리인이 되었다. 그의 사업 무대가 유럽 전역으로 확대되기 시작한 것이다.

3. 로스차일드 시대의 서곡,
  프랑스 대혁명과 나폴레옹의 등장

불공평과 부조리가 싹 틔운 시민 의식

로스차일드 가문이 금융 산업으로 큰돈을 벌게 된 과정을 알려면 당시 시대상을 살펴볼 필요가 있다. 영국에서 산업혁명이 일어나고 있던 때에, 프랑스에서는 앙시앵 레짐[29]의 모순에 대항하는 시민혁명의 기운이 싹트고 있었다.

프랑스는 18세기 들어 스페인 왕위 계승 전쟁(1701~1714년), 미국 독립전쟁(1775~1783년)을 비롯한 여섯 차례의 큰 전쟁을 치르느라 국가재정이 위기에 놓였다. 재정은 국민들의 세금으로 이루어지는데, 전체 농지의 절반 가까이 차지하고 있던 상위 2%의 특권계층인 성직자와 귀족들은 정작 세금 한 푼 내지 않았고, 서민들만 힘겹게 중세로 착취당하고 있었다.

프랑스는 1268년부터 '가벨'이라는 소금세를 물었는데, 이 때문에 국

---

29 ancien régime, 일반적으로 1789년의 프랑스 혁명 때에 타도의 대상이 된 정치·경제·사회의 '구체제'를 말한다.

민들은 원가의 20배에 달하는 소금을 일주일에 한 번 이상 의무적으로 사야만 했다. 18세기 후반 들어 소금을 사지 못하는 국민 3천여 명이 매년 감옥에 수감되었다. 시민들은 이러한 횡포를 점점 견디기 힘들었다. 이런 상황에서 장 자크 루소와 볼테르 등 계몽 사상가들의 '사회계약설'이 당시 사회제도에 대한 국민들의 반발심에 불을 지폈다.

시대를 바꾼 프랑스 대혁명

1789년 6월, 프랑스 왕 루이 16세는 170여 년 만에 '삼부회'[30]를 소집했다. 세금을 더 걷기 위해서였다. 그러나 평민 대표들은 이를 거부했고, 화가 난 루이 16세는 평민 대표가 회의장에 들어오지 못하게 막았다. 그러자 평민 대표들은 테니스코트에서 독자적으로 국민의회를 구성했다. 곧 왕이 평민 대표들을 학살할 것이라는 소문이 나돌았고, 파리 시민들은 7월 14일 밤 바스티유 감옥을 함락시켰다. 왕이 파리로 불러 모은 군대와 맞서려면 탄약과 무기가 필요했기 때문이다.

혁명의 불길은 전국으로 번졌고, 농민들은 곳곳에서 영주의 성들을 습격했다. 이에 힘입어 국민의회는 인권선언을 발표하고 봉건제를 폐지한다고 선언했다. 결국 왕과 귀족들에 의해 국민의회가 인정되었고, 새로운 헌법이 제정되었다. 이로써 모든 권력은 국민들로부터 나온다는 민주주의 헌법이 탄생했다. 권력이 절대 봉건군주로부터 국민들에게 옮겨오는, 인류 역사의 거대한 물줄기가 바뀌는 순간이었다.

국민의회가 헌법을 만들고 있는 사이, 루이 16세는 외세를 동원해 혁

---

30 1302년 필리프 4세가 소수 특권층인 사제·귀족·도시의 대표를 모아놓고 노트르담 성당에서 개최한 것이 기원으로, 프랑스 구체제 아래에서의 '신분제 의회'를 말한다.

명을 진압하려 했다. 프랑스 시민혁명의 불길이 번질까 두려워하던 오스트리아와 프로이센 등이 반혁명 연합군을 꾸려 프랑스로 쳐들어왔다. 프랑스 민중들은 연합군에 맞서 용감히 싸웠다. 루이 16세 부부는 오스트리아로 도망치려다 분노한 시민들에게 붙잡혔고, 1793년 1월 단두대의 이슬로 사라졌다.

초인플레이션을 불러온 '아시냐' 지폐

공화정부의 국민의회는 파산한 국고 문제를 어떻게 해서든지 해결해야 했다. 그들은 혁신적인 방안을 내놓았다. 그간 세금을 내지 않았던 교회와 귀족의 재산, 즉 그들이 보유한 방대한 토지를 몰수하여 이를 담보로 1789년 12월 '아시냐'라 불리는 공채를 발행한 것이다. 연 5% 이자의 일종의 토지 채권이었다. 화폐를 금과 바꿀 수 있는 증서라 한다면, 이는 토지와 바꿀 수 있는 증서였다.

발행 규모가 1년 세입의 80%인 4억 리브르[31]로 매우 컸다. 국가가 몰수한 교회 재산을 값싸게 사들일 수 있는 기회였기에, 공개 입찰 불과 이틀 만에 물량이 동났다.

당시 인플레이션에 대한 이해가 부족했던 국민의회는 재정난을 타개하기 위해 아시냐 발행을 남발했다. 발행 이듬해인 1790년부터는 몰수된 토지의 총 가치 30억 리브르를 훨씬 뛰어넘는 액수가 제로 금리로 발행되어 아시냐는 사실상 불환지폐(不換紙幣)가 되었다. 나중에는 총 455억 리브르가 발행되어 액면가의 3.3%에 유통되었다.

---

31 리브르는 프랑스에서 1795년까지 사용된 통화 단위로, 1리브르는 현재 가치로 약 12만 원에 해당한다.

담보 가치를 훨씬 초과한 발행 남발은 통화 가치 하락과 물가 폭등을 낳았다. 최고가격제와 아시냐 수령 거부 시 사형이라는 자코뱅 혁명당국의 극약 처방에도 결국 초인플레이션이 발생했다. 아시냐 발행 4년 만에 물가는 130배나 뛰었다.

초인플레이션으로 인해 농민들이 곡물 출하 시기를 미뤄, 생필품은 시장에서 찾아보기 힘들어졌고 암시장에서 비싼 값에 거래되었다. 결국 참다못한 국민들의 폭동이 반복되는 악순환이 거듭되었다. 민중들의 불만과 증오는 하늘을 찔렀다. 루이 16세 부부가 1793년 단두대에서 목이 잘린 것도 흉폭해진 민심과 무관하지 않았다.

공화정 지도자 자코뱅당의 로베스피에르는 혁명을 지킨다는 명분으로 공포정치를 시행했다. 1년 만에 50만 명이 투옥되고 3만 5천 명이 처형당할 정도였다. 하루 1,500명의 단두대 처형은 일종의 죽음의 굿판이었다. 혁명은 혼란에 빠졌다.

결국 1795년 11월 자코뱅 정권은 무너졌고, 이후 새 헌법하에 선출된 총재 정부는 새로운 채권을 발행하여 아시냐를 회수하려 했다. 하지만 채권자들의 반발로 실패했다. 결국 아시냐는 신용회복 불가능으로 1796년 2월에 유통이 폐지되어 7년 만에 사라졌다. 이때 정부는 아시냐를 지폐 액면가의 3.33%에 해당하는 토지와 교환해주었다. 화폐 소지자들의 투자 손실률은 96.67%에 달했다. 이런 혼란기를 틈타 쿠데타로 정권을 잡은 사람이 바로 나폴레옹이다.

나폴레옹의 등장

1785년 16세의 어린 나이로 육군사관학교를 졸업한 나폴레옹은 포병 소위로 임관했다. 그는 1789년 바스티유 감옥 함락 소식을 듣고 자신도 프랑스 혁명에 참가하여 공화주의인 자코뱅파를 지지하는 소책자를 썼다가 체포되고 만다. 이후 우여곡절 끝에 복귀하여 1793년 말, 대위로 근무하고 있을 때 툴롱 전투에서 왕당파 반란군을 진압하여 젊은 나이에 사단장이 되었다.

1796년 그는 27세 나이로 이탈리아 원정군 사령관으로 발탁되어 이탈리아 만토바에 주둔하고 있는 오스트리아군을 공격하는 부대를 지휘했다. 이때 눈보라가 몰아치는 알프스산맥을 넘으며 한 말이 바로 그 유명한 "내 사전에 불가능이란 없다"이다. 그는 곧바로 이탈리아 내 오스트리아군을 제압한 후, 1797년 오스트리아의 수도 빈을 점령했다. 오스트리아는 프랑스와 캄포포르미오 조약[32]을 체결하여 벨기에와 이탈리아의 북부 롬바르디아를 프랑스에게 넘겨주었다. 이러한 업적으로 나폴레옹의 인기는 높아져 갔다. 결국 그는 1799년 국민투표에서 농민들의 전폭적인 지지를 받고 공화국 정부의 통령 자리에 올랐다.

초인플레이션으로 무너진 경제를 회생시켜 민생을 안정시키는 것은 나폴레옹의 중요한 임무 중 하나였다. 그는 경제 발전을 위해 많은 도로와 교량을 건설했다. 그리고 법전을 편찬해 사유재산제도를 보장하고 법제화했다. 통화정책을 주도할 중앙은행도 설립했다. 그는 아시냐 실패를 교훈 삼아, 화폐 발행 남발을 금지했고 물가 안정에 최선을 다했다. 그는 왕정 때 사용되던 프랑화(貨)를 부활시켰고, 특히 자신의 이름을 딴 나폴레옹 금화를 주조해 유통시키면서 "내 재위 기간에는 절대 지

---

32 Treaty of Campo Formio, 프랑스와 오스트리아 간에 맺어진 강화조약. 이로 인하여 오스트리아는 베네치아를 얻고 롬바르디아를 포기하였으며, 프랑스는 이오니아제도와 네덜란드를 획득하였다. 또 비밀조항에 의하여 오스트리아는 라인강 좌안을 프랑스령으로 하는 데 동의하게 되었다.

폐를 찍어내지 않겠다"고 선언했다.

나폴레옹은 프랑스 혁명 정신인 '자유, 평등, 박애' 사상을 널리 알리는 데도 앞장섰다. 그가 혁명의 정치원리를 뒤엎고 군사독재를 강화한 정치적 모순을 범했음에도, 그가 유럽 대륙을 지배하는 동안 '법치주의, 능력주의, 시민평등사상' 등 혁명 정신은 온 유럽에 전파되었다. 이는 당시 왕정국가들에게는 혁명의 위협을, 또 다른 국가들에게는 프랑스 패권주의의 두려움을 안겨주었다. 이 때문에 유럽의 봉건제 왕들이 프랑스를 가만두지 않았지만, 먼저 무너진 쪽은 프랑스가 아니라 봉건군주제 국가들이었다.

프랑스 대혁명이 선사한 유대인의 자유

프랑스 대혁명은 계몽사상을 바탕으로 시민의식이 점증하면서 '자유·평등·박애'라는 인간의 존엄성과 권리에 대한 시민혁명이기도 했다. 프랑스 계몽주의 사상가 가운데 한 명이 유대계 철학자 몽테뉴다. 스페인에서 유대인이 추방당했을 때 세파르디계는 프랑스로 가기도 했는데, 그곳에서 그들의 역량을 드러내 보인 인물이 바로 몽테뉴였다. (그의 어머니 앙투아네트 루페는 스페인계 유대인의 자손이었다.)

프랑스 혁명은 유럽 역사에서 소수의 왕족과 귀족의 정치적 힘이 시민에게 옮겨지는 변곡점이었다. 동시에 프랑스 혁명은 유럽의 정치·사회·경제·문화 모든 것을 근대적 형태로 재조직하는 데 결정적인 역할을 했다. 1789년 8월 말, 프랑스 국민의회, 곧 제헌의회가 발족되었다. 제헌의회는 "인간은 태어나면서부터 자유롭고 평등한 권리를 가지며, 어떤 인간도 자신의 신앙으로 인하여 침해받지 아니한다"는 인권선언을 발표했다.

이는 유럽에서 유대인 해방을 알리는 신호탄이 되었다. 1791년 9월 27
일에 제헌의회는 알자스-로렌 지역의 유대인에게 시민권을 주기로 의
결했다. 유대인에게 법적 평등을 보장한다는 의미였다. 혁명가들은 당
연히 이를 혁명의 보편성을 보여준 쾌거로 환영했다. 많은 유대인도 이
로 인해 여러 세기에 걸친 굴욕과 법적 차별이 종식되리라 낙관했다.

1792년 9월 프랑스에서는 알자스의 유대인을 해방한다는 법령이 통
과되었다. 유대교 회당에서는 감사의 찬송이 흘러나왔다. 유대인들이
오랜 억압 생활에서 해방된 것이다.

이는 인간 해방이라는 점에서 큰 의미를 갖는 일이었으나 당시 프랑
스에 거주하는 유대인의 수는 그리 많지 않았다. 보르도 주변에 3,500
명, 알자스-로렌에 3만 명, 파리에 500명 정도였다. 그럼에도 제헌의회
가 이를 중시한 것은 혁명 정신의 상징적 의미가 있었기 때문이다.

나폴레옹의 유대인 자유 선포와 마이어의 티쿤 올람

나폴레옹 역시 즉위한 후 "앞으로 프랑스에 들어와 사는 모든 유대인에
게 이유를 묻지 않고 프랑스 시민으로서의 자유와 권리를 주겠다"라고
선언했다. 유대인들로서는 실로 기쁜 소식이었다. 그 후 나폴레옹의 군
대에는 유대인들의 헌납금이 쇄도했다. 이는 훗날 이탈리아 등지에서
유대인이 환영받는 정책의 계기가 되었다. 어찌 되었건 유대인에게 나
폴레옹은 은인이었다.

그런데 나폴레옹은 유대인 공동체와 국가 간의 관계를 분명히 해둘
필요가 있다고 생각했다. 그는 1806년 파리에서 112명의 유대 원로총회

를 열어 회의 대표에게 12개의 질의서를 보냈다. 의제는 결혼과 이혼, 기독교와의 결혼, 유대인 공동체에서의 사법, 행정의 권한, 대금업에 대한 유대인들의 자세 등에 관한 것이었다. 다시 말하면 유대인들이 프랑스를 그들의 나라로 생각하고 프랑스 법률을 수호하고 복종할 의사가 있는지에 관한 질문이었다. 답변서를 받은 이후 나폴레옹은 유대인들의 최고 의결기구인 '산헤드린'을 소집했다. 71인으로 구성된 산헤드린은 유대 원로들의 결정을 지지한다고 했다. 이를 근거로 나폴레옹은 몇 가지 공식 조치를 취하고 유대인들을 순수한 종교집단으로 규정했다.

한편 프랑스 유대인 해방 소식을 들은 마이어는 본인이 살아가면서 마땅히 해야 할 일, 곧 그의 '티쿤 올람'에 하나를 더 보탰다. '티쿤 올람'이란 창조론과 진화론 모두를 아우르는 유대인 특유의 사상으로, 유대인을 이야기할 때 반드시 알아야 할 것 중 하나다. 신은 세상을 창조했지만 아직 미완성의 상태이며, 하느님의 창조 사업은 현재도 계속되고 있으니, 인간은 계속 신의 창조 사업을 도와 하느님의 창조 역사를 완성해야 한다는 내용이다. 이것이 바로 신의 뜻이자 인간의 의무라는 것이다. 이 사상에 따르면 세상은 '개선시켜 완성해야 할 대상'이다. 즉, 하느님의 파트너로 세상을 개선해 완전하게 만들어야 하는 인간의 책임을 강조한 것이다.

이때 마이어가 자신의 티쿤 올람에 보탠 것은 억압받는 프랑크푸르트 유대인들의 해방이었다. 이후 마이어는 프랑크푸르트 유대인들의 시민권 획득과 온전한 자유민으로의 탈바꿈을 본인 평생의 과업 중 하나로 여기게 된다.

금융과 재정의 힘에 밀려 영국에 패한 프랑스

나폴레옹은 영국 침공을 위해 도버 해협과 가장 가까운 불로뉴 항구에 해군들을 집결시키고 상륙작전에 필요한 대형 평저선 함선들을 건조하기 시작했다. 길이 36m, 폭 12m로 제작한 함선들은 한 척당 500명의 군사를 실어 나를 수 있었다. 이 함선을 1천 척이나 건조하였다. 불로뉴에 집결한 프랑스군의 수는 25만 명으로, 영국을 긴장시키기에 충분했다.

기겁한 영국 정부는 넬슨 제독이 지휘하는 함대를 파견해 불로뉴항의 공격을 감행했지만 실패했다. 불로뉴항 습격이 실패로 돌아가자, 영국과 프랑스는 숨 고르기 목적으로 1802년 3월 25일에 아미앵 조약(평화조약)을 체결한다. 하지만 여러 이유로 이 조약은 무효화되었고, 1803년 5월 18일 영국이 프랑스에 선전포고를 했다. 그리고 4일 뒤 아직 전쟁이 선포된 줄도 모르고 있던 프랑스 상선 2척을 영국 해군이 나포했다. 이에 발끈한 나폴레옹은 프랑스를 여행 중이던 영국인 1,800명을 모두 체포하여 감옥에 가두었다. (나폴레옹의 영국에 대한 증오심도 대단하여 이들 대부분은 1814년 나폴레옹 퇴위 시까지 감옥에 억류되어 있었다.)

긴장 상태로 대치하던 양국의 해군이 한판 승부를 펼쳤다. 1805년 10월 21일 스페인 남서쪽의 트라팔가르 곶에서 영국 해군과 프랑스-스페인 연합함대의 결전이 벌어진 것이다. 이것이 바로 '트라팔가르 해전'이다. 범선 시대의 마지막 해전이자, 영국이 자랑하는 넬슨 제독이 목숨 바쳐 영국을 구한 해전이기도 하다. 이로써 나폴레옹의 영국 정복 계획은 무산되었다.

당시 프랑스 해군이 영국에 열세였던 이유는 범선 기술의 차이였다.

이슬람의 다우선[33]을 본떠 포르투갈에서 개발된 캐러벨 범선은 월등한 균형감으로 대포 발사에 따른 반동을 흡수해 비교적 명중률이 높았다. 이 함선을 영국이 보유할 수 있었던 건 1688년 명예혁명 덕분이었다. 이 전까지 영국 왕실은 채무 불이행이 빈번해 금리가 15%를 넘나들 정도로 높았다. 하지만 명예혁명 때 네덜란드에서 빌럼 3세를 따라온 8천여 명의 유대 금융인들 덕분에 주식시장과 채권시장 등 자본 조달 시장이 개설되면서, 국채 금리가 급격히 하락해 한 자릿수로 떨어졌다. 저금리로 자금을 조달할 수 있게 되면서 영국 해군은 거대한 함대를 건조하게 됐다. 금리 하락의 혜택은 시민들에게도 돌아가, 시민들은 만기가 없는 영구 채권에 투자해 노후를 설계할 수 있게 됐다. 나중에 시중금리가 2~3%까지 떨어지면서 대규모 투자가 가능해졌고, 이는 산업혁명의 토대가 된다.

여기에 재정 확대 정책도 한몫했다. 1793년 나폴레옹 전쟁이 터지자, 영국은 기존의 관세와 물품세로는 전비를 충당할 수 없었다. 당시 영국 수상 윌리엄 피트는 1799년에 누진소득세를 시행했다. 엄청난 조세 저항으로 1802년 영국과 프랑스가 휴전을 맺자 누진소득세는 폐지되었다가 1803년 영불전쟁이 터지자 다시 재개되었고, 소득세 재개로 인한 재정 확대는 영국 해군력 증강으로 직결되었다.

반면 나폴레옹 시대의 프랑스는 금융과 재정 모두에서 영국에 비해 경쟁력이 떨어졌다. 군사력 이전에 경제력 차이가 전쟁의 승패를 가르는 중요한 변수로 작용했다.

---

33   고대 인도양에서 항해하던 선박으로, 3각 돛을 단 목조선 일반에 대한 범칭.

나폴레옹 군대로부터 빌헬름의 재산을 지켜낸 로스차일드

나폴레옹은 프랑스를 침공했던 나라들과 그 연합 세력을 용서할 수 없었다. 그는 1805년 12월 러시아-오스트리아 연합군을 격파하고 유럽을 휩쓸기 시작했다. 이에 위기를 느낀 프로이센 왕은 헤센 공국에 함께 나폴레옹에게 맞설 것을 요구했다. 빌헬름 9세는 고민이 깊을 수밖에 없었다. 한순간의 선택으로 나라의 운명이 바뀔 수 있었으니 말이다. 그는 우선 중립을 선언하고, 국경에 중립국이라는 팻말을 세우도록 했다. 그는 이 와중에도 장사꾼의 면모를 보여주었다. 프랑스에게는 중립을 지키는 대가로 프랑크푸르트를 헤센에 귀속시켜 줄 것을 요구하고, 프로이센에게는 헤센의 용병을 싸게 지원해주겠다고 한 것이다.

하지만 나폴레옹은 코웃음을 치며 공격을 시작했다. 그는 프로이센-헤센 연합군을 예나 전투와 아우스터리츠 전투에서 격파하고, 프로이센과 헤센 공국을 점령했다. 이로써 신성로마제국은 해체되었다.

이때 빌헬름 9세는 처가인 덴마크 국왕의 영지 홀슈타인으로 피신하면서 자신의 재산을 부데루스 재무관에게 맡겼다. 1806년 빌헬름의 총 재산은 4,600만 굴덴이 넘었다. 이중 절반 이상인 2,880만 굴덴이 다른 나라 귀족들에게 대출된 상태였고, 영국 연금에 460만 굴덴이 투자되어 있었다.[34] 부데루스 재무관은 필요할 때 돌려받는 조건으로 로스차일드에게 그 돈의 일부와 대외 대출 장부를 맡겼다. 당시로서는 거액인 525만 굴덴 정도였다.

여기에 유명한 일화가 있다. 로스차일드는 이 재물을 그의 정원 한구

---

34 『전설의 금융가문 로스차일드 1』(니얼 퍼거슨 지음, 21세기북스) 참고.

석에 파묻었는데, 7만 굴덴쯤 되는 자신의 상품과 재물은 숨기지 않은 것이다. 만약 자신의 재산까지 다 숨겼다면 엄격한 수색으로 발각되었을 것이고 끝내는 빌헬름의 재물도 빼앗겼을 것이다. 그는 자기의 전 재산과 목숨을 걸고 빌헬름의 재물과 대출 장부를 지켜냈다. 망명한 빌헬름은 로스차일드의 전 재산이 프랑스군에 의해 몰수되었다는 사실이 알려지자 자신의 재산도 잃었다고 여겼다. 그러나 그것은 마이어 로스차일드를 과소평가한 것이었다.

로스차일드 형제들, 빌헬름의 채권을 관리하다

마이어의 자식들은 그 누구도 하기 힘든 일을 해냈다. 나폴레옹군은 빌헬름의 숨은 재산과 채권을 찾아내려고 혈안이 되었다. 이 와중에 마이어의 자식들은 위험을 무릅쓰고 마차를 몰고 유럽 전역을 사방팔방으로 돌아다니면서 점령군 모르게 빌헬름 9세의 채권 이자를 매달 꼬박꼬박 회수했을 뿐 아니라 만기가 도래한 채권을 모두 회수했다. 그러면서 유럽 곳곳의 지리와 왕족들 간의 돈 흐름의 역학관계를 몸으로 익힐 수 있었다. 이는 로스차일드 가문의 유럽 대륙 내 정보 및 수송 네트워크 구축과 정세 판단에 큰 힘이 되었다.

그 뒤 회수금은 피난 가 있는 빌헬름에게 안전하게 전달되었다. 이 일로 로스차일드 가문과 빌헬름은 돈에 관한 한 가족처럼 믿고 맡기는 사이가 되었다.

마이어는 점령군에게도 생활 보급품과 군수품을 대며 돈을 벌었다. 전쟁 통에 돈 버는 것은 유대인의 오랜 특기였다. 전선을 따라 옮겨가며 위험을 무릅쓰고 군납해 온 것은 유대인들뿐이었다. 당시 독일 지역에서 전비와 군수품 조달로 거대한 부를 쌓은 유대인 가문으로는 로스차일드가 외에도 오펜하임가와 하이네가, 멘델스존가가 있었다. 이들은 훗날 로스차일드가의 금융 제휴 파트너가 된다.

4. 영국으로 세력을 확장한 로스차일드 가문

영국에서 산업혁명이 일어나다

마이어 암셸 로스차일드의 사업을 변화시킨 것은 프랑스 혁명만이 아니다. 영국의 산업혁명 역시 중대한 영향을 미쳤다. 17세기에만 해도 양털과 해적질이 주 수입원이었던 후진국 영국에서 산업혁명이 시작될 수 있었던 이유는 무엇일까? 그것은 영국이 짧은 기간에 정치적 안정과 경제적 도약을 이루어냈기 때문이다.

1688년 네덜란드에서 건너온 빌럼 3세와 메리 2세가 명예혁명을 이루어낸 후 선정을 베풀어 영국은 정치적 안정을 이루었다. 동시에 그들을 따라 네덜란드에서 영국으로 이주한 유대 무역상들과 금융인들이 단기간에 통상을 확대하고 금융 산업을 활성화시켜 경제를 도약시켰다.

앞서 언급했듯이 그 이전에는 영국에 이렇다 할 금융시장이 없었다. 은행도 없었고 체계화된 국채도 없었다. 주화를 소유한 사람들은 그 돈을 런던의 금세공사들한테 맡기고 현금예치증서를 받았다. 이 증서를 소지한 사람에게 해당 금액을 지급하게 되어 있었으니, 이 증서가 근대

은행권의 시초라고 할 수 있다. 당시 왕들은 금세공사들에게 단기 고리로 거액을 빌리곤 했다.

아메리카 신대륙에서 금과 은이 많이 들어와 유동성이 크게 불어나자 금세공사들은 이탈리아 은행가들이 오래전에 알았던 은행의 '신용창조' 원리를 알아냈다. 다시 말해 자신들이 맡은 돈을 약간만 보관하고 나머지 대부분을 다른 사람한테 빌려줄 수 있다는 것을 깨달았다는 뜻이다. 그전까지 금세공사들은 고객이 맡긴 돈, 즉 예금에 대해 보관수수료를 받았는데, 이때부터는 이자를 지급했다. 이렇게 금세공사들이 은행의 원리를 알아가기 시작했다.

이 시기에 영국의 시중금리는 대출을 위한 담보물 여하와 신용도에 따라 6~30% 사이에서 형성되었다. 당시 유대 금융인들이 주도하던 네덜란드의 금리는 3%까지 떨어져 있었다. 이후 빌럼 3세와 함께 네덜란드에서 건너온 8천여 명의 유대 금융인들에 의해 자본조달 시장이 활성화되면서 금리도 내려가기 시작했다.

빌럼 3세와 메리 2세 공동 왕 이후 영국은 국왕의 절대 권력이 사라지고 의회 민주주의가 자리 잡았다. 그리고 국왕과 의회를 동시에 지원한 신흥 상인계급이 국가의 주요 세력으로 등장했다. 이 신흥 자본가들은 네덜란드식 자유주의 경제체제를 도입해 주식시장과 채권시장을 활성화시켜 시중금리를 획기적으로 낮추었다. 그리고 이들의 막대한 자본은 산업혁명의 자양분이 되었다.

이 무렵 유대인들이 주도하는 모직물 공업을 중심으로 한 근대적인 산업이 싹트기 시작했다. 이런 산업을 지탱하기 위해서는 노동력이 필수적이다. 당시 영국에는 농장주들이 농지를 양 키우는 목장으로 바꾸는 '인클로저 운동'으로 인해 일자리를 잃고 부랑자 신세가 된 농민들이 많았다. 당시 땅을 잃은 많은 농민이 일자리를 얻기 위해 도시로 몰려들며 새로운 산업에 노동력을 제공했다.

영국이 산업혁명의 주인공이 된 또 다른 이유는 풍부한 지하자원 때문이었다. 산업혁명의 핵심은 기계를 움직이는 동력을 석탄으로부터 얻는 것인데, 다행히 영국은 증기기관과 기계를 만드는 데 필요한 철광석과 증기기관에 필요한 석탄이 풍부하게 매장된 나라였다. 이런 배경을 바탕으로 1733년 존 케이가 '플라잉 셔틀'[35]이라는 방직기를 발명하면서 면직공업의 기술혁신이 시작됐다. 플라잉 셔틀 덕분에 천을 짜는 방직 부문의 생산성은 크게 늘어났지만, 상대적으로 실을 만드는 방적 부문이 물량을 원활히 공급하지 못했다. 이 문제를 해결하기 위해 1768년부터 다양한 형태의 방적기가 발명됐다. 이후 방적기와 방직기를 좀 더 효율적으로 활용하게 하는 증기기관이 발명되고 개선되면서 면직물 생산성이 급격히 높아졌다.

이 무렵 빌헬름 9세의 주요 고객은 영국이었다. 자연스레 마이어의 주업무 역시 영국 국채 할인이 됐다. 마이어는 채권회수 관계로 영국을 몇 차례 방문했는데, 그는 산업혁명의 결과로 싼값에 대량생산되던 영국 면직물에 주목했다. 당시 영국산 직물은 가장 이문이 많이 남는 장사였다.

이후 면직물 가격 때문에 매일 영국의 섬유도매상과 싸우던 로스차일드는 대상인이 프랑크푸르트 면직물 시장을 독점하자 면직물을 영국에서 직접 수입하기로 마음먹는다. 그는 어음결제 업무뿐 아니라 무역업도 직접 하기 위해 1798년에 셋째 아들 나탄을 맨체스터로 보냈다. 영국 공장과 직거래를 개척한 것이다. 나탄의 영국행에 매형인 베네딕트 보

---

35 flying shuttle, 1733년 영국 기술자 존 케이가 발명한 씨실을 넣는 직조기계. 씨실을 넣는 북은 손으로 넣는 것이 보통이었으나, 존 케이는 이것을 피커를 쳐서 넣는 구조로 고안하였다.

름스도 동행했다. 영국산 직물을 수입하면서 나탄은 영국 쪽 일을, 보름스는 독일 쪽 일을 맡았다.

직물 제조업에 직접 뛰어든 나탄

마이어의 아들들 중 가장 두뇌가 비상했던 사람은 셋째 나탄이었다. 스무 살의 젊은 나이에 영국으로 건너온 나탄은 처음에 영어를 한마디도 못했기에 우선 영어를 배워야 했다. 영어와 영국식 상업 관습을 배우기 위해 런던에 있는 아버지의 거래처 사람들과 교류하며 몇 달을 지냈다. 영국의 유대인 공동체 지도자들은 프랑크푸르트에서 온 젊은이를 따뜻이 맞아주었다. 그들은 나탄에게 면직물 장사에 도움이 되는 여러 유대인들을 소개해주었고, 물심양면으로 그를 도와주었다. 먼 길을 찾아온 동족을 돕는 관습은 유대인 공동체의 오랜 전통이었다.

그 뒤 나탄은 초기 산업혁명의 시발지이자 면직물 산업의 중심지인 맨체스터로 가서 사업을 시작했다. 처음에는 면직물을 구입해 독일 게토에 보내는 게 주 업무였다. 그 무렵 독일의 15개 유대인 회사가 영국산 섬유를 수입했고, 8명이 맨체스터에 정착해 직수입을 하고 있었다.

당시 영국의 직물업은 석 달 외상거래가 관례였다. 그러나 나탄은 자신이 구입하는 물품의 가격을 낮추기 위해 가능하면 어음보다는 현금으로 거래했고, 이 덕분에 가장 좋은 물품을 싼 가격에 살 수 있었다. 이는 경쟁력 있는 가격과 품질로 고객을 만족시키고 시장 점유율을 높이는 방법이었다.

경쟁력 있는 직수입 덕분에 프랑크푸르트 가게는 날로 번창했다. 뿐만 아니라 독일과 유럽 대륙을 대상으로 면직물 도매업을 할 수 있었다.

나탄 로스차일드

이후 그는 영국산 이외에도 인도산, 북미산 직물들을 사들여 유럽 대륙에 팔았고, 그 뒤 커피, 염료, 면화, 양모, 담배, 설탕 등으로 취급 품목을 확대하며 점차 사업 반경을 넓혀갔다.

한편 맨체스터에 면직물 공장들이 들어섰지만, 유대 상인들은 도시 길드에 참여할 수 없어 다른 방식을 택해야 했다. 그들은 도시가 아닌 농촌에서 직물을 생산하기로 하고, 원재료 값과 노임을 농민들에게 선불로 주어 정해진 날짜에 직물을 납품받는 전대제도를 활용했다. 이 제도를 통해 농촌에서는 주로 아낙네들이 집이나 공동 작업장에서 수작업으로 직물을 짜서 상인들에게 납품했다.

단순 무역업으로 이윤 확보에 한계를 느낀 나탄도 면직물 제조업에 뛰어들었다. 시골을 돌며 전대제도를 통해 생지(生紙)를 직접 생산했고, 이를 맨체스터 근교의 염색업자들에게 보내 예쁘게 물감을 입힌 후 다시 북쪽의 봉제업자들에게 보내 본인이 원하는 스타일의 의류와 제품을 만들었다. 이렇게 생지 제조와 염색, 봉제 등 세 과정에서 중간 마진을 절약해 이윤을 크게 늘렸다. 그의 재산은 2만 파운드에서 5만 파운드로 늘어났다.

런던으로 진출해 은행을 설립하다

하지만 이러한 방식은 그리 오래가지 못했다. 경쟁이 치열해져 이윤이 점점 박해진 것이다. 5% 이익도 남기기 힘들었다. 게다가 무역 규모가 커지고 거래처가 많이 늘어나다 보니 신경 쓸 일이 많아졌다. 섬유 사업이 주기적으로 부침을 반복하기도 했다.

1803년 영국과 프랑스 간의 전쟁을 전후한 혼란기에 나탄의 사업도 어려움을 겪었다. 전쟁으로 무역은 점점 힘들어졌다. 상황이 어려워지자 그는 밀수업자가 되었다. 밀수로 재미를 보았지만 발각되어 높은 관세를 물거나 상품을 몰수당하기도 했다.

그는 발이 닳도록 열심히 뛰었으나 결국 제조업보다는 이를 지원하는 금융업이 더 많은 이윤이 남는다는 사실을 깨달았다. 백만 파운드짜리 직물 대형 오더를 수주해 1년 동안 수백 명의 기술자들이 땀 흘려 수출해야 5~6만 파운드 정도 남는데, 런던의 금융기관은 직조자금 백만 파운드를 석 달간 빌려주고 단번에 엇비슷한 금액을 벌어갔으니 말이다. 나탄은 큰돈을 벌려면 제조업 유통이 아니라 금융업을 해야 한다는 결론을 내리고, 그간 직물 장사로 번 돈 중 4만 파운드를 가지고 영국에서 금융업을 시작한다.

그는 먼저, 1803년 안정적이고 이윤이 큰 영국 정부의 전시 공채사업에 참여하기 위해 맨체스터와 런던을 오가며 무역업과 금융업을 병행해갔다. 나폴레옹 전쟁이 확대됨에 따라 당시 영국 정부는 전쟁 자금을 마련하기 위해 2천만 파운드의 국채를 팔아야 했다. 나탄은 이미 직물업계의 환어음 거래에서 좋은 평판을 얻고 있었던 터라, 런던 유대인 공동체의 도움으로 신용이 생명인 국제 환어음 인수 가문으로 활동할 수 있었다.

나탄은 금융업자로서의 기반도 다졌다. 여느 은행들은 유럽 대륙 어음에 1.5~2%의 수수료를 받았는데, 그는 1%만 받았다. 경쟁력 있는 수수료 덕분에 채권 할인이 몰리면서 그의 자산은 크게 불어났다.

이때 의외의 기회가 찾아왔다. 나폴레옹의 침략을 걱정한 빌헬름 9세가 마이어에게 자금을 해외에 은닉해 달라고 부탁한 것이다. 마이어는 이 자금을 런던으로 옮겼고, 나탄에게 관리를 맡겼다. 나탄은 1804년 영국 국적을 얻었고 아예 주 무대를 런던으로 옮겼다. 그리고 국제 금융의 중심이자 경제특별구역인 '더 시티(더 시티 오브 런던)' 지역에 은행을 설립해 본격적으로 금융업을 시작했다. 런던 로스차일드상사의 시작이었다. 금융업 가운데서도 채권, 금, 주식 거래가 그의 주 전공이었다.

더 시티에 유대 상인과 금융인들이 발을 들여놓을 수 있게 된 데는 이유가 있었다. 올리버 크롬웰이 왕당파와 전쟁을 할 때 자기를 물심양면으로 도와준 유대인 상인들과 금융인들에게 보답하고자 전쟁이 끝난 후 더 시티 입주를 허락한 것이다. 더 시티는 면세 지역이라 세계의 금융기관들이 몰려들어 오늘날 세계 최대의 외환시장이 되었다.

전용 고속정보망을 구축하다

나탄은 채권 거래를 시작하면서 정보의 중요성에 눈을 떴다. 당시 정부 국공채 가격의 등락은 국제 정세와 밀접한 관계가 있었다. 영국은 반프랑스 동맹의 주도국으로 그들이 유럽 전장에서 잘 싸우면 영국 국공채 가격이 올랐고, 그렇지 않으면 내렸다. 영국에 있던 나탄은 시시각각 변하는 전세를 유럽에 있는 형제들을 포함해 로스차일드가의 정보원들에게 신속하게 알리는 역할도 해야 했다.

경쟁자보다 한발 앞서 정보를 얻기 위해 나탄은 도버 해협과 유럽을 가로지르는 효율적인 전용 고속정보망을 구축했다. 고대로부터 유대인들은 정보교환을 위해 비둘기를 사용했다. 비둘기는 귀소 본능과 방향 감각이 탁월해 수백 킬로미터 떨어진 곳까지 시속 70km 안팎으로 곧장 날아가 메시지를 전한다. 성공률은 95% 가까이 된다. 이렇게 다리에 편지를 묶고 날려 보내는 비둘기를 '전서구'라 불렀다. 전서구에게 33.3km에 불과한 도버 해협을 건너는 것은 일도 아니었다. 30분이면 충분했다.

여기에 더해 나탄은 거금을 들여 가장 빠른 쾌속선 5척과 우편마차들을 사들였다. 그리고 똑똑하고 약삭빠른 정보원을 대거 고용해, 그들을 유럽 각지의 전략적 요충지로 보내 정치, 군사, 통상 정보부터 사회 이슈에 이르기까지 하나도 놓치지 않고 다 수집하게 했다. 그는 이렇게 수집된 정보를 신속하게 전달하는 전문 사신까지 양성했다.

이 밖에도 나탄은 평소 편지에 이디시어와 암호를 섞어 썼는데, 암호 전문가를 섭외해 진작부터 로스차일드 가문에서 통용되던 비밀 서신 시스템을 한 단계 업그레이드시킴으로써 암호 해독을 더욱 어렵게 만들었다. 2년이라는 짧은 기간에 온갖 노력을 아끼지 않은 결과, 로스차일드 가문은 유럽 각국 정부의 역참과 특공 정보망보다 훨씬 뛰어난 정확성과 전달력을 갖게 되었다.

유럽의 한 정치가는 회고록에서 다음과 같이 묘사했다. "로스차일드 가문 전용 사신마차는 유럽의 도로를 질주했으며, 로스차일드가 고용한 정보전달용 쾌속선은 잉글리시 해협의 풍랑을 뚫었다. 유럽 각국의 거리에 사람들이 밀집한 곳이면 어디든 로스차일드 가문 정보원들의 그림자가 신출귀몰했다. 푸른색 바탕에 노란 줄무늬 제복을 입은 로스차일드 가문의 사신은 마차를 타고 유럽 각국을 바삐 오갔다. 그들은 현금, 채권, 상업 서신, 정보, 특히 증권의 등락에 관련된 최신 독점정보를 전달했다."[36]

자본주의의 대명사 로스차일드와 공산주의 창시자가 인척?

나탄은 사업 관계로 알게 된 런던의 부호 상인 레비 바렌트 코헨의 딸 한나와 1806년 결혼했다. 3,248파운드의 두둑한 지참금을 받아 자본력이 더해졌을 뿐만 아니라 런던 유대인 사회의 유력한 가문과 파트너가 되었다.

레비 바렌트 코헨은 런던 유대인 사회에서 가장 돈이 많은 부호 중 한 명으로, 암스테르담에서 살다 20년 전 빌럼 3세를 따라 런던으로 건너와 리넨 장사로 떼돈을 번 상인이었다. 결혼식 이후 나탄은 대륙 간 밀수 사업 중 상당 부분을 장인과 함께했다.

레비의 형 살로몬 바렌트 코헨의 증손자가 칼 마르크스이니 나탄 로스차일드와 칼 마르크스는 친척이다. 자본주의의 대명사 로스차일드와 공산주의 창시자가 인척지간인 것이다.

---

36 『로스차일드 신화』(리룽쉬 지음, 시그마북스) 참고.

5. 단기간에 유럽 금융계를
   장악한 나탄

1806년 대륙 봉쇄령이 기회로

일반적으로 상인과 금융인은 전쟁을 싫어한다. 전쟁이 일어나면 장사도 잘 안 될뿐더러 주식과 채권 등 자산 가격이 폭락하기 때문이다. 승전 가능성이 높은 나라에 투자해도 전쟁으로 경제가 망가져 미래가 불투명하다. 하물며 전쟁에 패하면 투자한 돈 모두가 사라진다. 하지만 로스차일드 가문은 전쟁을 기회로 활용했다.

프랑스 해군은 1805년 10월 트라팔가르 해전에서 넬슨이 이끈 영국 해군에게 완패했다. 나폴레옹의 영국 상륙 작전이 실패로 끝나 해상권 장악에 실패한 것이다. 하지만 유럽 대륙의 중앙부를 제압한 나폴레옹은 형 조제프 보나파르트를 스페인과 나폴리 국왕에, 동생 루이를 네덜란드 국왕에 각각 앉히고 자신은 라인 동맹[37]을 발족시켜 독일에도 강한 영향력을 행사했다. 그리고 영국을 경제적으로 고립시키려고 1806년 대

---

37 1806년 7월 12일에 나폴레옹의 후원으로 조직된 남서 독일 16개국의 동맹. '라인 연방'이라고
    도 한다.

륙 봉쇄령을 내렸다.

이로써 로스차일드 가문의 '정보 및 수송 네트워크'가 전쟁통에 다시 한 번 진가를 발휘하게 되었다. 당시 영국은 아메리카 식민지에서 들어오는 물산이 많아 내수업체들은 나폴레옹의 봉쇄를 견뎌냈지만 수출업체들은 타격이 컸다. 유럽 대륙에 수출하던 상품들은 판로를 잃어 재고가 쌓이자 가격이 폭락했다. 반면 유럽 대륙에서는 값싼 영국 제품들이 안 들어오자 생필품 대란이 일어났고, 공산품 가격이 폭등해 물가가 치솟았다. 그러다 보니 영국 상품이 유럽 대륙에서 비싸게 팔렸다.

런던 로스차일드상사는 이 기회를 놓치지 않았다. 가격이 폭락한 직물과 옷, 식료품, 공산품 등 영국산 물건과 설탕과 담배 등 아메리카 식민지산 제품을 대량 구입하여 로스차일드 정보원들이 개척한 밀수 루트를 통해 프랑크푸르트로 긴급 공수한 것이다. 나탄은 종래의 상품뿐 아니라 나폴레옹의 해상 봉쇄로 유럽 대륙이 직접 살 수 없는 모든 물품을 보냈다.

기상천외한 밀수 루트

도버 해협은 약 34km에 불과해 날씨만 좋으면 3~4시간이면 건널 수 있었다. 그러나 나탄 로스차일드가 개척한 밀수 루트는 영국에서 비교적 먼 스칸디나비아반도의 발트 해안과 덴마크 해안이었다. 그 중간 거점이 독일 해안에서 65km 떨어진 영국령 헬골란트섬이었다.

이 근처 해안가는 세계 5대 갯벌의 하나인 바덴해 갯벌로 길이는 약 500km, 넓이는 약 1만㎢에 달했다. 네덜란드, 독일, 덴마크 3개국에 걸쳐 펼쳐진 대형 갯벌이었다(유라시아 대륙에 이런 큰 갯벌은 우리 서해와 바덴해뿐이다).

로스차일드 형제들은 갯벌 해안에도 상륙 가능한 평저선을 만들어 깜깜한 밤에 밀수품을 날랐다. 밀수 색출 당국은 조수 간만의 차가 크고 일반 배들은 접근이 불가능한 갯벌로 밀수품이 들어올 거라고는 생각도 못 했다. 이렇게 들어온 물건들은 로스차일드가의 수송 네트워크 전문가들에 의해 독일뿐 아니라 유럽 대륙으로 뿌려졌다. 당시 영국 상품들은 품귀 현상이 일어 부르는 게 값이었다. 특히 담배, 커피, 설탕, 염료 등이 비싼 값에 팔려 나갔다.

당시 독일의 프랑스 괴뢰정부[38]인 라인 연방의 카를 폰 달베르크 공작은 로스차일드의 밀수 사업을 눈감아주었는데, 로스차일드가 달베르크의 재정 후원자였기 때문이다.

상품 밀수가 화폐 밀수로 발전

로스차일드는 상품뿐 아니라 화폐 밀수도 서슴지 않았다. 예를 들어 영국에서 스페인으로 돈을 보내야 할 경우, 영국 화폐를 프랑스로 반입해 스페인 수표로 교환된 뒤 스페인에 전달하는 방식이었다. 전시에 통화는 금괴이거나 현지 통화여야 하기 때문이다.

로스차일드는 영국 상품과 화폐 밀수 사업에 뛰어들어 돈방석에 앉게 되었다. 중간에 밀수품이 적발되어 위험한 고비도 많았고, 실제 상품을 몽땅 몰수당하거나 고율의 관세를 맞아 손해를 본 적도 많았지만(프랑크푸르트 게토 가게도 수색당해 많은 물건을 압수당하고 고율의 관세를 물어

---

38 자주성·주체성이 없이 다른 나라의 지령을 받아, 그 나라가 조종하는 대로 움직이는 정권.

야 했다), 그럴수록 들키지 않는 루트와 장소를 찾았다. 오히려 그런 위험 부담 덕분에 폭리를 남길 수 있었다.

나탄 로스차일드는 밀수 물량을 늘리기 위해 평저선인 네덜란드 플류트선도 활용했다. 그는 죽음을 무서워하지 않는 선장들을 고용했다. 그들은 발트해와 네덜란드 항구를 속속들이 잘 알고, 사나운 날씨에도 바다에 나갈 각오가 되어 있었다. 물론 이에 합당한 성공 수당을 나탄이 그들에게 두둑하게 주었다. 그들의 도움과 로스차일드 가문의 신속한 정보망에 힘입어 나탄은 북해 맞은편에 있는 무방비의 조그만 항구로 화물을 잇달아 보냈다. 대리인은 그곳에서 기다리고 있다가 물건을 받아 내륙으로 재빠르게 날랐다. 또 한 명의 빠트릴 수 없는 사람이 있는데, 허가받은 우편선을 운영하던 컬린이라 불린 사람이다. 그는 무장 범선과 대형 나포선을 사용하는 금괴 수송 전문 밀수꾼으로, 나탄은 이와 깊은 관계를 맺었고 그는 나탄을 위해 태풍과의 싸움도 서슴지 않았다.[39]

로스차일드 가문은 상품과 자금의 안전하고 빠른 수송으로 유럽 대륙에서 유명해졌다. 이후 나탄은 영국 군대의 군자금 수송을 도맡게 된다. 나폴레옹의 대륙 봉쇄령 기간에 위험을 무릅쓰고 대륙으로 금 밀수를 해본 사람이 나탄 말고는 없었기 때문이다. 그는 아무리 어려운 환경에서도 기필코 임무를 완수했다. 사실 여기에는 프랑스 당국의 묵시도 한몫했다. 초기에 프랑스 당국은 영국에서 금이 유출되면 영국의 힘이 약해진다고 여겼던 것이다.

결국 로스차일드 가문은 영국과 영국 동맹국들에게 생명줄이 된다.

---

39 『로스차일드』(데릭 윌슨 지음, 동서문화사) 참고.

로스차일드 가문은 영국과 협력하고 있는 신성동맹국들에게 영국이 지원하는 군자금을 수송한 것은 물론 정치적 연결망도 구축했다. 또 이렇게 번 돈의 절반을 금에 투자했고, 전쟁으로 금값이 치솟자 정부에 비싼 값에 팔아 큰 차익을 남겼다.

5년 후 대륙 봉쇄령이 풀리자, 영국의 면직물을 포함한 수입품 가격은 천정부지로 치솟았다. 일가가 국제적인 네트워크를 형성하게 된 계기는 이렇게 시작되었다. (하버드 대학 교수인 니얼 퍼거슨은 그의 저서 『전설의 금융가문 로스차일드 1』에서 나탄이 나폴레옹의 대륙 봉쇄령 때 밀수를 하긴 했으나 그리 재미를 못 본 것으로 기록했다. 그는 주로 밀수 실패담을 늘어놓았다. 그러나 로스차일드에 대해 쓴 다른 작가들의 기록은 다르다. 데릭 윌슨의 『로스차일드』, 프레더릭 모턴의 『250년 금융재벌 로스차일드 가문』, 리룽쉬의 『로스차일드 신화』 등에는 모두 로스차일드가 이때 비밀 루트를 활용해 큰돈을 번 것으로 적혀 있다. 판단은 독자의 몫이다.)

나탄 로스차일드의 재산 증식

앞서 언급했듯이, 용병 장사로 돈을 번 헤센-카셀 공국은 미국 독립전쟁 기간 중 총 1만 6천 명의 용병을 파병했다. 그 구성은 15개 연대, 4개의 척탄병 대대, 2개의 엽병 연대, 4개의 포병 연대로 이루어졌다. 엽병(Jäger)이란 독일어의 사전적 의미로는 '사냥꾼'을 뜻하는데, 군에서는 '경보병'을 가리키는 표현으로 썼다. 이들 용병 중 많은 병사가 전쟁 뒤 복귀하지 않고 미국에 남기도 했다.

빌헬름 9세는 영국이 막강한 해군력으로 결국 나폴레옹이 이끄는 프랑스를 이길 것이라고 확신했다. 그는 망명지에서 영국 공채에 투자하기로 결정했고, 이에 부데루스는 영국에 상주하고 있는 나탄 로스차일드를 공채 투자 중개인으로 추천했다. 나탄은 시장 가격의 1/8의 커미션만 받고도 기꺼이 일하겠다고 했다. 빌헬름 9세는 자기의 재산을 지켜주고 관리해주는 마이어에게 고마워하던 터라, 그의 아들 나탄에게 일을 맡기기로 했다.

마이어는 나탄에게 15만 파운드를 보내 만기가 없는 영국 공채(콘솔채)에 대한 투자를 일임했다. 전시라 수익이 높을 뿐 아니라 만기가 없어 번거롭게 자금을 자주 이동할 필요도 없어서 큰돈을 굴리기에 안성맞춤이었다.

나탄은 3개월 뒤 더 싼값에 공채를 살 수 있을 거라 판단하고 일단 그돈으로 무명천을 사들였다. 이를 유럽에 밀수로 팔아 40만 파운드로 불렸고, 3개월 후 액면가 100파운드짜리 3% 콘솔채를 73.5파운드에 사들였다.

이듬해 나탄은 빌헬름 9세에게 증액을 요청해 15만 파운드를 더 받았다. (빌헬름 9세가 소식을 애타게 기다리자 마이어는 1811년 넷째 카를을 나탄에게 보냈고, 나탄은 몇 달 후 카를 편에 1차로 샀던 18만 9,500파운드어치 콘솔채 증서를 빌헬름에게 보냈다.)

빌헬름 9세는 총 9차례에 걸쳐 66만 4,850파운드의 자금을 보냈다. 현재 시세로 56억 원이 넘는 큰돈이었다. 나탄은 연이율 3%의 영구 공채인 콘솔채를 액면가 73.5% 이하에 9회 분할하여 구입했다.

그는 당시 프랑스군의 감시를 피해 빌헬름과의 통신을 암호화했다. 그리고 빌헬름에게서 전권을 위임받아 그의 채권에서 나오는 이자와 원금을 관리했고, 자금을 재투자하면서 정기적으로 빌헬름 9세와 그의 가족들에게 생활비를 송금했다.

나탄은 콘솔채를 73.5파운드에 구매하기로 위탁받았지만 그 금액에 사지 않았다. 영국이 전쟁 자금 확보를 위해 콘솔채 발행을 계속 늘리고 있어 가격이 더 내려갈 것이라 판단한 것이다. 여기에 이중의 투기적 요소가 작용했는데, 하나는 콘솔채 가격이고, 다른 하나는 굴덴-파운드화의 환율이었다. 즉, 콘솔채 가격이 떨어져 더 많은 채권을 살 수 있고, 굴덴이 강세여서 더 많은 파운드화로 바꿀 수 있을 때를 노린 것이다.

게다가 나탄은 현금을 다 주고 콘솔채를 구입한 것이 아니라, 일부만 현금으로 지불하고 나머지는 향후 정해진 날에 돈을 주기로 하고 외상으로 구입했다. 그렇게 해서 남는 돈을 밀수 사업과 금에 투자했다. 전쟁 끝 무렵이라 금값이 꽤 올랐기 때문이다.

나탄은 금 투자 이외에도 형제들과 정보 네트워크를 활용해 얻은 여러 정보를 종합해 시의적절하게 여러 채권을 사고팔았다. 그 규모는 두세 달 안에 그를 주요국 채권자로 만들었을 정도였다. 그는 단기로 신속하고 과감하게 투자하여 막대한 부를 거머쥐었다. 정확한 정보 분석 덕에 종목에 따라 수익이 무려 20배에서 150배에 달했다. 나탄은 66만 파운드를 200만 파운드로 불렸다. 나탄은 이때 채권과 금에 대해 눈을 뜨기 시작했다. 나탄은 곧 재계의 선두주자로 올라섰다.[40]

나탄이 이렇게 할 수 있었던 건 그 자신의 감각과 재능도 있지만, 정보 네트워크를 통한 정보력 덕분이었다. 또한 주변에 금융시장에서 잔뼈가 굵은 유대 금융 전문가들이 다양한 정보를 수집하고 분석해 흐름을 정확히 전망해주었기 때문이다. 그 중심에는 금융 분석을 주업으로 하는 랍비가 있었다. 당시에는 랍비도 자신의 생활비를 벌기 위해 직업

---

40 『로스차일드』(데릭 윌슨 지음, 동서문화사) 참고.

이 있어야 했다. 이러한 디아스포라 간 정보 교환과 협력은 유대인들의 오랜 관습이기도 했다.

나탄에게는 '전쟁'이라는 시대적 운도 따랐다. 영국은 1793년부터 22년간 나폴레옹과 전쟁을 치르면서 역사상 가장 많은 채권을 발행했다. 그 액수가 영국 총생산액의 2배가 넘는 7억 4,500만 파운드를 기록했다. 액면가 100파운드짜리 연리 3%의 콘솔채는 1813년 워털루 전쟁 직전 60파운드 이하로 폭락해 급격한 인플레이션을 불러왔다.

1811년 여름 콘솔채 가격이 62.5%까지 떨어지자 빌헬름은 구매를 멈출 것을 지시했다. 이런 결정은 나탄에게 오히려 좋았다. 이 기간 나탄은 빌헬름의 자금을 활용해 충분히 많은 돈을 벌었다. 그 뒤 나탄은 빌헬름이 요청한 금액보다 10파운드 이상이나 싼 62파운드에 콘솔채를 사주었다. 액면가 100파운드짜리 연 3%와 5%짜리 채권을 이렇게 싸게 샀으니 실질 수익률은 연 8%가 넘었다. 게다가 영구적이었고, 전쟁이 끝나면 채권 가격 자체가 올라 대박이 담보된 채권이었다. 나탄은 빌헬름 9세에게 큰 이익을 안겨주었을 뿐 아니라, 그 자신도 큰 부를 축적할 수 있었다.[41]

로스차일드, 유럽 거부 금융가로 떠올라

나탄이 설립한 은행은 자기자본금과 빌헬름의 재산만으로도 예탁자산이 업계 최고 수준이었다. 게다가 유럽의 다른 유력 자산가들도 나폴레옹을 피해 암암리에 나탄의 은행에 재산을 맡겼다. 산업혁명으로 자금

---

41 『로스차일드 신화』(리룽쉬 지음, 시그마북스) 참고.

수요처가 많았을 뿐 아니라, 전쟁 중 자금이 귀한 각국 정부는 고금리에도 돈을 빌리려 했으니 자금을 운용하기에 최적의 상황이었다.

로스차일드가는 빌헬름과 고객들에게 국채 수익률을 안겨주면서 대행수수료를 받았다. 영국 국채보다 수익률이 높은 투자 대상은 많았다. 나탄은 이를 적절히 활용했다. 그는 정보력을 바탕으로 시장을 꿰뚫는 직관으로 큰 재미를 보았다.[42]

전쟁이 끝난 후, 1813년 빌헬름이 돌아왔을 때 로스차일드는 그의 재산에다 이자를 더해 돌려주려고 했다. 그러자 빌헬름이 이렇게 말했다고 한다. "그대가 정직하게 얹어주는 이자도, 아니 원금도 지금은 되돌려 받을 생각이 없네. 내 돈은 앞으로 20년 동안 2% 이자로 그대에게 맡기겠다." 게다가 유럽 각국에서 돈을 수금할 수 있는 권리까지 두둑한 커미션과 함께 주었다는 것이다. 이 이야기는 1836년 영국 신문에 실려 널리 알려졌다.

하지만 『전설의 금융가문, 로스차일드』를 쓴 니얼 퍼거슨 교수는 "이 이야기에는 아주 미미하게 진실이 섞여 있지만 근본적으로 허구"라고 말했다. 그가 조사한 바에 의하면 당시 로스차일드에게 맡긴 금액은 그리 크지 않다. 이 기간에 마이어 암셀이 맡은 역할은 여러 차용자들로부터 이자를 수금해서 빌헬름에게 갖다 주거나 이를 모아 새로 대출해주는 일이었다고 한다.

다만 이 기간 중 빌헬름이 마이어에게 60만 파운드(현재 가치로 약 900억 원) 이상을 맡겨 영국에 있는 나탄으로 하여금 돈을 불리게 했다는 것만은 확실하다. 나탄은 빌헬름이 의뢰한 가격보다 훨씬 싼값에 채권

---

42 '쇼팽 날개 달아준 거대 갑부, 로스차일드는 어떻게 돈 모았나', 송동섭, 『중앙일보』 2019년 2월 15일 기사 참고.

을 구매함으로써 중개 보수 이외에 상당한 중간 수익을 챙겼다. 게다가 이를 통해 런던 금융가에서 큰 세력으로 떠올랐다.[43]

이것이 로스차일드 가문이 금융업을 성공으로 이끌게 된 계기이다. 살다 보면 운명에 결정적인 작용을 하는 상황이나 사건을 만난다. 로스차일드 가문에게는 이때가 바로 그런 때였다. 이때부터 로스차일드는 거부 금융가로 성공을 거두게 된다.

금시장에 뛰어들다

이후 나탄은 금시장에 뛰어들었다. 당시 금은 곧 돈이었기에 오늘로 따지면 외환시장에 뛰어든 셈이다. 세계에서 가장 큰 시장이었다.

그는 정보를 토대로 시장의 흐름을 정확히 읽는 데 능숙했다. 베팅 타이밍조차 정확했다. 이 역시도 그간의 여러 디아스포라에서 수집한 정보들과 이를 분석한 유대계 금 전문가들의 조언 덕분이었다. 나탄이 당시 금시장을 주목한 건 전쟁 중이라 금 가격이 계속 오를 수밖에 없을 거라 보았기 때문이다.

이유는 이랬다. 영국은 1793년 2월 프랑스에 전쟁을 선포했으나 그의 동맹국들이 프랑스와 제각기 조약을 체결하자 혼자 남게 되었다. 영국 정부는 전비 조달을 전적으로 영란은행에 의존했다. 영란은행은 주식을 발행해 금을 모아 정부에 대출해주었다. 하지만 전쟁 자금용 금이 영국에서 대륙으로 유출되어 국내에는 금이 항상 부족했다.

더구나 1797년 초 프랑스군이 영국 본토 상륙을 시도하자 공포에 질

---

43 『전설의 금융가문 로스차일드 1』(니얼 퍼거슨 지음, 21세기북스) 참고.

린 대중이 일제히 영란은행으로 달려가 지폐를 금으로 교환하는 '뱅크런(Bank Run)'이 발생한 것이다. 영란은행의 금 보유고가 1,600만 파운드에서 200만 파운드로 빠르게 줄어들자, 당시 수상이었던 윌리엄 피트는 1792년 2월 추밀원[44]을 통해 금 태환을 금지했다. 이로써 금 가격은 올라가고 파운드화 가치는 떨어졌다. 당연히 인플레이션이 발생했고, 금이 귀해져 금값은 계속 올랐다. 1803년 프랑스 제르미날 법령 17조[45]에 따르면 금은의 교환비율은 1:15.5였다. 1700년대에 1:12 정도였으니 금값이 많이 오른 것이다. 게다가 유럽 각국이 전비 충당을 위해 지폐를 많이 발행하는 바람에 대륙에도 인플레이션이 발생해 상대적으로 금값은 계속 상승했다. 이러한 현상은 1821년까지 계속되었다. 이런 배경에서 나탄이 금시장에 뛰어든 것이다.

스페인 금을 획득하다

나탄은 전쟁 기간 중 가장 필요한 것이 만국 통화인 금이라 판단했다. 당시 적대국은 물론 전운이 감도는 국가들 사이에 상대국의 은행권은 통용되지 않았다. 전쟁 시에는 금만이 유일한 국제 화폐였다. 그는 금의 유통을 장악하기로 마음먹었다.

　나탄은 영란은행을 통해 나폴레옹과 맞서는 국가에 대규모로 돈을 빌려주는 한편, 1807년 나폴레옹 측에도 접근해 비밀협약을 맺었다. 나폴레옹에게 스페인 침공 자금을 대주는 조건으로 스페인의 금을 받는다는

44　영국의 행정·사법기관.

45　프랑스 혁명력(프랑스 혁명기에 제안되어 1793년부터 12년간 사용된 달력)의 일곱 번째 달인 제르미날(3월 22일~4월 20일)에 발표된 법.

협약이었다. 나폴레옹은 1808년 이베리아반도를 침공해 그의 형 조제프 보나파르트를 스페인 왕으로 옹립했다. 나폴레옹은 이베리아반도에서 영국·스페인·포르투갈 연합군을 지휘한 영국의 웰링턴 장군과 처음 접전을 벌였다. 이때 나탄은 직접 진두지휘하여 스페인의 금을 반출했다.

동인도 회사의 금괴를 낙찰받다

1810년 7월, 나탄은 영국 동인도회사가 자금 문제로 금괴 일부를 매각하려 한다는 정보를 입수했다. 경매라 총 80만 파운드를 일시불로 지불해야 했는데, 이는 그가 10년간 번 돈의 절반 정도 되는 큰 금액이었다.

당시 나폴레옹 군대의 후방을 교란시키기 위해 스페인에 주둔하고 있었던 웰링턴 장군의 부대가 군비를 마련하는 방법은 두 가지였다. 하나는 본국으로부터 금을 받는 것이고, 다른 하나는 웰링턴 장군이 직접 현지에서 영국 재무성 어음을 발행해 할인받아 쓰는 것이었다. 그런데 어음은 액면가의 50% 이상 할인되어 손해가 너무 커 이 방법을 본국 정부가 달가워하지 않았다. 결국 웰링턴 장군에게 영국 정부가 금이나 현지 통용 화폐를 보내주는 게 가장 좋았지만, 금값이 너무 오른 상태라 영국 정부는 가격이 내리기를 기다리며 이를 사들이는 데 주저하고 있었다. 상황을 지켜보던 나탄은 큰돈을 벌 기회라고 판단했다.

나탄은 경쟁자들을 물리치고 동인도회사의 금 80만 파운드 전부를 경매로 낙찰받았다. 그러자 시중 금값이 순식간에 치솟았다. 영국 정부는 해외 주둔군한테 보낼 금이 모자라 몸이 달았다. 나탄은 거래 조건을 매력 있게 만들어 이 금을 영국 정부에 고가로 팔았다.

매력적인 거래 조건이란 두둑한 운반 커미션만 준다면, 이 금을 스페인에 주둔하고 있는 영국군에 안전하게 전달하는 임무까지 맡겠다는 것이었다. 나탄은 이미 대륙 봉쇄령 때 도버 해협 루트를 이용해 밀수를 해본 경험이 있었다. 또 여러 악조건 속에서도 금괴를 신속하고도 안전하게 전장의 군부대로 옮기는 전통적인 유대인 보급 기술로 이미 두각을 나타낸 바 있다. 이런 운송 작전에 그만한 적격자도 없었다.

1811년 6월 첫 금 밀수 운반 때, 프랑스에 있는 막내 야콥의 행동이 프랑스 세관에 포착되었다. 야콥은 프랑스 당국에 출두하여 영국으로부터의 금 밀반출 사실을 인정했다. 하지만 프랑스는 내심 영국의 금 반출을 막지 않았다. 앞서 언급했듯 금의 유출은 곧 국가 재정의 부실화를 뜻했기에, 프랑스는 이를 영국 국운의 쇠퇴로 본 것이다. 결국 이 금괴는 로스차일드 환전소에서 스페인과 포르투갈 금화와 은화로 바뀌어 스페인에 있는 웰링턴 장군에게 전달되었다.[46]

하지만 이 일화 또한 로스차일드에 대한 책마다 조금씩 얘기가 다르다. 금화 몇 톤을 마차에 싣고 피레네산맥을 넘는 게 쉬운 일이 아니라는 이유 때문이다. 데릭 윌슨의 『로스차일드』에는 그때 전달된 것은 마차로 운반한 몇 톤의 금화가 아니라 파리 은행에 금화를 맡기고 받은 어음이라고 쓰여 있다. 또 프레드릭 모던의 『로스차일드 가문』에서는 금화를 담보로 받은 스페인 은행 수표라고 했으며, 니얼 퍼거슨의 『전설의 금융가문 로스차일드』에서는 영국에서 미국을 우회해 프랑스로 들어간 금이 프랑스와 포르투갈 어음으로 바뀌어 웰링턴 장군에게 전달되었다고 했다. 어쨌든 이후에도 로스차일드의 금 밀수는 계속되었다.

---

46 『로스차일드 신화』(리룽쉬 지음, 시그마북스) 참고.

영국 정부의 유일한 법정대리인이 되다

훗날 편지 한 장이 영국의 재무장관으로부터 영국군 총사령관인 웰링턴 공작에게 보내졌다. 나탄 로스차일드를 영국 정부의 대리인으로 임명했다는 통보 편지였다. 나탄이 영국 정부를 대신해 웰링턴 장군의 부대에 군자금을 송금해준 것을 계기로, 명실상부한 영국 정부의 법정대리인이 된 것이다.

18세기까지만 해도 유럽의 대표적인 은행은 기독교도가 운영했다. 런던의 베어링가, 암스테르담의 호프가, 프랑크푸르트의 베스만가가 유명했다. 이러한 판세를 뒤엎은 사람이 바로 나탄 로스차일드였다. 그는 1810년에 런던 증권거래소에서 금융왕 베어링을 제치고 일인자 자리에 올랐다. 런던 금융계 입성 후 6년도 채 안 되는 단기간에 유럽 금융계를 장악한 것이다. 놀라운 사업 수완이었다.

로스차일드가 가계도

마이어 암셀
(1744~1812)
창업자

암셀 마이어
(1773~1855)
프랑크푸르트

살로몬 마이어
(1774~1855)
빈

나탄 마이어
(1777~1836)
런던

카를 마이어
(1788~1855)
나폴리

야콥 마이어
(1792~1868)
파리

6. 마이어의 유언과
   그가 남긴 다섯 화살

마이어의 마지막 행적, 프랑크푸르트 유대인의 자유를 사다

마이어 로스차일드는 매사에 『탈무드』의 가르침을 따랐다. 그는 유대교 교리가 계약의 존엄성과 상도의에 있음을 입증한 사람이었다. 그의 신심과 행실은 그의 자선 행위에서도 잘 드러났다. 그는 유대인 사회의 빈민 등 약자들을 그냥 지나치지 않았다. 유대인 아이들을 위한 학교 건립에도 거금을 쾌척했고, 주도적인 역할도 맡았다.

마이어는 프랑크푸르트 유대인의 시민권과 참정권 획득을 위해서도 노력했다. 일찍이 그는 이를 티쿤 올람으로 삼은 바 있다. 그는 프랑크푸르트 당국에 유대인 해방을 요구했고, 이로 인한 세수 손실액의 20배에 달하는 44만 굴덴 중 29만 굴덴을 부담하기로 합의했다. 이로써 1811년 12월 프랑크푸르트 유대인들은 자유 시민이 되었다.

마이어의 이러한 행동은 유대인이라면 유대인 사회에 책임감을 가져야 한다는 사실을 후손들에게 각인시키는 계기가 되었다. 자녀들에게도 큰 교훈이었다. 이는 훗날 넷째 아들 카를의 말에서도 잘 드러난다. "유대인을 위해 사는 것이 지구상에서 가장 가치 있는 일이다. 우리 아버지가 그러했고, 우리도 그 결과가 얼마나 만족스러운지 알고 있다." 실제 로스차일드 후손들은 이스라엘 건국을 돕는 등 동족을 위한 일에 주저하지 않았다.

마이어의 유언, 집안 재산을 일체 공표하지 말라

1812년 9월, 마이어는 68세의 나이로 사망했다. 그는 "우리 집의 자산은 일체 공표하지 말라", "돈이야말로 유대인을 구원하는 단 하나의 무기라는 것을 늘 명심하라" 같은 유언을 남겼다. 그가 남긴 엄격한 유언은 다음과 같다.

1) 가족 구성원은 서로 협력하고 사랑하며, 다투지 않는다.
2) 가문 은행의 요직은 반드시 가문 내부에서 맡아야 한다. 남자만이 상업 활동을 할 수 있다.
3) 사촌끼리 결혼함으로써 재산의 외부 유출을 막아라.
4) 재산 상황을 절대 외부에 공개하지 말라.
5) 재산 상속 시 변호사를 개입시키지 말라.
6) 집안의 모든 장자가 우두머리이다. 가족이 만장일치로 동의할 경우에만 차남을 후계자로 할 수 있다.
7) 유서 내용을 위반하는 자는 재산 상속권 일체를 박탈한다.

유언장에 따르면 "그 어떤 경우든, 법원이나 다른 기관이 나의 재산을 조사하는 것을 절대로 허락하지 않음을 분명히 밝힌다. 동시에 유산의 평가에 관한 어떤 법적 조치나 공표도 금지한다. (…) 누구든 이 명령을 따르지 않고 가족 간 분쟁을 야기하는 어떤 종류의 행동이든 취하는 자는, 나의 유언에 대항하는 것으로 간주될 것이며, 그 행동에 대한 처벌을 받을 것이다"라고 했다. 이 유언장 문구는 이후에도 로스차일드 가문 후손들의 유언장에 예외 없이 그대로 반복되었다.

이 유서 때문에 오늘날까지 로스차일드 일가의 자산은 비밀에 싸여 있다. 당시 상황은 이해할 만하다. 그들은 수많은 유력 인사와 몇몇 정부와 은밀히 거래했다. 이러한 비밀을 지키기 위해 꼭 필요한 서류 이외에는 보존하지 않았고, 이마저도 일정 기간이 지나면 파기하곤 했다. 반유대주의를 촉발할 만한 어떠한 증거도 남겨두려 하지 않은 것이다.

다섯 발의 화살을 남기다

마이어는 1810년부터 사망할 때까지 다른 일반 사업에서 손을 떼고 오직 금융업에만 전념했다. 금융업이 그만큼 수익이 월등했기 때문이다. 그의 다섯 아들도 아버지의 뜻을 받들어 유럽 5개국의 수도에서 은행업으로 뿌리를 내렸다.

마이어는 일찍이 빌헬름 9세의 재산을 관리하게 되자마자 아들들을 활용하여 전 유럽을 상대로 하는 다국적 금융업을 운영하기로 마음먹었다. 그간 그의 다섯 아들이 빌헬름의 대부업을 관리하느라 유럽 대륙 곳곳을 휘젓고 다녔던 터라 그리 어려운 일도 아니었다. 그는 다섯 아들에게 유럽 각국에 상주하면서 자신을 대리해 대출과 수금을 하고, 어음을 결제하도록 했다.

그는 다섯 아들을 마치 다섯 발의 화살처럼 유럽의 심장이나 다름없

로스차일드 문장, 다섯 개의 화살

는 중요한 다섯 도시에 단계적으로 파견했다. 첫째 아들 암셀은 자기 사업을 이어받게 하기 위해 프랑크푸르트에 남겨두었고, 둘째 아들 살로몬은 윌리엄 왕의 재정자문관으로 조정에 집어넣었다. 그리고 그 자신 역시 빌헬름 왕의 채권담보물 관리에 전념하였다. 셋째 아들 나탄은 섬유 비즈니스를 위해 영국 맨체스터로 보낸 상황이었다. 그 뒤 국가 간 어음교환 업무를 주력으로 하게 되자 나탄을 맨체스터에서 런던으로 이동케 했으며, 다섯째 야콥은 파리로 보냈다.

그리고 마이어가 죽은 후 그의 유언에 따라 윌리엄 왕의 재정자문관이었던 살로몬은 빈, 넷째 카를은 나폴리로 가서 각각의 거점 지역에 어음 인수 은행을 개설했다. 한마디로 유럽 전역에 다국적 금융네트워크를 만든 것이다. 마이어와 그 다섯 아들로 근대 최초의 거대한 국제결제소가 만들어졌다. 이것이 우리가 알고 있는 유럽 금융의 큰손인 로스차일드 가문의 시작이다.

이후 큰아들 암셀은 나중에 통일독일의 초대 재무장관이 된다. 또한 1822년 오스트리아 황제에 의해 남작에 봉해졌으며 프랑크푸르트 로스차일드상사는 독일 금융의 중심이 되었다. 현재 프랑크푸르트는 유럽중앙은행(ECB)이 자리 잡은 유럽 금융의 중심지다. 둘째 살로몬은 빈에서 최고의 직위에 올랐다. 셋째 나탄은 영국에서 가장 영향력이 큰 금융인이 되었다. 넷째 카를은 이탈리아반도를 장악했고, 막내 야콥은 프랑스에서 공화정과 왕정에 걸쳐 군림했다.

로스차일드 가문의 문장은 한 손에 질끈 묶여 있는 '다섯 개의 화살'

이다. 이 화살들은 전 유럽으로 흩어져 집안의 부를 팽창시켰던 마이어의 다섯 아들을 뜻한다. 화살처럼 빠르되, 하나로 묶여 있어 어느 누구도 부러뜨릴 수 없는 강한 힘을 지닌 형제애를 의미한다.[47]

로스차일드 가문이 이토록 대단한 성공을 거둔 데에는 운과 더불어 정보력, 판단력 등이 작용했고, 무엇보다 가문의 '원칙'이 된 마이어의 기도 덕분이었다.

마지막 축복 기도, "흔들림 없이 단합하라!"

마이어는 죽기 1시간 전, 아들들을 위해 마지막 축복의 기도를 했다. 모세가 죽기 직전에 이스라엘 백성들을 위해 축복의 기도를 올렸듯, 세상을 떠나면서 마지막으로 혼신의 힘을 다해 자녀들에게 축복의 기도를 해준 것이다. 자녀들은 "우리가 가진 모든 행운은 아버지가 돌아가시기 전에 해주신 축복의 기도 덕분"이라고 말하곤 했다.

마이어가 남긴 유훈 중에는 '흔들림 없는 형제간의 단합을 유지하라'는 명령이 가장 중요했다. 이 지침은 이후 로스차일드 가문의 첫 번째 의무 사항이 되었다.

다섯 형제는 공동의 이익을 위해 연대했고, 어떤 제안이 어디에서 오든 함께 토론했다. 또 모든 사업은 아무리 사소한 것이라도 합의된 계획에 따라, 공동의 노력으로 수행했으며, 그 결과에 대해서는 동일한 지분을 가졌다. 그들은 서로 떨어져 있어도 무슨 일이든 편지로 의논하고 함께 결정했다.

---

47 『250년 금융재벌 로스차일드 가문』(프레더릭 모턴 지음, 주영사) 참고.

장남 암셸은 형제들과 조카들에게 무슨 일이 있을 때마다 항상 이 규칙을 상기시켰다. "단합은 돌아가신 내 부친의 마지막 유언으로, (우리의) 가장 중요하고 성스러운 의무로 떠받들도록 지시하신 것이다. 무한한 온전함, 가장 심오한 통찰력, 경험이 가져다준 지혜, 현자의 경건한 취미 등을 당신 자신 안에 갖춘 분이었다. 신의 은총으로, 부친으로부터 재산뿐 아니라 사회에서 명예로운 위치, 우리의 모든 파트너, 은행, 기관 등을 결속시키는 단합과 협동정신까지 물려받았다는 사실이 나의 자부심이자 너희의 자부심이기도 하다. 따라서 나는 사랑하는 나의 형제와 조카들이 이와 똑같은 협동심과 단란함을 각자의 후손에게도 꼭 전해주어 그것이 가능한 한 오래도록 지속되게 할 것을 요청하는 바이다. 그렇게 한다면 너희 자신과 후손들에게 모두 이익이 될 것이다. 그렇게 하면 우리의 사업상 이익이 분산되는 것을 막을 수 있고, 다른 사람들이 우리의 엄청난 노력, 지식 그리고 (우리가) 오랜 시간 힘들게 쌓은 경험을 가로채지 못할 것이다. 그러니 단합을 유지하기 위해 어떠한 의견 차가 악감정으로 이어질 가능성이 있을 때마다 즉각적인 결정을 보류하고 며칠 정도 마음을 가라앉히고 성급한 결론을 내리지 않기를 바란다. 모든 로스차일드 가문의 단합, 온전함, 교감 그리고 상호신뢰가 항상 보존되고 영원히 유지되기를 바란다."

마이어 사후 30여 년간 형제들과 조카들 사이에 단절로 치달을 뻔한 순간은 많았지만, 이를 피할 수 있었던 것은 바로 마이어 로스차일드의 유언과 마지막 축복 기도의 힘 덕분이었다.[48] 나중에 형제들이 택한 가문의 좌우명은 '화합, 진실, 근면'이었다. 이는 유대교의 경전 『토라』와

---

48 『전설의 금융가문 로스차일드 1』(니얼 퍼거슨 지음, 21세기북스) 참고.

『탈무드』가 디아스포라 유대인 공동체 구성원들에게 가르치는 핵심 내용이기도 하다.

형제들, '정보망과 수송 네트워크'를 구축하다

나탄이 구축한 전용 고속정보망에 힘입어 형제들은 유럽 전체를 커버하는 '통신과 마차 수송 네트워크'를 완성했다. 통신은 주로 비둘기를 사용했다. 날씨가 나빠 도버 해협에 비둘기를 날리기 힘들 때는 배를 띄웠다.

당시 로스차일드 집안은 영국과 프랑스를 가로막는 도버 해협에 자가용 쾌속선을 여러 척 대기시켰다. 나탄은 남들보다 정보를 1시간이라도 빨리 전달해 줄 때는 수고비를 아끼지 않았다. 그래서 나탄 곁에는 악천후에도 바다로 나서는 용감한 선장이 많았다. 이들은 몇 세대에 걸쳐 로스차일드가에 봉사하며 대대로 충성심을 이어갔다.

로스차일드 집안은 유럽 대륙을 종횡무진 내달릴 수 있는 마차 수송 네트워크도 갖고 있었다. 로스차일드 집안 전용 파발마는 어느 말보다 빨리 전 유럽을 누비고 다녔다. 그들은 남들이 잘 때 마부를 바꾸어 밤을 새워 달렸다. 남들이 닷새 걸릴 길도 나흘이면 충분했다. 이 하루 차이의 정보가 금융 세계에서는 승패를 갈랐다. 예를 들어 혁명 소식을 하루 먼저 접한 로스차일드는 그 나라 채권을 먼저 팔아 치웠고, 다음 날 소식을 접하고 폭락한 채권을 저녁에 다시 헐값에 사들였다. 하루 만에 채권의 양이 서너 배로 불어났다. 이들은 보안을 위해 정보를 전달하는 편지에는 이디시어와 암호를 섞어 사용했다.

형제 중 하나가 손해를 보면 다른 형제가 이를 만회했다. 영국 철도 사업에서 실기하면 오스트리아와 프랑스 철도 건설을 추진하는 식이었다. 그들에게는 실패도 유용한 정보이자 재산이 되었다.

당시의 '정보망과 수송 네트워크'는 오늘날 인터넷 네트워크만큼이나 획기적인 시스템이었다. 남보다 한발 빠른 정보를 이용해 나탄은 금과 통화 투기로 대박을 터트렸다. 이는 믿고 맡길 수 있고 한마음처럼 움직일 수 있는 형제들끼리만 가능한 제휴 플레이였다.

그들의 최대 무기는 뛰어난 정보 수집과 더불어 분석력이었다. 융자를 제공할 때는 사전에 당시 유럽의 정세를 분석한 정보를 토대로 치밀하게 조사하여 변제 능력을 철저하게 검증했다. 특히 전쟁이 끊이지 않던 격동의 유럽에서 정세 분석은 생존과 직결되었다. 이들은 정보망을 이중 삼중으로 검증하고 분석하는 로스차일드 시스템을 탄생시켰다.

당시 군소 유대 금융 가문들은 이러한 로스차일드 가문의 정보 네트워크의 일원이 되는 게 꿈이었다. 로스차일드 가문과 정보만 공유할 수 있다면, 금융시장의 강자가 되는 것은 시간문제였기 때문이다. 적어도 정보 부재로 실수하는 일은 막을 수 있었다.

7. 로스차일드, 영국을 사다

나폴레옹과 징병제

당시 유럽의 전제군주들은 프랑스 혁명 사상이 자국민들에게 미칠 불온한 영향을 극도로 우려했다. 이에 영국, 오스트리아, 프로이센, 스페인이 프랑스 혁명에 반대하는 정치·군사 동맹을 결성했다. 이를 1차 대(對)프랑스 동맹이라 부른다. 1792년 4월부터 이들과 프랑스 공화국과의 전쟁이 발발했다. 프랑스 국민방위군은 혁명 이후에 자발적으로 참여한 사람들로 구성되어 혁명에의 열의는 높았지만, 전투 수행에 적합한 체계적인 훈련은 부족한 상태였다.

전쟁 초기에 프랑스 국민방위군이 수세에 몰리자 국민공회는 1793년 2월 24일 30만 명의 징집을 명하고 각 지역별로 이를 할당하는 포고령을 발표했다. 그리고 8월 23일에는 어떠한 예외도 없이 18~25세의 모든 미혼 남성을 징집한다고 선언했다. 위기 상황에서 나온 일종의 국민 총동원령이었다.

징병제 도입에 따라 1794년 프랑스군 병력은 26만에서 74만 9천 명으로 증가했다. 이는 부르봉 왕조의 상비군보다 5배나 증가한 수치였다. 하지만 프랑스 국민방위군이 유럽의 모든 전제군주의 상비군에 맞서는 것은 사실상 불가능했다. 그럼에도 프랑스 방위군은 전쟁에서 승리했고, 혁명을 지켜냈다.

하지만 아무리 징병제라 하더라도 이런 대군을 유지하고 여러 나라들과 전쟁을 하는 데는 큰돈이 필요했다. 게다가 증세를 할 수 없는 상황에서 나폴레옹이 할 수 있는 일은 기존 국가 재산을 처분하거나 대출받는 것이었다. 상황이 여의치 않자 그는 1803년에 갖고 있던 미국 영토의 23%에 달하는 미시시피강 일대를 1,500만 달러라는 헐값에 미국에 팔아버렸다. 그래도 전비가 부족하자 현지 조달 방식의 전쟁 방법을 택했다. 한마디로 약탈을 한 것이다. 이는 현지 주민의 원성을 살 수밖에 없었다.

게다가 1812년 6월 러시아 침공 때 궤멸적 타격을 입었다. 러시아로 진격한 61만 명 군사 가운데 12월 철군 때 살아 돌아온 사람은 11만 명에 불과했다. 그 뒤 유럽 동맹군과의 전쟁에 잇달아 패해 1814년 4월 유럽동맹군과 '퐁텐블로 조약'[49]을 맺었다. 나폴레옹은 프랑스 황제 자리를 루이 18세에게 양위한 뒤, 200만 프랑의 정착지원금을 매년 받기로 합의하고 엘바로 거처를 옮겼다. 그러나 루이 18세는 정착지원금을 보내줄 생각이 없었다. 이듬해 3월 나폴레옹은 엘바섬을 탈출하여 파리로 입성했다. 이에 루이 18세는 도망갔고, 황제로 복귀한 나폴레옹은 벨기에 워털루에서 영국과의 한판 승부를 치르게 된다.

---

49 1814년에, 라이프치히 전투에서 패배한 프랑스 제국과 제6차 대프랑스 동맹을 맺은 여러 나라 사이에 체결된 조약. 나폴레옹 일세의 퇴위 조건을 정한 조약이다.

무위험 차익거래로 환차익 벌어

1812년 나폴레옹은 60만 대군을 편성해 러시아 원정에 나섰고, 포르투갈에서는 영국의 웰링턴 장군이 프랑스 서부 전선을 공격하고 있었다. 1814년 나폴레옹이 엘바섬에 유배될 때까지 이러한 상황은 계속되었다. 혼란한 전쟁통이라 외환시장은 혼란에 빠졌다. 하지만 급변하는 환율을 어떻게 활용해야 하는지를 잘 알고 있던 나탄에게는 이 역시 기회가 되었다.

같은 날이라도 금 시세는 런던, 파리, 암스테르담, 프랑크푸르트, 빈에서 각각 달랐다. 전통적으로 암스테르담은 여타 유럽 도시에 비해 금 시세가 낮았다. 이유는 네덜란드 동인도회사가 동양과의 무역을 독점하면서 상품 거래보다 환거래를 더 많이 했기 때문이다. 당시 네덜란드 동인도회사는 중국으로부터 들여오는 비단과 도자기 등으로 엄청난 수익을 거두었지만, 이는 전체 수익의 22%에 불과했다. 그들 수익의 78%는 환거래에서 발생했다. 당시 네덜란드의 금은 교환비율이 1:12으로, 금 1kg이 은 12kg과 등가였다. 그런데 당시 중국은 조세의 기본이 은이라 은이 금에 비해 고평가되어 금은 교환비율이 1:6이었다. 네덜란드 동인도회사는 은을 가지고 중국에 가서 금과 교환해 100% 수익을 얻었다. 그러다 보니 암스테르담에는 은이 귀하고 금이 풍부해 금 시세가 다른 도시에 비해 저평가되었다.

나탄은 이른바 리스크가 없는 '무위험 차익거래(arbitrage)'를 통해 이익을 보았다. 예를 들면 시세가 고평가된 금을 런던 시장에서 팔고 그 돈으로 시세가 저평가된 금을 암스테르담 시장에서 더 많이 구매해 차액을 얻는 방식이었다.

나탄은 비둘기 전령 시스템을 이용해 환율에 영향을 미칠 만한 정보나 환시세를 형제들과 재빨리 교환할 수 있었다. 심지어 환율 변동사항을 한눈에 빨리 파악할 수 있도록 환율이 올라갈 경우에는 파란색으로, 내려갈 경우에는 빨간색으로 편지지에 표시를 하기도 했다. 이러한 정보망을 이용해 '지역 간 시세 차이'와 '시간 간 시세 차이'를 노려 이익을 얻은 것이다.

나탄이 금화나 금괴를 사 모으면 외환시장이 요동치기 시작했다. 일례로 1814년 나탄이 런던에서 대량의 금괴를 구입하자 즉시 금값이 은화 대비 23%나 급등했다. 로스차일드는 이를 통해 환율을 통제할 수 있는 자신의 능력에 자신감을 갖게 되었다. 이후 로스차일드 형제들은 환시장에 직접 개입해 외환 시세 조정을 통해 환차익 수익을 극대화했다.[50]

나탄, 동인도회사 인수로 금 유통 장악하다

1814년 영국 동인도회사의 인도 무역 독점권이 폐지되자, 나탄은 헐값으로 폭락한 이 회사의 주식 대부분을 사들였고, 이후 동인도회사를 통해 금을 대량으로 사들였다. (당시 인도의 금은 서양에 비해 많이 저평가되어 있었다.) 한마디로 인도로부터 들어오는 금을 싹쓸이하다시피 한 것이다. 이미 1811~1815년 전비 조달을 위해 유럽 대륙에서 막대한 양의 금을 사들여 4,250만 파운드의 금괴를 스페인에 있던 영국군에게 보낸 적이 있었다.

이에 더해 인도에서 생산되는 금을 거의 독점하게 되자 세계의 금값

---

50 『전설의 금융가문 로스차일드 1』(니얼 퍼거슨 지음, 21세기북스) 참고.

은 로스차일드의 영향력 아래 놓이게 되었다. 독과점 체제가 이루어지자 아예 로스차일드가 금값을 결정하였다. 나탄은 금 유통을 통해 벌어들인 자금으로 영국 정부 국채를 무한정 사들여 영국이 전쟁을 계속할 수 있도록 도왔다. 다른 한편으로는 나폴레옹 1세에게도 막대한 군비를 빌려주었다.

전쟁 당사국 양쪽에 군자금 대주고 큰돈 벌어

로스차일드 가문 이전부터 유대인들은 전쟁에서 돈 버는 방법을 터득했다. 전쟁 당사국 양쪽에 군자금을 빌려주고, 군수품과 보급품을 팔아 그 돈을 회수하여 큰 이익을 올렸다. 비상시에는 부르는 게 값인 경우도 많아 전쟁이 장기화될수록 이익이 커졌다. 예를 들어 영국은 1694년 영란은행이 창설된 후부터 1815년 나폴레옹과의 워털루 전쟁까지 121년 사이에 무려 56년간이나 전쟁을 치렀다. 나머지 기간에는 전쟁 준비를 했다. 이때 정부가 지출한 돈은 금융가들의 주머니에서 나왔다.

과거에는 군주가 국민들을 쥐어짜 세금을 거두어 필요한 자금을 충당했는데, 전쟁 같은 급박한 상황에서 이는 시간이 너무 오래 걸렸다. 게다가 1789년 프랑스 혁명과 민주주의의 확산으로 시민들을 착취하는 것은 위험천만한 일이 되었다. 또한 의회의 감시도 만만치 않았다. 따라서 정부의 유일한 대안은 프라이빗 뱅크에서 공개적인 감시를 피해 돈을 빌리는 것이었다. 이러한 상황에서 로스차일드가와 베어링가 같은 금융 가문들은 전쟁으로 재정이 바닥난 정부에 돈줄을 대주거나, 군대에 말과 군복과 다른 보급품을 팔거나, 패전국에게 전쟁배상금을 빌려주면서 가파르게 성장할 수 있었다. 부자들에게 전쟁은 가장 안전하게 큰돈을 벌 수 있는 기회였다. 로스차일드는 이를 깨닫고 실행했던 것이다.

워털루 전쟁 때 정보 선점으로 막대한 이익 챙겨

1815년, 세계 역사의 운명을 결정할 워털루 전쟁이 벌어졌다. 세계 3대 전쟁의 하나로 일컬어지는 대규모 전투였다. 영국-프로이센 동맹군과 나폴레옹군은 이 전쟁에 명운을 걸었다. 만일 나폴레옹이 승리를 거머 쥐면 프랑스가 유럽의 주인이 되고, 웰링턴 장군이 나폴레옹을 물리치면 영국이 패권을 장악하게 되는 것이었다.

워털루 전황에 따라 영국 국채 값은 요동쳤다. 전쟁에서 지면 영국 국채는 휴지 조각이 될 수 있었다. 이 전쟁의 승패를 남보다 먼저 알기 위하여 로스차일드가는 유럽 내 모든 정보망을 가동했다.

당시에는 보급부대와 종군상인들이 앞서서 가는 보병부대를 뒤쫓아 가곤 했다. 나탄은 양쪽 군대에 각각 3명의 종군상인을 정보원으로 심어 놓았다. 그들은 마차 안에 감추어 놓은 전서구 통을 가지고 부대를 쫓아 다녔다. 또한 프랑스 측 도버 해협에 쾌속선 5척을 준비시켜 놓고 가장 먼저 정보를 가져오는 배에 20만 프랑, 두 번째 배에 15만 프랑의 상금 을 걸었다.[51]

1815년 6월 18일 결전의 날, 오후까지 전황은 프랑스군이 우세했다. 그러나 오후 4시경 프로이센 지원군 3만 명이 도착하면서 전세는 역전 되었다. 결국 브뤼셀 근교의 워털루에서 영국의 웰링턴 장군이 나폴레

---

51 『로스차일드 신화』(리룽쉬 지음, 시그마북스) 참고.

옹 군대에게 승리했다.

전쟁이 끝난 뒤 그 결과를 세밀히 조사하여 웰링턴의 부관이 정식 승전보 공문을 가지고 런던으로 향했다. 하지만 그보다 30시간 앞서 나탄은 이 사실을 알게 되었다. 비둘기와 전용 선박을 이용한 로스차일드가의 네트워크 덕분이었다. 1815년 6월 19일 늦은 오후, 유럽 전역을 거점으로 국제 비즈니스를 하고 있던 로스차일드가의 직원 로스워드가 벨기에 서부의 오스탕드 항에서 영국을 향해 떠나는 로스차일드가의 쾌속선에 급히 몸을 실었다. 손에는 로스차일드가의 정보원들이 막 수집한 워털루 전쟁에 대한 최신 정보보고서가 쥐여 있었다. 위험을 무릅쓰고 풍랑이 높은 바다를 운행한 배는 다음 날 이른 새벽 영국 포크스톤 항에 도착했다. 로스워드는 배에서 내리자마자 보고서를 기다리고 있던 나탄에게 건넸다. 하지만 나탄은 비둘기 편으로 전쟁 결과를 이미 입수한 터였다. 재차 정보의 진위와 정확성을 다른 통로로 교차체크해 확인한 것이었다. 나탄은 곧장 증권시장으로 직행했다. 전쟁 결과를 초조하게 기다리던 사람들의 시선이 그에게 집중되었다. 그러나 나탄의 얼굴에는 아무 표정도 드러나지 않았다. 단지 그의 눈빛 지시에 따라 나탄의 사람들은 국채를 내다 팔기 시작했다. 이들의 움직임에 영국이 전쟁에서 패했다고 짐작한 다른 투자가들도 보유 국채를 매물로 내놓았다. 그렇지 않아도 워털루 전투에 앞서서 벌어진 전투에서 이미 영국군이 패한 바 있고, 이번에도 형세가 매우 나쁘다는 소식이 주를 이루었기에 사람들은 불안해하고 있었다. 나탄은 계속 국채를 매도했다. 결국 증권시장에는 '워털루 전투에서 영국군이 패했다'는 루머가 돌았다. 순식간에 증권시장이 아수라장이 되었다. 충격과 공포로 국채와 주식 가격은 폭락에 폭락을 거듭했다. 채권은 순식간에 액면가의 50%로 떨어졌고, 마감 시간이 가까워오자 액면가의 5%도 안 되는 휴지 조각이 되었다.

───────────────── 베르너 좀바르트의 『전쟁과 자본주의』

이 시기의 전쟁이 서민들의 삶을 파탄냈지만 역설적으로 자본주의 발전에는 일익을 담당했다. 칼 마르크스, 막스 베버와 같은 사회학자들은 '생산'을 중심으로 자본주의의 발전과 전망에 대한 연구 성과를 남겼는데, 베르너 좀바르트는 '사치'와 '전쟁' 같은 독특한 시각으로 자본주의 발생 원인을 분석했다.

그는 전쟁이 근대 자본주의의 발전을 촉진시켰다고 보았다. 전쟁이 상비군 창설과 군비 및 무기 수요를 통해 자본 형성자로서, 시장 형성자로서 자본주의 경제 체제의 발전에 기여했기 때문이다. 그는 많은 자료를 동원해 이를 논증했다.

좀바르트는 기본적인 군대 유지비와 증대되는 무기 수요는 경제 발전과 자본주의 발전에 매우 결정적인 영향을 미쳤다고 보았다. 그러한 작용 중에서 아마도 가장 큰 것은 몇몇 산업과 그 제품의 무역에 준 자극이다. 그 산업이란 구리 공업, 주석 공업, 특히 제철 공업 등 무기 재료 관련 공업 분야이다. 그는 군대 조직, 특히 근대의 군비가 겪은 여러 변화의 영향 아래에서 이 공업들이 자본주의로의 결정적인 전환을 취했다고 보았다.

하지만 좀바르트는 전쟁과 자본주의 간의 일반론을 제시한 것은 아니고, 전쟁이 자본주의 발전에 긍정적인 영향을 미친 시기는 유럽의 16세기에서 18세기까지라고 했다. 곧 자신의 이론은 근대 초 유대인들에 의한 자본주의 형성 단계에 한정해야 한다고 말했다.[52]

영국 채권 62%를 소유하다

국채를 내다 팔던 나탄의 사람들은 휴지나 다름없어진 채권과 주식을 나탄의 지시에 따라 다시 긁어모으기 시작했다. 패닉 상태로 이성을 잃은 투자자들이 이를 눈치채지 못하고 계속 투매할 때 이들은 국채와 주식을 닥치는 대로 사들였다.

다음 날 대반전이 일어났다. 나폴레옹이 8시간의 전투 끝에 병력 1/3을 잃고 대패했다는 소식이 전해진 것이다. 국채와 주식은 다시 천정부지로 치솟았다. 액면가의 5% 이하로 산 국채가 다시 액면가를 회복해 나탄은 단 하루 사이에 20배의 차익을 거두었다. 주식도 마찬가지였다. 이로써 로스차일드는 영국 채권 총량의 62%를 거머쥔 영국 정부의 가장 큰 채권자가 되었다. 당시 영국은 전쟁통이라 전쟁 자금을 모으기 위해 역사상 가장 많은 채권을 발행했다. 평소의 3배 이상, 영국 국민총생산액의 2배가 넘는 7억 4,500만 파운드어치였다. 이 국채의 62%를 로스차일드가 소유한 것이다.

로스차일드가는 정보와 술수로 엄청난 이익을 챙겼다. 반면 이날 영국의 명문 재산가 대부분이 파산했다. 이때를 빗대어 사람들은 로스차일드가 영국을 샀다고 평했다. 아니 강탈한 것이다.

그 뒤 실제로 나탄 로스차일드는 영국 최고의 채권가로서 영란은행의 공채 발행을 주도하는 실권자가 됐다. 나탄은 워털루 전쟁이 끝나자 영란은행 주식의 대부분을 사들였다. 이로써 세계 금융업의 정점에 올랐을 뿐 아니라, 영국에 처음 가지고 온 자금을 17년 만에 2,500배로 불렸다.

---

52 『전쟁과 자본주의』(베르너 좀바르트 지음, 문예출판사) 참고.

이때가 본격적인 국제 유대자본의 태동기이다. 물론 그 전에도 베어링 가문 등 명문 유대 금융 가문이 있었으나, 이때만큼 전 세계적으로 영향력이 극대화된 적은 없다.

거짓 혹은 진실

한편 로스차일드가 워털루 전쟁 직후 떼돈을 벌었다는 이야기가 사실이 아니라는 시각도 있다. 나치가 로스차일드를 음해하기 위하여 윤색한 일화라는 것이다. 로스차일드가 전쟁 기간 내내 군수사업과 금괴 밀수 등으로 지속적으로 돈을 벌었다고 주장하는 이들도 있다. 이 이야기에 관한 좀 더 자세한 정보는 쑹훙빙의 저서 『화폐전쟁』1편에 소개되어 있다. 로스차일드 가문을 연구했던 하버드 교수 니얼 퍼거슨은 이렇게 말했다.

전설 같은 성공담은 당시 반유대 작가였던 발자크가 꺼낸 이야기이며, 원래 로스차일드는 나폴레옹의 대륙 봉쇄령이 내려진 사이에 영국의 금을 프랑스로 밀수출해 이득을 취했다. 프랑스로서도 영국에서 금이 빠져나가면 영국의 국부가 줄어들어 이득이라 생각해 막지 않았다. 나폴레옹 전쟁이 터진 이후 로스차일드는 가족 네트워크를 이용해 영국군의 군자금용 금을 전달하는 일을 했다.

그 뒤 엘바섬에서 돌아온 나폴레옹이 다시 전쟁을 일으키자 로스차일드 가문은 전쟁이 장기전으로 갈 것이라 잘못 예상했다. 금을 대량으로 사들였고, 암스테르담에서 전쟁 자금으로 100만 파운드를 대출 받아 준비해 두기도 했는데, 워털루 전투 승리로 전쟁이 금방 끝나버리자 금값이 폭락해 큰 손해를 볼 위기에 처했다. 나탄은 영국 정부보다 워털루 전쟁의 승리를 무려 이틀 먼저 알았지만 어마어마한 수익이 아니라 엄청난 손해를 볼 위기에 직면해 아연실색했다. 그 뒤 나탄은 2만 파운드어치 콘솔채를 구입하여 그다음 주에 팔아 7천 파운드 이익을 보았지만 대수로운 것은 아니었다. 그는 말할 수 없이 우울하게 지내다 나중에 정신을 차리고 주식과 국채를 대량으로 매입하기 시작했다. 전쟁이 끝나 정부 차입이 감소하고, 국채 가격이 오를 거라고 예상했던 것이다. 결국 2년 후 채권 가격이 40% 상승한 고점에서 채권을 매각해 큰돈을 벌었다.

결론적으로 예측 가능한 경제적 흐름을 적절하게 이용했을 뿐이라는 이야기이다. 하지만 니얼 퍼거슨의 이야기는 설득력이 약하다. 로스차일드 가문은 그간 무수한 채권과 환 거래를 하면서 한시라도 더 빠른 정보 획득을 위해 전서구 등 모든 정보망을 가동했다. 그랬던 나탄이 그 귀한 정보를 48시간 이전에 획득했는데도 이를 활용하지 않았다는 것은 이해하기 힘들다. 나탄이 증권 객장에서 트릭을 썼는지 여부는 결국 확인할 수 없지만, 정보를 활용해 돈을 번 것만은 사실이다.

로스차일드의 전쟁 자금 지원

사람들은 워털루 전쟁에서 웰링턴 장군의 승리를 뒷받침한 것이 나탄이라는 사실은 잘 몰랐다. 나탄은 웰링턴 장군이 이베리아반도에서 나폴레옹 군대와 맞서 싸우던 전쟁 초기부터 자금을 지원했다. 그리고 전쟁으로 빚이 늘어만 가는 영국 정부의 국채를 무한정 사들여 전쟁을 계속할 수 있도록 도왔다. 워털루 전쟁 때도 예외는 아니었다.

1815년 3월, 나폴레옹의 유배지 탈출 소식을 들은 나탄은 전쟁이 다시 일어나면 영국 정부에 큰돈이 필요하게 될 것이라 생각하고 런던에서 금괴를 사들이기 시작했다. 그리고 형제들에게도 유럽 대륙에서 가능한 한 많은 금을 구해 런던으로 보내도록 했다. 둘째 살로몬은 암스테르담으로, 막내 야콥은 함부르크로 보내 금을 구하도록 했다. 유럽 대륙에서 금과 은을 최대한 많이 모아 프랑스 남부로 진격하고 있는 웰링턴 공작에게 전달하기 위해서였다.

영국 정부는 채권 판매로 엄청난 양의 현금(파운드화)을 보유하고 있었지만, 웰링턴 공작에게 현금은 쓸모가 없었다. 군인들에게 급여를 주고 동맹군들에게 사례금을 주려면 언제 어디서나 지불 가능한 통화가 필요했다.

나탄은 채권시장에서 빌린 돈으로 유럽 전역에 뻗어 있던 로스차일드 가문의 신용 네트워크를 이용해 프랑스, 독일, 네덜란드 등 각국 금화를 모았다. 형제들의 단결된 추진력이 빛을 발하는 순간이었다. 그 뒤 나탄은 네덜란드 헬레보슐뤼스 항구에 있던 영국 배를 이용해 이를 웰링턴 장군한테 전달했다. 나탄이 장군에게 제공한 금화는 884상자와 커다란 포도주통 55개를 가득 채운 양이었다. 무려 213만 파운드가 넘었다. 이 중 로스차일드의 운반 수수료는 2%였다.[53]

나탄은 적극적으로 반프랑스 전선에 뛰어들어 자기 은행의 돈뿐만 아니라 여러 유대 금융인 채널을 통해 1815년 한 해에 980만 파운드를 조성해 영국과 연합군의 군비를 지원했다. 현재 가치로 100억 달러가 넘는 돈이다.

---

53 『전설의 금융가문 로스차일드 1』(니얼 퍼거슨 지음, 21세기북스) 참고.

이 가문은 영국 정부에게는 없어서는 안 될 중요한 존재로 부상했다. 영국군 총사령관은 이런 말을 남겼다. "나탄 로스차일드는 자신의 임무를 존경스러울 만큼 훌륭하게 수행했다. 그가 유대인임에도 불구하고 우리는 그를 믿는다."

전쟁 중에 많은 양의 금을 운반하려면 그만큼 위험부담이 컸지만, 로스차일드 가문은 위험한 일을 마다하지 않았다.

워털루 전쟁에서 프랑스군 4만 명, 영국군 1만 5천 명, 프로이센군 7천 명가량의 전사자가 나왔다. 이로써 나폴레옹의 재집권은 백일천하로 끝났고 프랑스와 유럽 국가들 간의 23년에 걸친 오랜 전쟁도 끝이 났다.

전투에서 패배한 나폴레옹은 영국군함에 실려 대서양의 외딴섬인 세인트헬레나섬으로 유배되었다. 반면 웰링턴은 국민 영웅이 되어 정치가로 변신해 훗날 수상의 자리에 오른다.

나폴레옹의 패배는 금융 전쟁에서 패한 탓

1815년 6월 18일 워털루 전쟁은 군사적 승부만이 아니었다. 오히려 금융시스템의 한판 대결이었다. 즉 나폴레옹이 패한 원인은 금융시스템의 미성숙이라 할 수 있다.

나폴레옹은 스스로 재위 기간 중에 지폐를 발행하지 않겠다고 선언했다. 아시냐 지폐에 혼난 트라우마는 이해되나 경제를 활성화시키는 데 필요한 유동성 측면에서 이는 문제가 있었다. 반면 영국은 영란은행의 은행권 등 지폐가 다수 발행되어 금은 주화와 함께 쓰이며 경제 발전과 금융시장 안정화가 이뤄졌다. 금리가 현격하게 낮아진 배경에는 풍부한 유동성이 한몫했다. 저금리는 산업혁명 태동에 결정적인 역할을 한 것으로 평가된다.

또 프랑스는 나폴레옹의 금본위제 통화정책으로 다량의 금은이 필요했지만, 영국과 스페인 등 해양 세력들과 적대적 관계를 맺으면서 해외로부터의 금 유입이 뚝 끊기게 된다. 결국 나폴레옹은 정복지로부터 금과 식량, 토지 같은 자원을 약탈할 수밖에 없었고, 이는 피정복국가들의 반감으로 이어지게 되었다.

결국 전쟁은 나폴레옹의 약탈적 금융과 성숙한 채권시장에 기반을 둔 영국 금융 사이의 싸움이 되었다. 영국은 많은 채권을 발행해 순조롭게 전비를 모았다. 거기에 대항해 프랑스가 1806년 대륙 봉쇄령을 내렸으나, 이미 나폴레옹은 패배의 길로 접어든 셈이었다. 상인과 금융인 전체를 적으로 삼은 꼴이었으니 말이다. 세상에서 돈과 싸워 이길 수 있는 사람은 많지 않다.

게다가 나폴레옹이 대적했던 나라에는 군자금을 빌려주는 로스차일드가 있었다. 물론 로스차일드는 나폴레옹에게도 군자금을 빌려주었으나 상대국에 비해 적은 금액이었다. 나폴레옹 전쟁 당시 각국 정부에 1억 프랑을 지원하여 나폴레옹을 패하게 만든 장본인이 바로 나탄이었다.

유대인의 해방을 앞당긴 나폴레옹은 "유럽에는 오직 하나의 힘이 존재한다. 그것은 로스차일드다"라고 한탄했다고 한다. 결국 전쟁은 자본력 싸움이다.

미국의 노동운동가 리오 휴버먼은 『자본주의 역사 바로 알기』에서 자본주의와 노동자의 역사를 쉽고 명쾌하게 다루었다. 이 책은 단순한 역사서가 아니라 고전 경제학으로부터 시작된 경제학 이론을 그 배경이 되는 역사 발전에 비추어 알기 쉽게 설명하고 있다. 이 책에서 휴버먼은 다음과 같이 말했다. "역사책을 보면 이런저런 왕들의 야망과 정복 그리고 전쟁에 관한 이야기가 장황하게 이어진다. 그런 책들의 강조점은 완전히 틀렸다. 왕들의 이야기에 지면을 할애하기보다 왕권 배후에 있는 진정한 힘, 곧 그 시대의 상인과 금융업자의 이야기에 지면을 할애하는 편이 훨씬 나았을 것이다."

8. 로스차일드,
세계 금본위제에 시동을 걸다

로스차일드가 이끈 금융 세계화

금융 역사를 보면, 1815년을 분기점으로 큰 변혁이 일어난다. 네덜란드 금융시장이 주도하던 1600년부터 나폴레옹 전쟁이 종식되는 1815년까지는 정부 공채와 동인도회사 같은 소수 독점기업의 주식만 유통되었다. 하지만 1815년 이후 금융시장은 세계화되었는데, 이 중심에 로스차일드상사가 있었다.

1815년 워털루 전쟁 이후, 유럽 내 런던 로스차일드의 위상은 매우 높아졌다. 나탄은 영국이 유럽 동맹국들에게 제공한 자금 4,200만 파운드의 절반을 조달할 정도로 금융계의 강력한 권력자가 되었다. 그뿐만 아니라 영국 정부의 최고 채권자로 등극하여 공채 발행을 주도하고 영란은행의 최대 주주가 되어 실권을 장악했다. 영국의 통화 공급량과 채권 금리를 로스차일드가 좌지우지하게 된 것이다.

워털루 전쟁이 끝나고 평화가 찾아오자 시장이 전반적으로 살아나 상승장, 즉 '불 마켓(bull market)'이 형성되었다. 특히 콘솔채를 비롯한 채권 가격이 상승해 주식시장 역시 불붙기 시작했다. 이때 주식시장이 확대되어, 처음에는 운하 주식이, 그다음에는 철도 주식이 금융시장의 성격을 바꿔놓았다. 이후 100년 동안 이 같은 주식은 수천 개로 늘어났다.

이러한 상승기에 힘입어 로스차일드 일가는 채권시장과 금시장에서 대출을 동원한 투자, 즉 투자 원금의 십여 배에 달하는 레버리지 투자를 한 것으로 보인다. 이후 형제들의 정보 분석력과 단합된 힘으로 국채와 금, 환거래, 주식, 광산 투자 등에서 연이어 성공함으로써 로스차일드 일가의 자산은 매년 거의 기하급수적으로 불어났다.

세계 금광업을 장악한 로스차일드는 영국을 1819년 세계 최초의 금본위제 국가로 만들었다. 그 무렵 로스차일드가 세계 주요 금 광산들을 사들여 금을 거의 독점적으로 공급할 때였다. 이렇게 1819년부터 영국 파운드화는 공식적으로 금과 연계되었다. 세계 최초로 금본위제가 시행된 것이다. 로스차일드는 이 여세를 몰아 아예 세계 전체를 금본위제로 유도했다. 유럽 주요국들과 미국의 금본위제 시행에는 로스차일드 가문의 영향이 지대하게 작용했다.

로스차일드 가문은 금융 중개업무 수준을 넘어 금융과 외환시장의 글로벌화를 통해 시장의 성격을 바꿨다.

전쟁 억지력 발휘한 '거대 금융'

헝가리 출신 유대인 정치경제학자 칼 폴라니는 로스차일드가 아예 게임의 룰을 바꾸었다고 말한 바 있다.

폴라니는『거대한 전환』에서 1815~1914년 유럽의 예외적인 '100년 평화'를 가능하게 했던 배경으로 '거대 금융'을 꼽았다. 이는 로스차일드 가문 같은 글로벌 거대 금융자본을 의미하는데, 로스차일드가는 탐욕스러운 자본가였지만, 자신의 이익을 지키기 위해 워털루 전쟁 이후 전쟁을 막고 평화 체제를 지켜냈다는 것이다. 여기에서 '거대 금융'은 "시스템을 아예 창출하거나 변화시켜 큰 수익을 얻는 대형 금융자본 활동"을 말하는데, 폴라니는 이러한 거대 금융은 특히 로스차일드 가문을 중심으로 위력을 발휘했다고 강조했다. 확실히 로스차일드 가문은 어느 나라에도 구속받지 않았고, 오히려 여러 나라와 정부를 규율할 수 있을 정도의 힘을 발휘했다.

양털 깎기의 원조, 로스차일드

로스차일드가의 자본 형성 과정을 보면 이들이 정보를 이용했다는 특징을 찾을 수 있다. 어떤 주식이 전망이 밝으면 이를 은밀히 사 모았다가 어느 날 사람들을 동원해 한꺼번에 팔았다. 그러면 폭락 장세가 연출되어 공포에 휩싸인 일반인들은 한 푼이라도 더 건지기 위하여 투매를 하게 되고, 투매는 투매를 불러 주가는 곤두박질친다. 이때 로스차일드는 거저줍다시피 바닥 가격으로 대량 매집했는데, 실제 이러한 충격과 공포를 이용해 자본을 수탈하는 '양털 깎기(fleecing of the flock)'라는 국제 투기자본들의 은어가 오늘날에도 있다. 로스차일드는 오래전부터 이자놀이보다는 고의적인 공포나 불황을 형성해 자본을 이동시켜 개인이나 기업들의 재산을 한꺼번에 수탈하는 것이 훨씬 이익이라는 사실을 잘 알고 있었다.

대표적인 예가 1818년 11월의 일이다. 당시 프랑스는 2억 7천만 프랑 상당의 국채의 발행 주간사로 우브라르와 베어링사를 선정하려고 했다. 전해에도 이들에게 맡겨졌기 때문이다. 관계자들은 로스차일드가의 사람들은 만나려고도 하지 않았다. 이렇게 매년 국채 발행에서 배제되자 로스차일드는 자기들의 힘을 보여줄 필요를 느꼈다.

주간사 선정이 가까워 오자 그간 꾸준히 상승하던 국채 가격이 급격히 떨어지기 시작했다. 로스차일드가 국채를 팔아치워 가격을 떨어트린 것이다. 시장은 불안해졌다. 날이 갈수록 더 큰 폭으로 떨어졌다. 자칫 국채 시장이 붕괴될지도 모른다는 공포가 시장을 휩쓸었다. 증권 시장도 마찬가지였다. 전 유럽의 금융 기반이 흔들리기 시작했다. 정치가들은 시장도 걱정되었지만 먼저 자기들이 투자한 돈이 다 날아가 버릴까 봐 노심초사하였다. 그제야 사람들은 로스차일드의 힘을 깨달았다. 시장을 주무를 수 있는 것은 로스차일드뿐이라는 것을 인정한 것이다. 예정되었던 국채 발행은 무산되었고 사람들은 로스차일드를 정중히 대접했다. 그리고 시장은 안정을 되찾았다.

로스차일드상사, 각국 공채 발행 주간사 은행이 되다

로스차일드 가문의 재산 증식은 워털루 전쟁 뒤에 본격적으로 이뤄졌다. 1817년 프로이센의 재정 대신은 나탄 로스차일드를 찾아가 500만 파운드의 프로이센 공채 발행의 주간사 은행이 되어 달라고 요청한다. 협상 끝에 액면가 100파운드짜리 공채의 판매가를 72파운드로 정했고, 이들 공채는 결국 100파운드까지 가격이 올랐다. 나탄은 이 과정에서 막대한 수익을 올렸다.

프로이센 공채 발행이 성공적으로 이루어지자 유럽 각국이 로스차일드에게 공채 발행을 부탁했다. 나탄은 1821년에 연 3%의 1,200만 파운드 영국 공채를 발행했다. 1822년에는 각각 250만 파운드와 350만 파운드의 나폴리와 러시아 공채를 발행했다. 이후 포르투갈, 오스트리아, 헝가리 공채도 발행했다.

외국 채권 판매에 있어 로스차일드는 최고의 수완을 발휘했다. 투자자들이 가장 많은 영국 내 판매를 목표로 외국 채권을 해당국 통화가 아닌, 파운드화로 거래하고 파운드화로 이자를 지급받는 파운드화 채권을 발행한 것이다. 이는 남들이 생각하기 힘든 천재적 발상이었다. 이로써 나탄은 채권시장의 글로벌화에 성공했으며, 파운드화의 기축통화화에도 기여하게 된다.

파운드화, 기축통화가 되다

역사가 시작된 이후 금의 생산량은 감소하는 추세에 있다. 1800년대 당시 금은 덩치가 커진 전 세계 경제의 모세혈관까지 흘러들어가기에는 양이 부족했다. 따라서 금을 대신할 강력한 화폐가 필요해졌다. 이때 영국의 파운드화가 가장 먼저 그 자리를 차지했다.

영국은 1819년 금본위제를 채택하여, 영란은행이 파운드를 금과 바꿔주는 제도를 실시했기에 파운드화는 금에 맞먹는 지위를 가지고 있었다. 당시 영국 파운드화는 세계 무역 가운데 60%를 장악했고, 런던 금융시장은 전 세계 투자의 절반을 소화했다. 영국이 최대 교역국이자 주요 운송국이고, 해외 자본 수출국이었으니, 영국의 화폐가 국제 지불 수단이 되는 건 당연했다. 이렇게 파운드화는 세계 기축통화로서 그 힘을 과시하게 됐다.

이러한 배경에도 로스차일드의 역할이 컸다. 일설에 의하면 로스차일드 가문의 총 자산은 약 1억 3,600만 파운드에 이르렀는데, 그중 나탄이

9천만 파운드를 소유하고 있었다. 당시 영국 최고의 부자로 알려진 왕가의 재산은 500만 파운드 정도였다. 이때부터 화폐 발행과 금 가격을 포함한 중요한 결정권은 로스차일드 가문의 수중으로 들어갔다. 당시 영국 정부는 화폐 발행 권한이 없었기 때문에 국채를 발행해 로스차일드 소유 영란은행에서 돈을 빌려 쓰면서 연 8%의 이자를 내야 했다. 영국의 세금뿐 아니라 국채 가격과 통화 공급량을 모두 로스차일드 가문이 마음대로 주물렀던 것이다. 대영제국의 경제와 금융뿐 아니라 더 나아가 세계 경제가 통째로 로스차일드 가문에 들어간 셈이었다.

로스차일드는 각국의 통화를 상품으로 보고 형제간의 네트워크를 활용해 무위험 차익거래인 재정거래(arbitrage)를 통해 꾸준히 수익을 올렸다. 그뿐 아니라 외환 시세를 주물러 그 환차 수익 투기에 열을 올렸다. 그리고 채권시장의 글로벌화와 외환시장의 글로벌화를 동시에 추진하여 런던을 그 중심 시장으로 만들었다.

결국 로스차일드가는 금본위제하의 파운드를 기축통화로 만들어 그 세력을 세계로 넓혀 나갔다. 특히 미국 산업 발전의 돈줄이 되어 미국의 근대산업사와 금융사에 큰 공헌을 했다. 이른바 조지 소로스 같은 현대 헤지펀드들이 주로 애용하는 투자 기법인 매크로 투자가 로스차일드로부터 시작된 것이다. 로스차일드 가문은 '거대 금융'에 의한 승자 독식 시대를 열어 천문학적인 수익을 올릴 수 있었다.

참고로 이후 1870년대 영국의 재정지원을 받고자 하는 많은 나라가 금본위제로의 이행을 서둘렀고, 독일(1872년), 프랑스(1878년) 등이 영국을 따라 금본위제를 채택했다. 그리고 1879년 미국이 금본위제에 합류함으로써 세계 주요국이 모두 금본위제를 채택하게 됐다. 금본위제는 국제결제시스템의 효율성을 높여 세계 경제 발전에 기여했다.

유럽의 숨은 지배자, 한 몸처럼 움직이는 로스차일드 형제

로스차일드는 보험업에도 손을 뻗쳐 '얼라이언스 보험회사'를 설립했다. 오늘날까지 존재하는 영국 최대 손해보험 회사로, 현재 이름은 '로열 앤드 선 얼라이언스'이다.

글로벌화된 런던 로스차일드상사는 승승장구했다. 하지만 위기가 없었던 건 아니다. 1825년 중남미 채권 투기 버블이 붕괴되면서 영국 내 3천여 개 은행이 파산했는데, 이때 영란은행도 휘청거렸다. 나탄은 즉각 도움의 손길을 내밀었다. 프랑스 로스차일드상사로부터 금괴를 공수해 와 파산 위기에 처한 영란은행을 살려낸 것이다.

로스차일드 파리 은행을 운영하던 야콥은 국왕 루이 필립의 야인시절에 맺은 친교를 바탕으로, 영향력을 과시하는 지위에 올라 있었다. 1818년에는 국왕을 제외하고 프랑스 제일의 부호가 되었다. 프랑스 루이 필립 왕의 친구였던 야콥은 1830년부터 1848년까지 실질적인 프랑스의 통치자나 다름없었다. "고대 유대인은 한 왕에게 복종했다는데, 지금은 여러 왕이 한 유대인에게 머리를 조아린다"는 말이 나올 정도였다.

로스차일드 가문은 연합군이 나폴레옹에게 승리한 이후, 연합군의 공식 은행이 되어 유럽 각국의 채무관계, 보상금 지급 문제 등을 맡게 되었다. 둘째 살로몬은 메테르니히 시대 오스트리아 금융계의 중심인물이 되었고, 그 무렵 프랑크푸르트의 첫째 암셀은 프랑크푸르트 로스차일드상사의 수장이자 통일 독일의 초대 재무장관이 되었다. 유럽의 다섯 도시에서 로스차일드 형제는 상상을 초월하는 막대한 부를 바탕으로 19세기 유럽사에 깊이 관여했다. 나폴레옹 전쟁이 끝난 후 로스차일드 가문은 사실상 돈을 통해 '유럽의 숨은 지배자'가 된 것이다.

이들 형제는 한 몸처럼 움직였다. 5개 로스차일드 지점은 모두 가문의 이름으로 운영되었고, 다섯 형제가 함께 결정에 참여하고 이윤과 손해를 나누었다. 유럽 전체를 묶는 멀티내셔널 글로벌 은행의 탄생에 결정적인 역할을 했다.

1825년 로스차일드 가문의 재산은 408만 파운드로, 이는 당시 경쟁은행인 런던의 베어링 브라더스와 프랑스 중앙은행 자본금보다 9배나 많은 액수였다. 1828년에는 433만 파운드, 1836년에는 600만 파운드, 1844년에는 778만 파운드, 1852년에는 900만 파운드로 불어났다. 1899년에는 4,100만 파운드가 되어 독일의 5대 합자은행의 자본금을 모두 합친 것보다 많았다.[54]

나탄은 훗날 이렇게 회상했다. "거리가 피로 물들 때마다 나는 사들였다." 가문의 재산이 증식된 순간이 모두 전쟁과 연관돼 있었다는 뜻이다. 나폴레옹이 없었더라면 오늘날의 로스차일드 가문도 없었을 것이다.

"나는 해가 지지 않는 대영제국을 통치하는 왕이 누군지 상관하지 않는다. 대영제국의 통화 공급을 통제하는 사람이 곧 대영제국의 통치자다. 그 사람은 다름 아닌 나다." 이는 당시 런던의 로스차일드상사를 이끌면서 국채 매집에 성공했던 나탄이 한 말이다.

정보를 토대로 남보다 한 발 먼저 전략을 짜는 유대 전통

유대 금융인들한테 트릭만 있는 것은 아니다. 기본적으로 유대인들이 기독교도들에 비해 증권 투자에 강했던 것은 세계 각지에 흩어져 있는 유대인 네트워크를 활용해 신뢰할 만한 정보를 쉽게 입수하여 체

---

54 『전설의 금융가문 로스차일드 1』(니얼 퍼거슨 지음, 21세기북스) 참고.

계적으로 분석했기 때문이다.

유대인의 안식일은 기독교도가 쉬는 일요일보다 하루 이상 빠르기 때문에 유대인들은 토요일 일몰 시간 이후부터는 일할 수 있었다. 그래서 일요일 아침에 새로운 한 주의 업무를 시작했고, 유대인 커뮤니티를 통해 새로운 상업 거래 정보를 먼저 얻을 수 있다. 일요일 오전에 전문가는 물론 랍비와 탈무드 학자의 조언을 받아 정보를 분석한 후, 그 분석 결과를 일요일 오후에 유대인 증권 브로커와 대리인에게 통보하여 월요일 아침에 신속하게 거래가 이루어지게 한 것이다. 더 나아가 한 주 동안의 지침서가 나오기도 했는데, 이는 오래된 유대인의 관습이었다.

그 결과 관련 정보들을 토대로 언제, 어떻게 행동해야 할지를 알고 경제활동에 임할 수 있었다. 이러한 전통은 오늘날에도 이어지고 있다. 지침이나 목표가 정해질 경우, 유대인 금융기관 간의 협동은 일사불란하게 이뤄진다. 그들은 마치 한 몸처럼 움직인다.

『제국주의론』을 쓴 홉슨의 혹독한 비판

런던 대학에서 경제학을 가르치던 존 홉슨은 빈곤과 실업이 만연한 상황을 마주하며, 공황이 불러온 과잉 생산과 기업 도산, 실업에 관해 당시의 경제학이 아무런 설명을 못 하는 것에 의문을 품었다.

그는 기존의 경제학을 전면 부정했다. 고전경제학의 관점에서는 저축이 투자를 불러오고 고용과 생산을 이끄는 것으로 여겨졌지만, 홉슨은 역으로 과도한 저축과 과소비가 불황을 일으켜 실업과 빈곤을 불러온다고 보았다. 그는 33세의 젊은 나이에 이 문제를 정면으로 다룬 『빈곤의 문제』를 집필했다.

당시에는 이를 이해하는 경제학자가 없었다. 한마디로 그 무렵 주류경제학에 대한 도전이었다. 결국 이 문제로 그는 대학을 떠나야 했다. 훗날 케인스는 1930년 『고용 이자 화폐에 관한 일반 이론』에서 홉슨의 '비판과 직관'에 대해 긍정적 평가를 내렸다.

너무 앞서가 학계에서 추방된 홉슨은 신문사에 취직해 남아공에 특파원으로 갔다. 당시 남아공 특파원 출신으로 유명한 또 한 명의 인물이 처칠이다. 홉슨은 거기서 극소수의 유대인 보석상들을 위해 보어 전쟁을 일으킨 영국 제국주의의 민낯을 보았다. 홉슨은 이번에는 『제국주의론』을 집필해 공산주의 혁명의 단초를 제공했다.

그는 『빈곤의 문제』로 자본주의 이론을 제공했으며, 『제국주의론』으로 공산주의 이론을 제공한 독특한 경력의 경제학자였다. 그런 홉슨이 보아 전쟁 이후 반유대 정서를 노골적으로 드러냈다.

"투자자 고유의 이해관계가 공공의 이익과 충돌하고 골자 빠진 정책을 양산하기 쉽다면, 그보다 더 위험한 것은 금융가들의 특별한 이해관계다. … 상당량의 채권과 주식을 취급하고 회사 어음을 유통하며 오르내리는 주식 가치를 조작하면서 증권거래소의 거물들은 이익을 얻는다. 은행업, 중개업, 어음 할인업, 대출업 등 이 위대한 사업들이 국제 자본주의의 중추를 이룬다. 이 분야는 매우 막강한 채권과 한 몸이며, 각 업무가 서로 빠르고 긴밀하게 연결되어, 모든 국가 비즈니스의 중심에 위치한다. 유럽의 경우 수세기 동안 금융 경력을 쌓은 별난 인종이 주로 이 분야를 좌우한다. 이 분야는 나라의 정책마다 통제하는 독특한 위치에 올랐다. … 로스차일드가와 그의 일당들이 외면한다면 유럽의 그 어떤 국가가 대전(大戰)을 치르고 대규모 국채를 발행할 수 있겠는가? 새로운 자본 흐름을 일으키거나 기존의 투자 가치에 큰 변동을 일으킬 수 있는 중요한 정치 행위는 무엇이든 이 작은 무리의 금융왕들로부터 허락을 받거나 실질적 지원을 받아야 한다."

9. 산업혁명 전파의 원동력, 로스차일드의 자본

철도, 자본주의 시스템을 세계로 확산시키다

1767년 맨체스터 북서부에 위치한 웨슬리 석탄광산에서 공업도시 맨체스터를 잇는 45km짜리 브리지워터 운하가 건설되었다. 마차보다 수송 효율이 10배 이상 높았다.

운하를 통한 석탄의 대량공급으로 석탄 가격이 절반으로 떨어져 공업 발전이 가속화되었다. 브리지워터 운하는 투자자들에게 대규모의 자본 이득과 배당 수익을 안겨주었다.

그 뒤 20년 동안 운하 건설 붐이 일어 1,500km가 넘는 운하가 건설되었고, 운하 건설회사들의 주가는 하늘을 찔렀다. 물류의 발달로 상품 가격이 하락하고 운하 주변에 공장과 도시가 들어서면서 땅값이 뛰었다. 물류산업 발전은 경제 성장을 견인했다.

그러자 1790년대 초반, 투기가 극성을 부려 한꺼번에 50개의 운하가 착공되었다. 하지만 1793년 프랑스의 혁명이 공황으로 이어지면서 운하 투기는 파국을 맞았다.

1830년 맨체스터-리버풀 간 철도가 개통되자 물류의 주역은 운하에서 철도로 바뀌었다. 운하회사들은 선박에 증기엔진을 달아 철도와 경쟁하려 했으나 역부족이었다. 철도는 운임이 훨씬 쌀 뿐 아니라 운송 속도도 상대가 안 될 정도로 빨랐다. 철도의 완승이었다.

산업혁명은 1776년 증기기관이 발명된 이래 50여 년이 지난 후, 철도의 등장으로 진정한 변화가 이뤄졌다고 말할 수 있다. 철도 건설은 경제적 파급 효과가 큰 산업으로 산업혁명의 제2단계를 주도하여 '자본주의 시스템'을 세계로 확산시키는 역할을 했다.

철도는 다비 가문의 철과 석탄의 결합으로 생겨났다. 목탄을 대체한 코크스의 개발로 무쇠가 제련되었다. 이후 무쇠의 탄소 함량을 줄여 강철이 만들어졌다. 1830년 맨체스터-리버풀 항구 간 철도가 부설되면서 철에 대한 수요가 급증하기 시작했고, 그 뒤 영국은 철강 산업을 수출 주력 산업으로 키웠다. 저급품 철은 국내 시장에 내놓고, 기술 위주의 고부가가치 철들은 수출했다. 이렇듯 큰 이익을 가져오는 기술의 발전은 주로 대규모 수출 덕분이었다. 또 수출이 잘되니 기술 연구에 대한 투자도 늘었다. 기술 발전의 선순환 구조가 이루어진 것이다.

경제사에서 철도가 갖는 의미는 크다. 철도가 시간과 공간을 좁혀준 덕분에 무엇보다 물류비용이 크게 줄었다. 전문가들은 19세기 철도의 물류비용이 역마차의 약 5%밖에 되지 않았다고 분석했다. 싼 물류비는 거대한 시장의 탄생을 가능하게 했다. 한 나라 안에서 지역별로 쪼개져 있던 시장이 철도로 인해 하나로 통합됐다. 수요가 전국적으로 늘어나자 대장간 수준이던 산업체는 대량생산 규모 체제로 바뀌었다.

철도 자체도 거대한 산업으로 바뀌었다. 레일·화차 제작과 석탄 채굴 등 철도 연관 산업이 발전하면서 중공업이 태동했다.

로스차일드 가문은 막대한 자금력과 정보력, 그리고 각국 정치권력과의 밀접한 관계를 활용해 유럽을 휩쓴 산업혁명에 적극적으로 투자했다. 1815년에서 1825년까지 10년 사이 지난 100년간보다 더 많은 유가증권이 발행되었는데, 이는 모두 전후 복구사업과 산업혁명에 필요한 자본을 조달하기 위해서였다. 1818년부터 1832년 사이 런던에서 발행된 외국 정부의 공채 가운데 약 30%는 나탄의 은행이 주관했다. 자본시장의 발달로 저금리가 정착되자 투자가 활발해졌고, 산업혁명의 불길은 더 크게 타올랐다.

살로몬, 대륙 최대의 철도 건설하다

스티븐슨이 증기기관차를 발명하자 영국에서는 철도의 장래성이 화제가 되었다. 이때 영국에서 유대 자본들이 철도 건설에 많이 참여했지만 정작 나탄은 그러지 않았다. 철도의 미래에 자신이 없었기 때문이다. 그는 철도 사업은 미친 짓이라 여겼다. 나탄 같은 사람조차 그간의 고정관념에 붙잡혀 마차보다 나은 수송수단은 없다고 믿고 있었던 것이다. 그러나 나탄의 예상과는 달리 영국에서 철도는 순조롭게 발전해 그 장래성이 확실해졌다. 하지만 나탄이 영국 철도에 손 내밀 기회는 이미 잃은 상태였다.

나탄은 본인은 투자 기회를 놓쳤지만, 형제들에게 철도 산업에 대한 정보를 주고 추진해볼 것을 권했다. 오스트리아의 살로몬은 즉시 이 아이디어를 검토했다. 그러나 무슨 일에 대해서도 보수적인 오스트리아 제국에서 '말(馬) 없는 탈 것'이라는 이야기는 도저히 믿을 수 없는 엉터리 정보로 여겨졌다. 철도 소문을 들은 지식층조차도 기차는 악마가 만

살로몬 로스차일드

든 강철기계라고 생각했다. 철도사업을 추진하려면 세상의 몰매를 맞을 것이 뻔했다. 더욱이 유대인이기 때문에 더 그랬다.

이런 분위기 아래서 살로몬은 조용히 일을 진행시켰다. 영국에 조사단을 파견하고 철도사업을 기술과 금융 면에서 검토했다. 그는 갈리시아 지방의 소금과 슐레지엔 지방의 철을 빈으로 운반하는 철도 건설을 구상했다. 운수사업을 선점하기 위해 오스트리아 여러 곳의 역마차 사업을 매수했다. 운송노선 예정지들을 도보로 조사하는 한편, 신문에 철도에 관한 계몽 기사를 계속 연재했다.

이와 같은 신중한 준비 기간을 5년간 거친 뒤, 1835년 살로몬은 오스트리아 황제 페르디난트 1세에게 빈에서 보흐냐까지 100km에 걸친 유럽 대륙 최대의 대규모 철도건설 사업을 신청했다. 이미 메테르니히 재상에게 충분히 사전 작업을 해둔 터라 별다른 어려움 없이 면허를 취득할 수 있었다.

당시 살로몬은 메테르니히의 오른팔 역할을 하고 있었다. 살로몬은 합스부르크가를 위하여 채권을 팔아 주었으며, 오스트리아의 산업 부흥을 위해 금융 지원을 아끼지 않았다. 1822년에 메테르니히는 유대인 로스차일드를 비판했던 알게마이네 차이퉁 신문의 판매를 금지할 정도로 로스차일드와의 유대를 중시했다.

그러나 계획이 발표되자 살로몬에게 심각한 비난이 쏟아졌다. 빈의 신문들에 의사와 전문가들의 반대 투고가 계속되었다. "인간의 육체는 시속 24km 이상에는 견딜 수 없다. 악마의 강철기계가 오스트리아를 달리게 되면 승객의 코와 눈, 입, 귀에서 피가 터져 나올 것이다. 터널에서는 승객들이 질식할 것이다. 철도는 흉폭한 영구차로 변할 것이다." 정신병의 권위자들도 경고했다. "지금처럼 스트레스가 많은 사회에서 인간은 이미 정신적으로 과로 상태이다. 철도에 승차하여 긴장하면 완전히 발광하고 말 것이다", "악마의 기계로 신성한 제국을 오염시키지 말라! 유대인의 음모를 분쇄하자!" 등등 살로몬은 그야말로 사면초가였다.

살로몬은 평소 신문기자들과의 교우 관계에 공을 들여왔으나 여론의 거센 반대로 돌파구를 찾기 어려웠다. 설상가상으로 오스트리아 금융업자들이 외국인의 철도 투자는 위험하다고 강조하면서 살로몬을 적대시했다. 살로몬은 메테르니히 재상은 물론 오스트리아 정부의 고위층과도 친밀한 관계를 맺고 있었으므로, 정면 돌파를 하는 것도 가능했다. 하지만 살로몬은 먼저 부드러운 방법으로 여론의 반대에 대처하였다. 주식의 인기를 부추긴 것이다.

그는 철도 건설 자금을 충당하기 위하여 주식을 1만 2천 주 발행해, 8천 주는 로스차일드 집안이 보유하고 나머지 4천 주는 선착순으로 모집했다. 살로몬의 계산대로 철도에 반대하던 자들도 막상 로스차일드 집안이 나선다고 하니까 앞 다투어 신청하였다. 살로몬의 철도 건설에 반대하던 금융업자들도 몰려들어 응모하였다. 결과는 대성공이었다. 4천 주 공모에 8배 넘게 신청이 쇄도했다. 주식은 발행 후 가격이 폭등했다. "금화가 소리를 내면 욕설은 조용해진다"는 마이어의 유훈이 딱 들어맞은 것이다.

이 일로 철도 반대 운동은 약간 수그러들었지만, 완전히 기세가 꺾인 것은 아니었다. 교섭의 천재 살로몬은 다시 절묘한 아이디어를 생각해 냈다. 황제에게 철도의 정식 명칭을 '페르디난트 1세 북방철도'로 하는 데 허가를 얻은 것이다. 이는 역전의 아이디어가 되었다. 페르디난트 황제의 명칭이 붙자, 이 철도는 로스차일드 집안의 철도에서 오스트리아 제국의 철도가 된 듯한 인상을 주었다. 아무도 황제의 명칭을 받드는 철도 건설에 반대할 수 없었다. 4년 뒤 철도 일부가 개통되었고, 오스트리아는 당당하게 선진 철도 문화의 명예를 누릴 수 있었다.

야콥도 프랑스 철도 건설에 나서다

1830년대부터 본격화된 프랑스의 산업혁명은 태반이 야콥의 돈으로 이루어졌다. 프랑스 최대의 철도도 야콥 로스차일드에 의해 건설되었다. 당시 야콥은 새로이 등장한 철도의 장래성에 주목하고 오스트리아에서 형이 사업하는 것을 유심히 보았다. 그리고 철도사업에 진출하여 파리에서 생제르맹까지 11마일의 철도 부설 사업권을 따내 1837년 개통하고, 파리~베르사유 구간을 1839년에 완공했다. 이 과정이 순탄했던 것만은 아니었다. 야콥은 기독교로 개종한 유대인 아실 풀드와 철도 건설을 놓고 경쟁하면서 여러 우여곡절을 겪었다. 야콥과 같이 일하던 페레르라는 유대인이 아실 풀드 진영으로 넘어가면서 경쟁은 더 치열해졌다. 페레르와 아실 풀드는

야콥 로스차일드

크레디 모빌리에 은행을 창설하여 일반 대중으로부터 소액 투자금을 모았다. 아실 풀드는 나폴레옹 3세 때 재무대신을 4번이나 역임한 실력자였다. 그럼에도 결국 야콥은 힘든 경쟁을 이겨내고 프랑스의 철도 왕이자 유럽의 철도 왕이 되었다. 야콥도 철도사업이 난관에 부딪히자 살로몬이 했던 대로 노선 이름에 황제 이름을 붙여 아무도 반대하지 못하게 했다. 기실 개통은 형보다 더 빨랐다. 그리고 연이어 3개 노선을 완공시켰다.

1840년에는 북방철도 건설권을 놓고 유대인 보웬과 경쟁이 붙었다. 보웬 역시 프랑크푸르트 게토 출신으로 서로 잘 아는 이웃이었다. 하지만 경쟁은 치열했다. 결국 승리는 야콥 차지였지만, 방법은 치졸했다. 계약 관련자들과 기자들을 무상주로 매수한 것이다.

살로몬과 야콥뿐 아니라 암셀도 프로이센 왕국의 철도 건설에 뛰어들어 500여 마일의 철도를 건설했다. 넷째 카를은 로마 교황에게 교황청 관할의 각 공국을 잇는 철도 건설 자금을 대출해주었다.

산업혁명 파급의 일등 공신, 글로벌 유대자본

산업혁명으로 믿을 수 없을 정도로 많은 발명과 진보가 이뤄졌고, 사람들의 일상적 삶은 변화되었다. 하지만 진보는 엄청난 투자를 필요로 했다. 철강과 철도 수요는 국가에서 국가로 퍼져 나갔다. 엄청난 재정이 투입되었다. 그러나 이것만으로는 모자랐다. 각국 정부는 대규모 민간 투자를 유도했다. 다행히 로스차일드 가문의 글로벌 은행 등 축적된 유대 자본이 유럽 각국에 포진하고 있던 시기였다.

1780년대에 영국에서 시작된 산업혁명은 1830년대에 인접한 벨기에와 프랑스로 퍼져 나갔다. 프랑스는 석탄이 풍부하지 않아 제철보다는 섬유공업에 주력했다. 1850년대에는 독일로 전파되었는데 독일은 풍부한 석탄과 정부의 강력한 지원으로 제철·기계·화학 공업이 크게 성장하여, 20세기 초 유럽 최대의 공업국으로 성장하며 영국과 경쟁했다.

공업화는 유럽을 완전히 바꾸어 놓았다. 1860년대에는 남북전쟁을 끝낸 미국으로도 확산되었다. 특히 미국은 자원이 풍부하여 면직물·금속·기계 공업이 빠르게 발달하여 급속도로 자본주의를 확립했다. 공업화의 진전과 함께 철도와 항구, 전차, 수도나 전기시설과 같은 공공 인프라와 서비스산업에 투자하기 위한 자본이 전 세계적으로 활발히 움직였다. 로스차일드가 닦아 놓은 글로벌 금융의 위력이었다. 유럽 각국에 포진해 있던 로스차일드상사는 대규모 자본 조달로 주재국 산업화의 후원자 노릇을 톡톡히 했다.

유대인이 부설한 시베리아 횡단철도

러시아의 시베리아 횡단철도는 새로운 가능성을 보여주었다. 러시아가 1891년 착공한 시베리아 철도가 만주를 가로지르는 동청철도와 연결되어 1903년 페테르부르크에서 블라디보스토크까지 여객 운송을 시작했을 때, 운행 시간은 열흘 안쪽이었다. 보통 북대서양에서 중국 해안까지 항해하는 데 반년이 걸렸다. 1869년 수에즈 운하가 개통되고 나서도 3개월이 걸렸다. 이 먼 길을 배로 돌아가야 하는 것에 견주어 보면 가히 혁명적인 변화였다.

러시아는 시베리아 철도에 15억 루브르를 투입했다. 당시까지 어느 유럽 국가도 하나의 사업에 이렇게 큰돈을 투자한 일이 없었다. 러시아로서는 유럽과 극동 사이에 물자와 병력을 보름 내에 옮길 수 있다는 것은 다른 열강들과 비교할 수 없는 전략적 이점이었다. 철도 사업은 유럽의 내륙국이던 러시아를 동아시아 진출의 선봉으로 만들 터였다. 중국에 관심을 가진 다른 유럽 열강, 특히 영국은 거대한 전략적 가치를 가진 시베리아 철도 부설에 긴장하지 않을 수 없었다. 1885년 영국의 거문도 점령[55]도 러시아 세력에 대한 영국의 경계심을 보여준 사건이다.

이후 동아시아의 작은 나라 조선에도 철도가 놓였다. 1899년, 즉 스티븐슨이 최초의 철도를 부설한 지 69년 뒤에 경인선이 개통된 것이다. 이렇게 철도 건설 붐은 스티븐슨의 증기기관차 발명 이래 거의 100년 동안 지속되었다.

---

55 1885년(고종 22) 3월 1일부터 1887년 2월 5일까지 영국이 러시아의 조선 진출을 견제하기 위해 거문도를 불법 점령한 사건.

로스차일드, 미합중국 중앙은행 주식공모에 참여하다

미국 초대 재무장관 알렉산더 해밀턴은 1790년 12월 의회에 「국가 은행에 관한 보고서」를 제출했다. 그 보고서에 따르면 중앙은행은 놀랍게도 '이익을 추구하는 민간은행'이었다. 지분의 대부분(80%)을 자본가가 투자하고, 20%만을 정부가 투자한다고 적혀 있었다. 그에 따라 은행 이사들도 외부인으로 채워질 것이라고 했다.

해밀턴의 정치적 적수 토머스 제퍼슨은 강력한 연방정부가 아닌 작은 중앙정부를 원했다. 따라서 연방 중앙은행은 그의 뜻에 맞지 않았다. 소수의 자본가가 세운 은행이 화폐를 발행하는 것은 소수가 다수를 지배하기 위한 수단이라고 여겼다. 제퍼슨은 "민간은행에 화폐 발행의 권한을 맡기면, 이들은 통화 긴축으로 국민의 재산을 가로챌 것"이라고 주장했다. 그는 종이 화폐에 대한 트라우마도 갖고 있었다. 프랑스 대사 시절 종이돈으로 프랑스 경제를 파탄으로 몰고 간 존 로의 실험극을 생생히 목격했기 때문이다.

하지만 초대 대통령 조지 워싱턴은 영국처럼 부강해지려면 중앙은행이 필요하다는 해밀턴의 주장에 마음이 끌렸다. 게다가 해밀턴은 전쟁터에서 생사고락을 함께한 그의 부관 출신이었다. 1791년, 중앙은행 설립 초기 자본금 규모는 1천만 달러였다. 당시 미국 전체 은행의 자본금 200만 달러의 5배에 해당하는 엄청난 규모였다. 하지만 반대파들의 원성을 누그러뜨리기 위해 일단 중앙은행의 존립 기간을 20년으로 하고 그때 가서 이후의 존립 여부는 의회의 투표에 맡기기로 했다. 자본금의 20%는 정부가 투자하고 나머지 80%는 민간 공모로 투자를 받았다. 당시 민간 투자금의 70% 정도가 유럽계 자본이었다.

20년이라는 기한 만료가 다가오자 토머스 제퍼슨의 정치적 후계자 제임스 매디슨(미국의 4대 대통령)은 연장을 반대했다. 하지만 그는 자신의 결정을 곧 후회한다. 미·영 전쟁으로 1814년 영국군에게 워싱턴 D.C.를 점령당하는 수모를 겪으면서 중앙은행이 없는 불편함을 깨닫게 된다. 대규모의 전쟁 비용을 조달하고 전쟁으로 늘어난 정부 부채를 해결하기 위해서는 중앙은행이 필요했다. 전쟁이 끝나자 매디슨이 제일 먼저 한 일은 두 번째 중앙은행을 설립한 것이었다. 당시 중앙은행 자본금은 1차 때보다 크게 확대된 3,500만 달러였다.[56]

이때도 미합중국 제2 은행의 승인 기간은 1817년부터 20년이었으며, 정부가 20%의 지분을 갖고, 개인 투자자들이 80%를 가지는 주식회사였다. 주식 공모에 4천 명의 개인 투자자들이 참여했는데, 이 공모에 가장 많은 투자를 한 이가 나탄 로스차일드였다.

---

56 『자본의 방식』(유기선 지음, 행복우물) 참고.

10. 나탄 잠들고 야콥의 시대로

로스차일드 가문의 번영

프랑크푸르트 로스차일드상사는 본가답게 독일 왕가 및 인근 제후국들을 위하여 어음을 유통시키는 등 종가 은행으로서의 역할을 다했다. 나폴레옹이 철수한 뒤 독일은 그동안 흩어져 있던 300여 개의 작은 봉건국가들을 합병하여 30여 개의 큰 봉건국가로 구성된 독일연방을 세웠다. 암셸은 바로 이 통일 독일의 초대 재무장관이 되었다. 슬하에 자식이 없던 암셸은 비스마르크와 부자지간처럼 가까이 지내며 그를 음양으로 후원하였다. 훗날 암셸과 비스마르크는 질긴 인연을 이어간다. 나폴리에서는 넷째 카를이 사르데냐, 시칠리아 그리고 교황청을 위하여 재원을 마련했다.

1822년 로스차일드 5형제가 합스부르크가의 오스트리아 황제로부터 남작 작위를 수여받아 단번에 유럽 상류사회의 정점에 올랐다. 그리고 빈 회의 의장을 지낸 메테르니히 등을 회유해 당시 유럽 여러 나라들 모두가 로스차일드상사에 의지하도록 만들었다. 유럽 전역의 왕실들은 로스차일드가로부터 필요할 때마다 자금을 융통하였다. 그들이 자금 지원에 관여한 주요 역사적 사건은 미국 노예 해방, 1847년의 아일랜드 기근, 1854년의 크림전쟁이다. 그리고 수많은 전쟁 이후의 복구 사업도 지원했다.

로스차일드가의 총자산이 1818년에는 1억 7,700만 파운드, 1828년에는 4억 3천만 파운드, 1875년에는 34억 3,500만 파운드로 증가한 것으로 추정된다. 그러나 사실 그들의 재산이 정확히 밝혀진 적은 없다. 『화폐전쟁』을 쓴 쑹홍빈은 로스차일드 가문은 1850년을 전후해 약 60억 달러의 재산을 축적했을 것이라고 추정했다. 수익률을 6%라고 가정하면 160년이 지난 오늘날 최소 50조 달러 이상이 되었을 것이라 했다. 이는 빌 게이츠 재산의 1천 배 이상으로 2009년 현재 전 세계 금융 자산의 1/4이 넘는 돈이다. 쑹홍빈은 오늘날 세계 금융자본의 절반이 사실상 로스차일드 가문의 돈이라고 보고 있다.

정보의 중요성을 인식한 유대인들, 통신사 설립

정보의 중요성을 실감하며 은행업에서 통신사로 업종 전환을 하는 유대인들이 생겨났다. '정보가 비즈니스를 좌우한다.' 이것이 유대인의 생활신조라고 해도 과언이 아니다. 정보를 파는 것이야말로 돈이 된다는 것을 알고 뉴스 통신 서비스를 사업으로 시작한 기업이 바로 아바스와 로이터이다.

유대인 아바스는 1832년 파리에서 세계 최초로 아바스 통신사를 만들었는데, 이것이 현재 전 세계에 약 500명의 특파원을 배치하고 있는 AFP의 시작이다. 또 그 아바스 밑에서 일하던 파울 율리우스 폰 로이터가 독립하여 영국에서 시작한 것이 로이터 통신이다. 이후 다른 유대인들도 사설 전신기를 갖추고 통신망 센터를 구축하였다. 그러나 경제 뉴스에 관한 한 로스차일드가에 미치지는 못했다.

나탄, 잠들다

1836년 6월, 나탄의 장남 리오넬과 카를의 딸 샤를로트가 프랑크푸르트에서 결혼식을 올렸다. 프랑크푸르트에서 혼례를 치르기로 한 것은 83세의 구텔레를 위해서였다.

나탄은 이 결혼식에 참석하던 중 급성 고열로 사망했다. 그는 임종하면서 아들들에게 가문의 재산을 잘 지킬 것과 모험을 자제할 것을 당부했다. "이제는 세상이 우리의 돈을 빼앗으려고 할 것이므로 예전보다 더 긴장해야 한다. … 중요한 것은 너희가 일치단결하는 것이다"라고 강조했다.

로스차일드 가문의 장문은 막내지만 재능이 출중한 야콥이 맡았다. 그 무렵 첫째 암셸은 후손이 없자 카를의 두 아들을 양자로 맞아들였다.

유대인 순혈주의와 그 유전적 영향

로스차일드가의 사람들은 대부분 그들끼리 결혼했다. 막내 야콥은 살로몬 형의 딸이자 자기 조카인 베티와 결혼했다. 다섯 형제의 아들 12명 중 9명도 사촌과 결혼했다. 마이어의 후손 50쌍 가운데 반이 사촌 지간이었다.

이는 오래된 유대인의 관습이자 그들의 부를 지키기 위한 방편이었다. 성경에 보면 유대인의 조상 아브라함도 그의 사촌 누이인 사라와 결혼했으며, 그의 아들 이삭과 손자 제이콥도 사촌과 혼례를 올렸다.

176

과학자 그레고리 코크란은 순혈의 유전적 영향을 연구했는데, 유대인 가계를 추적해 중세 유대인의 지능이 남들보다 평균 12에서 15점 높다는 사실을 밝혀냈다. 당시 토지 소유가 금지된 유대인들은 금융과 무역에 종사할 수밖에 없었다. 이런 직업은 높은 지능이 요구된다. 생존을 위해 좀 더 똑똑한 유대인들이 더 많은 자식을 낳으면서 금융 유전자가 발달했다는 것이다. 순혈은 그러나 혹독한 대가를 요구한다. 유대인들은 지능과 함께 고셰병, 니만피크병 등 난치 유전병도 물려받았다.

야콥의 맹활약, 세계를 향해 문어발식 확장을 거듭하다

야콥은 프랑스 정부 차관 업무 독점권을 따냈다. 이로써 차관과 관련된 각종 계약이 야콥 손에 떨어졌다. 프랑스 왕이 야콥에게 이런 특혜를 베푼 것은 다 나름의 이유가 있었다. 야콥이 왕의 개인 재산을 두 배로 늘려주겠다고 약속했기 때문이었다.

이후 야콥은 영국의 아프리카 식민지 정치가인 세실 로즈를 통해 남아프리카의 금광과 다이아몬드 광산 개발권을 획득했다. 당시 금본위제 하에서 금에 대한 주도권을 잃지 않으려면 무엇보다 많은 금광 확보가 절실했다. 야콥은 로스차일드 가문의 정보 네트워크를 잘 활용했다. 파리에 앉아서도 세계 주요 흐름을 파악하고 있었기에 누구와 협력하여야 할지를 잘 알았다.

이어 그는 그 무렵 떠오르는 석유 산업에도 눈독을 들였고, 러시아 석유 산업에 진출해 바쿠 유전 이권도 획득했다. 그리고 석유회사 '로열더치쉘' 등을 포함하여 정보, 교통, 에너지, 귀금속 등 당시의 첨단산업 중심으로 사업을 확장해나갔다. 나중에는 경쟁자였던 록펠러에게 자금을 대주어 석유업계의 숨은 실력자가 되었다.

1862년에는 나폴레옹 3세와 금융 업무를 제휴했다. 1870년에는 바티칸에 융자해주어 가톨릭을 금융으로 지배한다는 오해를 받기도 했다.

야콥 로스차일드 재산은 6억 프랑에 육박했다. 프랑스 다른 은행가들의 재산을 다 합쳐도 야콥 재산보다 1억 5천만 프랑이 부족했다. 이러한 막대한 재산은 자연히 야콥에게 막강한 권력을 부여했다. 왕과 내각을 움직일 정도가 된 것이다. 이후 그는 부르봉 왕가와 오를레앙가, 그리고 보나파르트가를 위한 재원을 마련했고, 벨기에의 새로운 왕에게도 자금을 조달해주었다.

야콥의 해학

야콥이 돈만 아는 건 아니었다. 그는 예술을 즐기는 낭만가이기도 했다. 그의 주변에는 많은 예술가가 들끓었다. 낙향하려던 쇼팽의 재능을 알아보고 그를 위대한 음악가로 클 수 있도록 도운 이도 야콥 부부였다. 쇼팽은 자신의 제자이기도 했던 야콥의 딸 샬롯에게 작품 번호 64-2의 왈츠를 헌정했다.

야콥은 마사 그레이엄 무용단을 후원하고, 프랑스 발레와 이스라엘 예술가도 지원했다. 로시니, 발자크, 하이네, 빅토르 위고, 조르주 상드 등 문학과 음악의 거장들을 두루 사귀었다.

하루는 화가 들라크루아가 야콥을 보고 얼굴에 굶주림과 갈구함이 가득하다며 거지 초상화를 그리면 딱 맞는 얼굴이라고 농담을 던졌다. 그 다음날 들라크루아의 화실에 허름한 옷차림의 거지가 찾아왔다. 마침

들라크루아는 없었고 그의 학생이 이 거지에게 1프랑을 쥐어 주어 돌려 보냈다. 다음 날 한 사람이 편지를 들고 그 학생을 찾아왔다.

"친애하는 이여, 당신은 어제 들라크루아의 화실 문 앞에서 저에게 1프랑의 호의를 베푸셨습니다. 그 1프랑에 당신이 마땅히 받아야 할 이자를 더해 총 1만 1프랑을 보내니 받아주시기 바랍니다. 파리 은행 어디서든 이 수표를 현금으로 교환하실 수 있습니다. – 야콥 로스차일드로부터." 이는 야콥의 해학이 빛나는 유명한 일화다.

1848년 프랑스 '2월 혁명'에 혼쭐난 로스차일드 가문

1848년 유럽 대부분의 지역은 혁명의 소용돌이 속에 휘말렸고, 메테르니히가 이끄는 빈 보수 체제가 붕괴되었다. 빈 체제는 나폴레옹 전쟁의 전후 처리를 위해 열린 빈 회의(1814~1815년) 이후 30여 년 동안 지속된 유럽의 국제정치 체제로, 절대왕정을 유지하기 위해 각국의 자유주의와 민족주의 운동을 억압하는 성격을 지녔다. 이 체제의 붕괴는 당시 많은 나라에서 자본주의 경제가 움트면서 평화의 가치가 높아졌음을 의미했다.

그 중심에 프랑스 2월 혁명이 있었다. '공산주의라는 망령이 유럽을 배회하고 있다'는 문장으로 시작되어 '프롤레타리아가 잃을 것은 속박의 사슬밖에 없다. 그들은 세계를 얻을 것이다. 만국의 노동자여 단결하라'는 말로 끝나는 『공산당 선언』이 마르크스와 엥겔스에 의해 1848년 2월 24일경에 간행되었다. 그 뒤 몇 시간 만에 일어난 혁명으로 프랑스에서 군주제가 무너졌고 공화제가 선포되었다. 그 무렵 프랑스 사회에는 프랑스 대혁명으로부터 이어진 '자유, 평등, 박애'의 시민의식이 자라나고 있었다. 곧 사회적, 정치적 평등 이념이 자본주의 경제의 발전과 함께 구체화되고 있었던 시기였다.

이어 3월 2일에는 남서부 독일에서도 혁명이 일어났고, 3월 6일에는 바이에른, 3월 11일에는 베를린, 3월 12일에는 빈, 그 직후에 헝가리, 3월 18일에는 밀라노에서 잇달아 혁명이 일어났다. 이탈리아에서는 이미 이것과 별개의 반란이 시칠리아섬에서 일어났다.

시칠리아에서 일어난 혁명은 카를 로스차일드가 있는 나폴리와 프랑스로 걷잡을 수 없이 번져 갔다. 야콥은 처자식을 런던에 있는 리오넬에게로 피신시킨 후 사태를 관망했다. 리오넬은 삼촌 야콥의 안위가 걱정되어 오히려 파리로 건너온 터였다. 마침 프랑스 공화국 정부는 야콥에게 경찰청으로 출두할 것을 명령했다. 야콥은 리오넬을 데리고 경찰청으로 출두하여 사회질서를 유지하다 부상당한 경찰관들을 위해 5만 프랑을 기부했다.

이 일로 야콥은 경찰청장의 호감을 사게 되었고, 경찰청장은 경찰들에게 야콥의 사저를 지켜 신변을 보호하도록 했다. 하지만 야콥의 장원은 폭도들에 의해 불탔고, 로스차일드상사 역시 언제 폭도들의 습격을 받을지 알 수 없었다.

혁명은 살로몬과 암셀이 있는 중유럽까지 번졌다. 두 형제 역시 마음을 졸이며 하루하루를 보냈다. 빈이 통제 불능의 위험한 상황이 되자, 1848년 10월 10일 살로몬은 변장을 하고 빈을 빠져나와 프랑크푸르트에 있는 암셀을 찾아갔다.

프랑스에서는 나폴레옹 1세의 조카 루이 보나파르트가 망명지 런던에서 돌아와 제2공화국 대통령에 당선되었다. 나폴레옹과 원수 집안인 로스차일드에게는 어려운 시기가 도래한 것이었다. 그 무렵 다섯 형제

의 어머니인 구텔레가 96세의 나이로 생을 마감했다. 로스차일드 가문
은 그간의 공격적인 영업 관행을 반성하고 눈에 띄지 않는 조용한 영업
으로 방향을 바꾸었다.

11. 로스차일드 3대의 활약

나탄의 아들 리오넬, 영국 자본의 대외차관에 주력하다

1848년 유럽 혁명이 한창일 때, 로스차일드 가문은 세대교체를 했다. 먼저 나탄의 아들 리오넬이 로스차일드 3대의 시대를 알렸다. 리오넬은 전투적이고 다혈질적인 직설화법을 구사했던 나탄과 달리, 조용한 편이었다. 혁명을 통해 느낀 바도 많았기에, 공격적인 영업보다는 합리적인 영업을 선호했다. '흔들림 없이 단합하라'는 마이어의 유훈은 3세대 때도 잘 받들어졌다. 나탄의 나머지 세 아들 마이어, 앤서니, 너대니얼은 리오넬을 도와 한마음 한뜻으로 은행을 번창시켰다.

리오넬은 43년 동안 영국 로스차일드상사 대표 자리를 지켰다. 그가 주로 한 일은 외국 정부에 돈을 빌려주는 것이었다. 1839년 미국 연방정부에 빌려준 대규모 자금을 비롯해, 약 100억 파운드 이상이 해외로 나갔다. 유럽 대륙과 러시아는 물론 미국과 브라질 그리고 호주와 뉴질랜드까지 전 대륙에 걸쳐 로스차일드 자금이 흘러들어갔다.

리오넬은 친구 디즈레일리의 권유로 정계에 진출해 1847년 하원의원에 선출되었다. 그를 위해 하원은 특별히 의원 선서를 일시 바꾸도록 허락했다. '나는 진정한 기독교도의 이름으로 맹세합니다'라는 구절을 '나는 진정한 유대교도 이름으로 맹세합니다'로 고쳐 선서하는 것을 허락한 것이다. 하지만 상원이 이를 거부하여 리오넬 역시 취임을 거부했다. 두 번째 당선 때에도 같은 일이 일어나 취임은 불발되었다. 이후에도 이런 일은 10번이나 반복되었다. 굽힐 줄 모르는 리오넬의 투쟁은 영국 사회의 큰 이슈가 되었다. 1858년 7월 리오넬은 마침내 고친 선서로 하원의원에 취임했다.[57]

한편, 1855년 야콥을 제외한 2대 로스차일드 3형제가 모두 세상을 떠났다. 야콥이 페레르 형제와 풀드가 만든 크레디 모빌리에와 힘겹게 싸울 때였다. 그해 로스차일드 가문의 사업은 모두 중단되다시피 했다.

안젤름 로스차일드, 빈 대부로 떠오르다

크레디 모빌리에는 프랑스 금융지주로 급부상해 프랑스 대외 무역의 절반 이상을 장악했다. 크레디 모빌리에는 프랑스 금융계와 산업계뿐 아니라 오스트리아 철도건설권을 따내며 로스차일드 가문을 따돌렸다. 1856년 크레디 모빌리에는 주주 배당률이 47%에 달할 정도로 잘나갔다.

페레르 형제는 오스트리아 정부에 프랑스에서와 같은 크레디 모빌리에 국민은행을 만들자고 제안했다. 하지만 그들은 곧 오스트리아에 이미 그러한 은행이 얼마 전 설립되었다는 사실을 알게 되었다. '크레디탄 슈탈트'. 은행 설립자는 살로몬의 장남, 안젤름 로스차일드였다.

---

57 『로스차일드 신화』(리롱쉬 지음, 시그마북스) 참고.

젊은 시절 안젤름은 문제아였다. 이를 걱정한 살로몬은 그를 파리의 야콥에게 보내 견습생으로 일하게 했다. 그러나 향락의 도시 파리는 그의 방탕한 생활을 더욱 부추길 뿐이었다. 그래서 이번에는 엄격한 큰형 암셀한테 보냈다. 암셀은 고집스럽고 불손한 조카를 길들일 방법을 알고 있었다. 그는 안젤름에게 차분한 아내를 짝지어주었다. 리오넬의 여동생과 결혼시킨 것이다.

결혼 후 안젤름은 착실한 가장이 되어 암셀 은행에서 30년간 일했다. 1855년 아버지 살로몬이 세상을 떠나자 빈으로 돌아가 은행을 맡아 키웠고, 시대 흐름에 맞는 또 하나의 은행, '크레디탄슈탈트'를 설립한 것이다.

1855년 12월 12일 안젤름은 크레디탄슈탈트 주식을 공개 모집했다. 로스차일드 가문의 이름은 무수한 개미들을 매료시키기에 충분했다. 사람들이 길거리에서 밤을 새우며 장사진을 쳤고, 1,500만 플로린의 주식이 무려 6억 4,400만 플로린을 벌어들이는 기염을 토했다. 일주일 뒤에는 주식 가격이 2배로 치솟았다. 과거 문제아였던 안젤름은 하루아침에 금융계의 영웅이 되었다.

보불전쟁으로 큰돈을 번 알퐁스 로스차일드

1857년 로스차일드 가문은 또 한 번의 근친혼을 치렀다. 야콥의 큰아들 알퐁스가 리오넬의 딸 레오노라를 아내로 맞이한 것이다. 이 결혼식 후 로스차일드 3대의 진영이 완성되었다. 리오넬은 런던, 알퐁스는 파리, 안젤름은 빈, 마이어 칼은 프랑크푸르트, 아돌프는 이탈리아에 자리를 잡았다.

로스차일드 가문은 여전히 지역 정세와 군사 정보에 강했는데, 알퐁스는 이를 통해 프로이센의 철혈재상 비스마르크가 독일 통일을 위해 군대를 강력하게 키우고 있다는 사실을 알아냈다. 알퐁스는 프로이센의 전력을 잘 모르는 오스트리아와 프랑스가 오판하지 않도록, 여러 채널로 프로이센과의 전쟁을 말렸다.

1864년 프로이센은 덴마크와 전쟁을 벌여 슐레스비히 공국을 삼켰다. 1865년 비스마르크의 다음 공격 대상은 오스트리아가 되는 듯했다. 알퐁스는 프로이센과 전쟁을 시작하려는 오스트리아를 필사적으로 말리며 프로이센 전력을 다음과 같이 묘사했다. "프로이센은 군대를 가진 국가가 아니라 국가를 가진 군대이다." 안젤름 역시 경솔하게 전쟁을 일으켜서는 안 된다고 오스트리아를 설득했다. 그럼에도 오스트리아는 신생국 프로이센을 얕잡아 보고 1866년 전쟁을 일으켜 개전 7주 만에 항복하고 말았다.

비스마르크의 다음 타깃은 프랑스였다. 비스마르크는 마지막 걸림돌인 프랑스를 제거하여 독일 통일을 이루고자 했다. 스페인 왕위 계승 문제로 양국 간에 전운이 감돌자 알퐁스는 처자식을 런던으로 보냈다. 알퐁스는 프랑스의 패배를 일찌감치 예견한 몇 안 되는 사람 중 하나였다. 나폴레옹 3세는 40만 대군을 이끌고 출정식을 하며 프로이센에 선전포고를 했다. 1870년 7월 프랑스와 프로이센 간의 전쟁은 개전 6주 만에 나폴레옹 3세가 포로로 잡히는 등 프랑스가 일방적으로 당하다가, 1871년 1월 파리시 교외 베르사유 궁전의 거울방에서 독일제국의 성립을 선포하고, 프로이센 국왕이었던 빌헬름 1세가 초대 독일제국 황제로 추대되는 것으로 마무리되었다. 그 외에 독일은 알자스로렌 지방을 획득했으며 많은 전쟁보상금을 받았다. 이 전쟁을 계기로 독일-프랑스 관계는 제2차 세계 대전 때까지 적대적이었다.

로스차일드 가문과 베를린의 로스차일드 대리인 블라이흐뢰더 가문은 프로이센과 프랑스 간의 보불전쟁으로 큰돈을 벌었다.

로스차일드 가문이 전쟁 때마다 큰돈을 번 건 유명하다. 이들은 보통 전쟁 전에 전비를 마련키 위해 매각하는 국영업체의 재산, 즉 철도나 광산을 싸게 사들이거나 전쟁 채권을 대량 인수하여 돈을 벌었다. 그런데 보불전쟁에서는 미리 전쟁 발발을 감지하여 돈을 벌 수 있었다. 비스마르크의 개인 자산을 블라이흐뢰더 가문이 관리하고 있었기 때문이다. 두 가문은 전쟁 전에 갖고 있던 전쟁 당사국들의 채권과 주식을 처분함으로써 피해를 막을 수 있었다. 그리고 전쟁 중에는 전시채권을 싼값에 인수하여 재미를 보았다. 게다가 전쟁으로 헐값이 된 채권과 주식을 거저줍다시피 긁어모았다. 또 전쟁이 끝난 후에는 전쟁보상금의 중재와 관리에 참여해 막대한 커미션을 챙겼다. 전쟁은 한마디로 국제 금융가들에게는 보기 드물게 서는 큰 장이었다.

전쟁이 끝난 뒤 프랑스 국민들의 염원은 주둔 독일군을 하루빨리 국경 밖으로 몰아내는 것이었다. 알퐁스는 전쟁배상금 50억 프랑을 약속 기간보다 3년 빨리 갚도록 프랑스 정부에 돈을 빌려주기도 했다.

프랑스에서 남작이 된 알퐁스는 파리 동부 쪽 교외에 페리에라는 이름의 거대한 저택을 지었다. 이를 보고 독일 황제 빌헬름 1세는 "왕도 못 가질 저런 거대한 궁전은 로스차일드만이 감당할 수 있는 것"이라고 평하였다. 19세기 후반의 한 프랑스 평론가는 "유럽에는 단 하나의 권력이 존재할 뿐이다. 그 권력은 로스차일드다"라고 말하였다. 이렇게 말한 데는 이유가 있었다. 당시 왕도 재정 문제에서는 자유로울 수 없었다. 유력 금융가와 그 가문이 전쟁 채권을 사주지 않으면 전비를 마련할 수도 없었는데, 급전이 필요할 때 기댈 수 있는 사람이 로스차일드였다. 이래 저래 권력과 금력은 서로를 필요로 했다.

영국, 1875년 로스차일드 도움으로 수에즈운하를 사다

지중해와 홍해를 잇는 수에즈운하. 세계 상업 지도를 뒤바꾼 이 운하는 당시 오스만 제국에 속해 있던 이집트의 총독 이스마일이 1860년대에 프랑스 기술자 페르디낭 드 레셉스의 도움으로 건설했다. 영국은 운하 건설이 기술적으로 불가능하다고 생각했기에 투자하지 않았다. 결국 운하는 프랑스의 재정 원조로 완성되었다.

수에즈운하의 완공으로 유럽과 동아시아를 오갈 때 아프리카 대륙을 돌아가지 않아도 되면서 항해 시간이 거의 반으로 단축되었다. 인도, 중국, 오스트레일리아, 뉴질랜드 등 영국의 주요 식민지로 가는 뱃길이 거의 직선으로 열린 것이다.

수에즈운하 사장 드 레셉스는 운하가 개통된 이후 선박통과 요금을 계속 올렸다. 영국은 울며 겨자 먹기로 돈을 지불해야 했고, 식민지를 놓고 다투는 경쟁국 프랑스의 영향권에 있는 수에즈운하 길이 언제 막힐지 알 수 없어 불안해했다.

그러던 차에 영국에게 기회가 찾아왔다. 1875년 11월 현금이 바닥난 이스마일 총독이 자신이 보유한 수에즈운하 주식 44%를 비밀리에 시장에 내놓은 것이다. 당시 영국 수상은 보수당의 벤저민 디즈레일리였는데, 그는 리오넬과 식사하던 중 리오넬에게 온 메모를 통해 이 정보를 알게 되었다. 수상은 이번 기회에 꼭 운하를 매입해야겠다고 마음먹었다. 이 주식이 프랑스 손에 넘어가면 자칫 영국 상선의 수에즈운하 통행이 막힐 수도 있었다.

디즈레일리 수상은 빅토리아 여왕에게 운하 매입을 강력히 권했고, 비밀각료회의에서 만장일치로 매입을 결정지었다. 이제 신속하고 기밀하게 일을 추진해야 했다. 그런데 이스마일이 당시로서는 엄청난 액수인 400만 파운드를 요구했다. 영란은행으로부터 돈을 인출하기 위해서는 의회의 승인이 필요했다. 시간도 걸릴뿐더러 사안이 드러날 수밖에 없었다.

영국에서 영란은행 말고 그런 거액을 단기간에 마련할 수 있는 사람은 로스차일드뿐이었다. 디즈레일리는 친구인 리오넬에게 급사를 보내 개인적으로 "내일까지 400만 파운드를 빌려 달라"고 부탁했다. 리오넬은 담보가 무엇인지 물었고 "대영제국"이라는 답을 들었다. 리오넬은 더 이상 묻지 않고 바로 400만 파운드를 마련해주었다. 그리하여 영국은 17만 6천 주를 매수해 수에즈운하의 최대 주주가 되었다. 이제 수에즈운하는 영국 정부의 것이 되었다. 영국은 환호했고 프랑스는 분노했다. 영국은 운하 매입으로 국제무역에서 큰 이익을 얻었고, 아프리카와 아시아 진출이란 측면에서도 큰 도움을 받았다.

훗날 영국은 수에즈운하 보호를 명목으로 이집트를 보호하게 되고, 여세를 몰아 수단까지 식민지화했다. 영국이 3C정책, 즉 남아프리카 공화국의 케이프타운, 이집트의 카이로, 인도의 캘커타를 잇는 대표적인 식민정책을 세울 수 있었던 것도, 그 지역에서 프랑스와 독일 세력을 견제할 수 있었던 것도 다 수에즈운하 매입 덕분이었다. 훗날 리오넬 남작의 후손 너대니얼(내티)은 이와 같은 공적을 영국 정부로부터 인정받아 유대인으로서는 최초로 영국 상원의원에 임명되었다.

이 이야기에서 중요한 것은 400만 파운드라는 액수이다. 대영제국 역사상 최대 부호는 당시 빅토리아 여왕으로, 그 자산은 아무리 많아도 500만 파운드를 넘지 못했다. 이에 비해 19세기의 100년 동안, 로스차일드 일족이 획득한 부는 4억 파운드를 넘는 것으로 추정된다. 로스차일드 일족이 빅토리아 여왕보다 수십 배의 부를 소유하였던 것이다. 그렇기에 수에즈운하 주식 구입 대금마저도 당일에 바로 처리할 수 있었다. 이 거래를 통해 리오넬은 10만 파운드의 수수료를 챙기게 되었다. 물론 최대 이익을 얻은 건 영국 정부였다. 1935년 이 주식의 가치는 9,500만 파운드가 되었다. 다시 말해 거래 후 25년 동안 연평균 56%의 수익을 올린 것이다.

유대인 최초의 영국 수상, 벤저민 디즈레일리

벤저민 디즈레일리는 유대인 최초로 영국 수상이 되었다. 그의 할아버지는 이탈리아에서 태어난 상인이었는데, 유대인에 대한 편견이 심한 이탈리아에서는 자식들의 성공을 보장할 수 없다고 생각하고는 과감히 영국으로 이주했다. 어린 시절부터 정치에 뜻을 둔 디즈레일리는 특이하게도 소설가로 먼저 성공하였다. 그 성공을 바탕으로 정치에 입문하였다. 재기발랄하고 능력 있는 정치인이었지만 유대인이기 때문에 한계가 있었다. 결국엔 영국 유니테리언 교회 신자로 개종한 뒤에야 빛을 볼 수 있었다. 그 뒤 세 차례에 걸친 재무장관을 역임한 뒤 1868년에 수상이 되어 6년 동안 영국의 최고 통치자로 군림했다. 영국에는 디즈레일리 외에도 로스차일드가와 밀접한 관계를 맺은 수상이 또 있다. 바로 로즈버리 수상이다. 그는 해나 로스차일드의 남편으로 로스차일드 가문의 사위였다. 이렇듯 로스차일드가는 그 영향력을 정계에까지 미쳤다.

로스차일드, 세계 광산업과 보석시장 장악하다

이후 런던 로스차일드상사는 남미의 거의 모든 지역을 관할하는 등 세계 전 지역에 진출했다. 프랑스 로스차일드가는 전기 사업에 진출하고 지중해 철도를 개설하여 이를 북아프리카까지 연결했다. 오스트리아 로스차일드가는 1881년 유명한 6% 이자 대출을 통해 헝가리까지 세력을 넓히며 합스부르크 왕조 방방곡곡에 영향력을 펼쳤다.

또한 로스차일드가는 세계 광산업에 진출했다. 먼저 유럽의 수은 광산 두 곳 모두를 사들여 독점적 지위를 만들었다. 수은은 금과 은을 정제하는 데 쓰이는 유용한 물질이었다. 그리고 해외의 거대한 구리 광산과 질산염 채굴에도 자금을 댔다. 1880년에는 세계 3대 니켈 자본인 '르 니켈'을 창설했고, 1881년에는 아연·납·석탄 발굴 회사인 '페나로야'를 설립했다. 그 후 스페인, 프랑스, 이탈리아, 유고슬라비아, 북아프리카, 남아프리카로 사업을 확대했다. 또한 인도 광산에 대규모 투자를 함과 동시에 남아프리카 세실 로즈의 다이아몬드 광산에도 투자했다. 1888년에는 세실 로즈를 도와 세계 최대 다이아몬드 신디케이트인 '드비어스' 사 창설에 투자했고, 1889년에는 미얀마의 루비 광산에도 투자하여 전 세계의 보석시장을 장악했다.

12. 로스차일드 후손들

역사 속으로 사라진 나폴리와 프랑크푸르트 로스차일드가

로스차일드 가문 가운데 후사가 없어 문을 닫거나 명의가 바뀐 경우가 있다. 나폴리 로스차일드상사의 경우는 돈을 빌려줄 왕이 없어져 문을 닫았다. 1860년 가리발디가 의용군을 이끌고 시칠리아-나폴리 왕국을 쳐부수자 국왕과 왕후가 파리로 망명한 것이다. 카를의 장남이자 이탈리아 로스차일드상사의 후계자 아돌프는 문을 닫고 왕실을 따라 나폴리를 떠났다. 그 뒤 다시는 돌아오지 않았다.

　20세기 초에는 프랑크푸르트 가문이 문을 닫았다. 가문을 이어갈 후사가 없었기 때문이다. 프랑크푸르트 로스차일드가는 암셀이 후사 없이 죽자 나폴리 로스차일드가의 두 아들에게 사업을 맡겼는데, 이들 역시 모두 딸만 낳았다. 로스차일드 가문은 시조 마이어가 남긴 유언에 따라 아들에게만 사업을 계승할 수 있었다. 이로 인해 프랑크푸르트 로스차일드 명의의 은행 사업은 종료되었다. 하지만 주변국 로스차일드 일가의 원격 조정에 의해 프랑크푸르트 금융 사업은 계속되었을 것으로 추정된다.

이후 유럽에서 로스차일드가의 뒤를 이어 오펜하임가, 하이네가, 멘델스존가 등의 유대인 금융업자들이 두각을 나타내었다. 이들 유대인 금융가들은 궁정 유대인에서 출발하여 전쟁을 통해 각국에 전비와 군수품을 조달함으로써 크게 성장했다.

최고급 와인산업에 진출한 로스차일드 가문

로스차일드 가문은 프랑스 와인 산업에도 손을 댔다. 세계 최고급(프리미에 크뤼) 5대 와이너리 가운데 3개를 로스차일드 가문이 소유하고 있다. 프랑스를 대표하는 최고급 와인 '샤토 무통 로칠드'는 런던 로스차일드 가문의 '바롱(남작) 필립 드 로칠드' 회사가 생산한다. '로칠드'는 로스차일드의 프랑스식 발음이다.

영국의 나탄 로스차일드의 셋째 아들 너대니얼은 야콥 삼촌의 딸이자 자기 사촌인 샤를로트와 결혼하여 1850년 파리로 이주했다. 너대니얼은 사냥을 하다가 다친 뒤로 몸이 불편했다. 그는 미적 감각이 있어 비즈니스보다는 예술에 흥미를 느꼈는데, 명작을 수집하고 화려한 살롱을 운영했다. 너대니얼은 자신의 '샤토'에서 생산한 와인으로 손님들을 대접하고 싶었다. 샤토(chateau)는 원래는 성(城)이라는 뜻이지만 '포도밭'이라는 의미로도 쓰인다. 이에 그는 1853년 프랑스 보르도 중심에 있는 포도밭 샤토 브란느 무통을 구입하여 '샤토 무통 로칠드'로 이름을 바꿨다.

같은 해 사촌 페레르는 샤토 마고를 사들였다. 그리고 75세의 야콥 로스차일드는 1868년 꿈에 그리던 샤토 라피트를 손에 넣었다. 하지만 야콥은 라피트 와이너리를 사들이고 석 달이 채 되지 않아 76세의 나이로 세상을 떠났다.

샤토 무통 와인은 1870년 너대니얼이 죽고, 그의 아들과 손자가 이를 이어받을 때까지만 해도 별로 유명하지 않았다. 샤토 와인을 세계적 와인으로 키운 건 너대니얼의 증손자 필립이다. 1922년 필립은 20세의 나이로 이를 상속받았는데, 1988년 죽기 직전까지 66년간 열정적으로 샤토 무통 로칠드와 와인업계 전반에 변화와 혁신을 가져왔다. 그는 1924년 와인업계에서는 최초로 자신이 만든 포도주를 직접 병에 담아 소비자에게 내놓았다. 자신이 만든 와인의 품질을 최후까지 보장하겠다는 의도였다. 그때까지 샤토는 와인을 생산할 뿐, 병에 담아 레이블을 붙여 시장에 내놓는 건 중간거래상의 몫이었다. (생산자가 와인을 직접 병에 담는 것은 이제 전 세계 와인업계에서 일반화되었다.)

1945년부터는 피카소, 샤갈, 세잔, 앤디 워홀 등 당대 최고의 화가들이 와인 레이블을 그린 것으로도 유명하다. 선택된 화가는 로칠드 가문의 문장인 '무통(sheep: 양)'을 주제로 하되 자신의 영감에 따라 자유로이 작업했는데, 샤토 무통 로칠드의 라벨 컬렉션은 현대 회화의 걸작선이라 불릴 만큼 명성을 얻었다. 필립의 노력으로, 1973년 샤토 무통은 2등급에서 최고 등급으로 격상되었다.

특히 금세기 최고의 와인으로 평가받는 샤토 무통 로칠드 2000년산 빈티지는 종이 라벨을 붙이는 대신 문장인 양을 병에 새겨 하나의 예술품으로 만든 것으로 유명하다. 바롱 필립 드 로칠드사는 샤토 무통 로칠드, 무통 카데 등 세계적 명성의 와인을 생산하고 있다. 필립은 미국 캘리포니아에도 진출해 무통의 노하우를 전수하면서 고급 와인을 생산하는 데 정열을 바치다 1988년 사망했고, 그의 딸 필리핀이 사업을 이어받았다. 파리 로스차일드도 포르투갈과 칠레로 사업을 확대하고 있다. 요즘 사람들은 로스차일드 가문이 생산하는 '샤토 무통 로칠드', '샤토 마고', '샤토 라피트'라는 프랑스 포도주는 잘 알면서도, 그 가문의 위력에 대하여는 잘 모르는 듯하다. 그만큼 그들은 비밀주의에 가려져 있는데, 이는 이들이 뛰어난 위장술을 펼치고 있다는 말이기도 하다.

석유개발에 참여해 숨은 실력자가 되다

1859년 미국 펜실베이니아주 타이터스빌에서 처음으로 상업화에 성공한 원유에서 얻은 등유는 당시까지 쓰였던 고래기름보다 훨씬 우수하다는 것이 알려지면서 수요가 크게 일어났다. 이때 록펠러는 석유개발 사업이 아닌, 한발 더 나아간 석유 정제사업에 뛰어들어 경쟁업체들을 무너트리고 미국 정유업계 90% 이상을 합병하는 독점 트러스트에 성공한다. 이후 등유는 전 세계로 퍼져나가면서 미국의 중요한 수출품이 된다.

석유가 돈이 되자 유럽과 러시아도 석유개발 사업에 뛰어들었고, 카스피해 부근의 항구도시 바쿠에서 미국 펜실베이니아의 매장량을 능가하는 세계 최대 규모의 유전을 개발했다. 노벨 형제는 1873년 바쿠 석유개발 사업에 뛰어들어 붐을 일으켰는데, 그때까지만 해도 자금력이 부족해 파리 로스차일드에게 대출을 요청하곤 했다. 1878년에 루드비히 노벨은 세계 최초로 유조선을 사용했고, 같은 해 러시아 최초로 석유 파이프라인을 건설했다. 1879년 다이너마이트를 발견한 알프레드 노벨까지 가세해 3형제는 '브라노벨'이라는 회사를 설립해, 러시아 석유 시장의 절반을 차지할 정도의 기업으로 키웠다.

파리 로스차일드 가문 역시 때를 놓치지 않았다. 그들은 1883년 러시아 정부에 공채를 발행해주면서 그 대가로 바쿠 유전의 채굴권을 얻어냈다. 1886년 자동차 내연기관이 발명되면서 운송 연료의 판매가 급증했고, 로스차일드 가문은 바쿠에서 채굴한 석유를 유럽 각지에 팔아 막대한 이익을 거두었다.

로스차일드가는 미국 록펠러의 스탠더드 오일과 경쟁하기 위해 1914년 바쿠 유전 채굴권을 로열더치쉘에 매각하고 10%의 주식을 받아 그 회사의 대주주가 되었다. 이로 인해 로스차일드가는 또 한 번 도약했다. 바쿠 유전은 당시 세계 최대 규모의 석유생산 지역이었다. 이후 로스차일드는 록펠러에게도 투자해 석유산업의 숨은 실력자가 된다.

로스차일드와 록펠러 두 가문의 관계는 지금까지도 이어지고 있다. 2012년 5월 영국의 제임스 로스차일드 남작이 이끄는 투자신탁회사인 'RIT캐피털 파트너스'가 미국 록펠러금융서비스의 지분 37%를 인수하며 제휴를 맺었다. 그들은 앞으로 셰일가스 업체 인수합병 등도 함께 협력하기로 했다.

로스차일드 가문의 후손들

나탄 로스차일드의 아들들인 프랑크푸르트의 마이어, 런던의 앤서니와 리오넬은 각각 1874년, 1876년, 1879년에 세상을 떠났다. 그리고 1880년대 리오넬의 장남 너대니얼(내티)이 세계 금융 무대에 진출했다.

내티는 자선을 생활화한 사람이었다. 당시 영국의 하급경찰은 고생에 비해 수입이 적고 사회적 지위도 낮았다. 내티는 매년 크리스마스에 런던 경찰서에 수표를 보내 그들을 위로했다. 그리고 식사를 거른 경찰들이 자신의 집 주방에 자유롭게 들어와 식사할 수 있게 했다. 야근과 당직을 서던 수백 명의 런던 경찰이 이 혜택을 누렸다. 런던 교통경찰은 그 보답으로 로스차일드 가문의 마차는 어디서든 막힘없이 지나갈 수 있게 했다.

내티는 매일 오전 11시 영지 내 주민들에게 빵과 다과를 배달했다. 또 그의 장원(莊園)이 있는 트레인타운 주민들에게는 무상으로 주택과 의료 서비스도 제공했다. 신생아 가정에는 보모를 보냈고, 60세 이상 노인에게는 양로금을 지급했으며, 실업자들에게는 실업급여도 주었다. 훗날 이 제도가 영국 복지정책의 근간이 됐다.

로스차일드 가문의 후손들은 부와 함께 명예도 누렸다. 앞서 언급한 대로 1858년 리오넬은 영국에서 기독교로 개종하지 않은 최초의 유대인 의원으로 선출되었고, 1885년 그의 장남 너대니얼은 영국 여왕으로부터 상원의원에 임명됐다. 이로써 역사상 첫 유대인 세습 귀족이 탄생했다.

로스차일드, 200년 동안 세계 금 가격 정하다

로스차일드 가문은 일찍이 그들이 장악한 영란은행을 통해 세계 금시장을 주도했고, 그 힘을 바탕으로 영역을 넓혀 도이치뱅크, HSBC(홍콩상하이은행), 뱅크 오브 노비아, 노바스코샤 은행 등의 설립에 앞장섰다. 더 나아가 세계 금 가격을 결정하는 데 주도적인 역할을 하게 된다.

1914년 1차 대전 발발로 외환시장과 금시장이 극심한 혼란에 빠졌다. 1차 대전이 끝나고 10개월이 지났지만 금시장은 여전히 혼란했다. 이에 브라이언 코케인 영란은행 총재는 1919년 9월 12일 아침, 로스차일드상사 사무실에 5대 은행장(로스차일드상사, 홍콩상하이은행, 노바스코샤은행, 도이치뱅크, 소시에테제네랄)을 불러 금시장을 안정시키기 위해 금의 기준 가격을 정해 달라고 요청했다.

회의를 주관한 로스차일드 측이 먼저 1온스당 4.92파운드를 기준가로 하자고 제안했다. 그러자 참석한 나머지 4명의 은행가들이 모두 금을 사겠다고 했다. 몇 차례 흥정이 오간 뒤 이들은 수요를 반영해 금 가격을 2펜스 더 올리기로 합의했다. 이른바 '런던 금 가격'이 탄생한 역사적인 순간이었다. 이렇게 매일 5개 은행 담당자가 만나 금 경매 방식으로 그날의 금 가격을 발표했다. 나중에는 이들이 하루 두 차례 전화 회의로 그날의 금 가격을 정했다.

오늘날에도 현물 금 거래는 런던금시장연합회(LBMA) 회원사 간의 장외거래로 이뤄지고 있다. 곧 금 현물 시장은 런던이, 선물 시장은 미국이 주도하는 것이다.

로스차일드은행은 2004년에 '국제 금 거래가격 책정 5인 회의'에서 탈퇴했다. 로스차일드은행의 새 회장 다비드 드 로스차일드 남작이 상품 거래 수익이 그다지 크지 않아 상품시장에서 발을 빼기로 결정한 데 따른 것이다.

그 자리는 바클레이즈은행이 차지했는데, 2015년 바클레이즈은행은 금값 조작 혐의로 퇴출되었고, 이후 중국은행이 참여했다. 오늘날 금값 기준가 산정을 위한 전자 입찰에 참여하는 은행은 UBS AG, 골드만삭스, HSBC, J. P. 모건 체이스, 소시에테제네랄, 노바스코샤은행(캐나다), 중국은행 등 8개 은행이다.

2차 대전 이후, 베일 뒤로 숨은 로스차일드가

히틀러의 부상과 2차 대전의 발발은 로스차일드 일가에게 치명적이었다. 히틀러는 유대인인 로스차일드의 목에 칼을 들이대고 모든 재산을 내놓으라고 협박했다. 히틀러의 직접 영향권 아래 있었던 오스트리아의 루이 너대니얼 로스차일드는 게슈타포에 체포되어 감옥에 갇혔다. 유럽 내 로스차일드 가문이 다 나서서 구명운동을 한 덕분에 겨우 목숨을 부지하고 모든 재산을 몰수당한 채 추방되었다. 그는 나치를 피해 아예 미국으로 이민 갔다.

프랑스가 나치에 정복되자 프랑스 라인도 같은 운명을 맞게 되었다. 에드몽, 로벨, 앙리 로스차일드는 프랑스 국적을 박탈당하고 맨몸으로 추방당했다. 희생자도 나왔다. 프랑스 로스차일드 어머니 쪽 가문은 대부분 수용소로 끌려가 죽음을 맞았다. 또 필립 남작의 아내는 유대인이 아님에도 로스차일드라는 이름 때문에 수용소로 끌려가 돌아오지 못했다.

2차 대전 당시 이렇게 나치에게 혼이 났던 로스차일드 일가는 전후 전면에서 물러나 베일 뒤로 숨었다. 앞에는 대리인을 세우고 뒤로 물러앉아 운영하는 방식을 택한 것이다. 이후 런던과 파리에 있는 그들의 은행과 본사 건물 외부에는 명패조차 없어졌다. 그들 회사는 외부 공개가 불가피한 주식회사 형태가 아닌 개인 소유의 파트너십 형태로 운영되었기 때문에 재무제표나 재정 상황을 외부에 알릴 필요도 없었고, 실제로 알리지도 않았다. 또 그들은 막대한 부를 전 세계에 여러 가지 형태로 분산시켜 놓았다.

훗날 대서양을 건너 미국에 이민 간 초창기 독일계 유대 금융인들은 직간접으로 대부분 로스차일드가의 영향 아래 있던 사람들이었다. 그들 중 일부는 로스차일드의 대리인이라 한다. 골드만삭스 가문 등 독일계 유대인들은 유난히도 금융에 밝아 미국 건국 초기에 금융 및 재정 분야에서 금세 자리를 잡았고, 오늘날 미국뿐만 아니라 전 세계의 금융을 휘어잡는 토대를 마련하였다.

현재 로스차일드 가문은 금융업을 기본으로 석유, 다이아몬드, 금, 우라늄, 레저산업, 백화점 등의 분야에서 여전히 위력을 발휘하고 있다. 거대 유대계 자본의 배후에는 로스차일드 가문이 있다는 이야기다. 표면적으로는 로스차일드 가문의 10명이 약 15억 달러 자산을 소유한 것으로 나타난다. 그러나 실제 가문의 자산은 비밀에 가려져 아무도 그 실체를 모른다.

3장   커튼 뒤의 로스차일드

○

고대로부터 국가가 전쟁을 일으키거나 대형 건설 사업을 추진하기 위해서는 큰돈이 필요했다. 국민의 세금으로는 부족해 급히 큰돈을 융통해야 할 때가 많았다. 이러한 큰돈을 융통할 수 있는 세력은 유대 금융인들이었다. 중세 때부터 각국의 재무관에 유대 금융인들이 임명된 이유이다.

로스차일드 가문 역시 이러한 역할에서 자유로울 수 없었다. 아니 오히려 이러한 기회를 이용해 큰돈을 벌 수 있었다. 그들은 워털루 전쟁에 이어 미국 남북전쟁, 제1차 세계대전, 러일전쟁 등 주요 전쟁의 막후 주역으로 깊게 관여했다. 또 수에즈운하 등 대형건설 사업, 각국 중앙은행 설립 등 근대 자본주의사에서도 핵심세력으로 활약했다.

그러던 로스차일드 가문이 커튼 뒤로 숨은 것은 히틀러 시대 이후이다. 오스트리아에서 겨우 목숨만을 건져 탈출한 사건이 극적인 전환의 계기가 되었다. 그 뒤 로스차일드 가문은 대리인을 내세우거나 J. P. 모건이나 록펠러 등 시대를 이끌어가는 사업가들과 손잡고 뒤에서 일을 추진하는 양태로 바뀌었다.

1. 로스차일드, 모건 시대를 열다

미국 산업화를 이끈 로스차일드 가문의 자본

미국이 산업혁명 초기 진입에 수월하게 성공할 수 있었던 건 유럽 자본 덕분이었다. 당시 유럽 자본을 주도했던 게 로스차일드 가문이다. 1815 년 나폴레옹 전쟁이 끝났을 때 나탄 로스차일드는 런던 금융계의 절대 강자로 등극했다. 앞서 언급했지만, 금이 세계 화폐 역사에 본격적으로 등장한 것은 영란은행이 금본위제를 채택하면서부터이다. 그 뒤 세계 통화의 가치 곧 금값은 영란은행의 대주주인 로스차일드가 정했다. 이 때부터 로스차일드 가문은 국제 금융계를 좌지우지했다.

   미국 국공채는 물론 미국 중앙은행(제2 미합중국은행) 주식의 대부분 을 산 것도 로스차일드 가문이었다. 로스차일드와 런던 금융가들이 이 렇게 많은 양의 미국 채권과 주식을 사들이자 1838년 미국 '피바디은행' 이 미국 상업은행으로서는 최초로 런던에 문을 열고 거래를 직접 지원 했다. 훗날 이 은행의 공동경영자로 참여했다가 런던 피바디은행을 인 수한 사람이 존 피어폰트 모건(이하 'JP모건'으로 표기)의 아버지 주니어스 스펜서 모건이다. 이렇게 로스차일드 가문과 모건 가문의 관계는 시작되었다. (이에 대해서는 뒤에서 더 자세히 다룬다.)

유럽 자본 덕분에 19세기 중반에 들어서며 미국의 산업은 크게 성장했다. 1840년 미국 제조업의 매출액은 4억 8천만 달러였지만 1860년에는 20억 달러로 늘어난다. 20년 사이에 4배 이상 급성장한 것이다. 뉴잉글랜드와 대서양 연안 중부 지역에 전체 공장의 50%가 집중되었다. 미국은 농업과 공업이 동시에 산업화됐으며, 이 과정이 영국과 달리 별도의 혁명적 단계 없이 진행되었다. 독립 후 1861년 남북전쟁으로 이어지는 미국의 격동기에 유럽의 자본, 특히 로스차일드 가문의 자본은 미국의 산업화에 중요한 자금줄 역할을 했다.

모건과 로스차일드 가문의 만남

1838년에 미국의 사업가 조지 피바디는 런던에 한 상업은행을 열었다. 상업은행이라기보다는 중개무역을 하면서 미국의 국공채 등을 영국에 파는 투자은행 역할을 했다. 당시 미국 주정부들은 런던에서 자금을 조달해 철도, 운하, 도로 등을 건설했기 때문이다. 그런데 미국 경제 사정이 나빠지자, 각 주정부의 공채 채무불이행이 잇달아 발생했다. 이때 조지 피바디는 그가 판 공채들을 헐값에 다시 매입했고, 추후 캘리포니아 금광 개발로 가격이 급상승해 큰 부를 축적했다.

그 무렵 주니어스 스펜서 모건은 증기선 사업 등을 하던 아버지에게 물려받은 거대한 유산을 바탕으로 보스턴에서 유럽으로 면화 등을 실어나르는 쾌속범선 회사를 운영하며 큰돈을 모았는데, 후계자를 찾던 조지 피바디의 눈에 들어 1854년 피바디은행을 공동 경영하게 된다. 모건

'JP모건상사'의 최초 설립자격인 조지 피바디(왼쪽)는 주니어스 스펜서 모건(오른쪽)과 동업으로 시작했다. 주니어스는 뒤에 회사를 인수해 'JS모건상사'로 이름을 바꾸었고, 피바디는 대학을 세워 미국 굴지의 음악학교로 성장시켰다.

가문이 국제 금융업자로 성장한 역사는 이때 시작된다.

스펜서 모건은 영국인들이 견고하게 쌓아 올린 금융 제국을 파고들었고, 그와 동시에 당시 후진적이던 미국 금융시장에 영국의 선진 금융문화를 들여와 금융계를 장악하기 시작했다. 피바디은행은 큰 고객을 상대로 영업을 했는데, 이것이 오늘날 투자은행의 전신이다. 당시 피바디은행의 가장 큰 고객은 로스차일드상사였다.

한편 10년 뒤 피바디가 자본금을 빼고 철수하면서 주니어스 스펜서 모건은 홀로 피바디은행을 운영해야 했다. 그는 1864년 은행 이름을 '주니어스스펜서모건상사'로 바꾸었다. 그리고 당시 세계 최대 은행인 로스차일드상사의 파트너가 되었다. 국공채를 사고파는 손님과 고객의 관계가 아닌 동업자가 된 것이다.

로스차일드가의 대리인들

로스차일드 가문은 이미 오래전에 대리인을 미국에 파견해 놓았다. 맨처음 미국으로 파견된 사람은 어거스트(독일어명 아우구스트) 벨몬트다. 그는 14살의 어린 나이에 프랑크푸르트 암마인에 있는 로스차일드상사에 입사해 뛰어난 능력을 발휘했다. 3년 뒤에는 출중한 능력을 인정받아 나폴리 지점에서 더 중요한 직위를 맡아 일하게 된다. 그 뒤 21살에 쿠바에 파견되었고, 아예 지점 전문이 되었다. 벨몬트는 독일어, 영어, 불어, 스페인어, 이탈리아어에 능통했다.

1836년 미국 민간 중앙은행이 앤드루 잭슨 대통령의 반대로 문을 닫는 일이 벌어졌다. 당시 미국 중앙은행(제2 미합중국은행)의 최대 주주였던 로스차일드 가문은 벨몬트를 미국으로 파견해 중앙은행 지분 매각 대금을 인수케 했다. 벨몬트는 이 자금으로 1837년 월스트리트에 로스차일드 미국 지점을 차렸다. 당시 미국은 심각한 불경기였다. 벨몬트는 헐값에 팔리는 미국의 주식과 채권을 쓸어 담았다. 24살의 이 패기 넘치는 젊은 금융인은 하루아침에 유명인사가 되었고, 얼마 뒤 백악관의 경제 고문으로 발탁되기까지 한다. 그는 이를 기반으로 자신의 은행인 '어거스트벨몬트사'를 설립해 몇 년 안에 미국에서 가장 큰 은행 중 하나로 만들어 놓았다.

어거스트 벨몬트는 일본을 개항시킨 페리 제독의 딸 캐롤라인 페리와 결혼하여 정치적으로도 영향력을 갖게 된다. 미국 정부의 요청으로 외교관이 되어 헤이그 공사로 파견되기도 했으며, 페리 가문의 자손 윌리엄 페리는 1994년 1월 클린턴 정권의 국방장관에 취임됐다.

벨몬트 다음으로 로스차일드의 대리인이 된 이는 제이콥 시프다. 남

폴 와버그

북전쟁이 끝난 후 프랑크푸르트의 마이어 로스차일드는 제이콥 시프를 뉴욕으로 보내 미국 총책을 맡겼다. 제이콥 시프는 프랑크푸르트에 있는 로스차일드 집에서 한 가족이나 다름없이 살았던 랍비의 손자로, 그의 아버지 모세 시프는 로스차일드 가문을 위해 일하는 중개인(브로커)이었다. 제이콥 시프는 미국에 도착해 쿤롭상사라는 서민을 대상으로 소매금융업을 하는 유대인 금융회사를 선택해 로스차일드의 자금으로 동업자가 되어 미국 금융업에 진출했다. 제이콥 시프는 쿤롭사 동업자인 살로몬 롭의 딸 테레사와 결혼했다. 이후 그는 장막 뒤에서 미국 금융을 주물렀고, 러일전쟁 당시 러시아에서 박해받는 유대인들을 위해 일본을 돕기도 했다. (이 이야기는 뒤에서 더 자세히 다룬다.)

제이콥 시프가 늙어가자 로스차일드는 1903년 독일계 유대인인 와버그 3형제 중 둘째 폴 와버그과 막내 펠릭스 와버그를 미국으로 보내 제이콥 시프의 뒤를 잇게 했다. (첫째 맥스 와버그는 독일에 그대로 남아 화벤[Faben: Hoechst, Bayer, BASF의 전신]이라는 화학회사의 대표가 되었다.)

폴 와버그는 롭 가문의 딸과, 펠리스 와버그는 제이콥 시프의 딸과 결혼했다. 이렇게 해서 미국에서 로스차일드 가문을 대리하는 '시프, 와버그, 쿤롭' 가문과 미국 측 금융계를 대표하는 '모건, 록펠러, 올드리치[58]'

---

58 당시 미국 상원 통화위원회 위원장으로 1913년에 제정된 연방준비금법의 토대를 마련했다.

가문 등이 혼인관계를 맺었다. 이처럼 서구 금융계에서는 금융 가문끼리 결혼하는 경우가 흔했는데, 이는 서로 힘을 합해 더 큰 금권력을 형성하려는 일종의 가문 간 인수합병(M&A)이었다.

로스차일드, 미국의 남북전쟁에서 재미 못 보다

로스차일드 가문은 나폴레옹 전쟁, 러시아 혁명, 프랑스 혁명 등 사회 변혁기의 혼란한 틈을 타 돈을 벌어왔다. 그리고 또 한 번의 큰 장이 섰다. 미국에서 남북전쟁이 터진 것이다. 로스차일드 가문은 이미 미국의 전쟁 분위기를 감지하고 있었다. 이런 기회를 놓칠 리 없었다.

1859년 가을, 프랑스의 살로몬 로스차일드(야콥의 아들)는 여행자 신분으로 미국으로 날아갔다. 그는 남부와 북부를 종횡무진하며 현지 정계와 금융계 인사들을 골고루 접촉하며 모든 정보를 수집해, 영국 런던에 있는 사촌 너대니얼에게 보냈다. 이 정보를 토대로 미국이 결국 둘로 쪼개질 거라 판단했고, 전쟁이 시작되면 양쪽 모두 막대한 전비가 필요해 로스차일드에게 손을 벌릴 거라 예상했다. 실제 전쟁이 시작되자 링컨은 로스차일드의 대리인인 벨몬트에게 거액의 국채를 인수할 것을 제안했다. 예상했던 수순이었다. 링컨으로서는 달리 길이 없을 거라 여겨 로스차일드가는 국채를 전부 인수하는 조건으로 연 24~36%의 높은 이자를 요구했다.

이에 링컨은 남부연합과의 전쟁 이전에 나라가 파산하여 유대 국제 금융가들에게 나라가 먹힐 거라고 우려했다. 결국 링컨은 금융 재벌들의 제안을 거부했고, 의회를 설득해 '담보 없이' 20년 동안 연 5%의 이자가 붙는 국채를 발행했다. 금이나 은을 비축하지 않고도 정부 지폐를 발행할 수 있는, 당시로선 획기적인 권한을 얻어낸 것이다. 이렇게 하여 1861년 '재무부'는 '국채(Demand Notes)라고 불린' 최초의 10달러짜리 지폐를 발행했다. 연방정부가 일반 대중에게 최초로 지폐를 널리 유포시킨 것이었다.

정부가 전시에 발행한 이 법정화폐는 기존의 다른 은행권들과 구별하기 위해 녹색으로 도안되어 '그린백'이라는 별칭을 얻었다. 링컨은 전시 중 약 4억 5천만 달러 이상의 그린백 지폐를 발행했다.

로스차일드로서는 전혀 예상치 못한 일격이었다. 너무 욕심을 부린 나머지 큰 장에서 전혀 재미를 보지 못한 것이다. 게다가 담보 없는 지폐가 대량 유통되는 바람에 금본위제도를 시행하는 나라들을 상대로 금시장을 독과점했던 로스차일드는 큰 타격을 받았다.

JP모건, 남북전쟁 중 미국 최고 재력가로 부상하다

한편 JP모건은 남북전쟁으로 제법 큰돈을 벌었다.

주니어스 스펜서 모건의 아들, 존 피어폰트 모건은 1837년 코네티컷 주에서 태어났다. 어린 JP모건은 보스턴 하트포트, 스위스 브베, 독일 괴팅겐 대학을 거치며 글로벌 인재로 자라난다. 특히 괴팅겐 대학 시절 수학에 뛰어난 재능을 보여 교수가 수학 전공을 권할 정도였다. 그는 학업을 마친 뒤 뉴욕으로 돌아와 아버지 회사의 대리 법인에서 회계원으로 근무했다. 주니어스 스펜서 모건은 아들이 금융계에서 일하는 데 필요한 이론 교육과 실습을 시켰다.

1861년 남북전쟁이 발발한 때 JP모건은 스물네 살이었다. 그는 북부군이 폐기처분하는 낡은 카빈 소총 5천 정을 1정당 3.5달러에 사들여 약

존 피어폰트 모건

간의 손을 본 다음, 세인트루이스의 남부군에 22달러에 파는 일에 뒷돈을 댔다. 또 금을 매집해 가격을 끌어올리는 수법으로 16만 달러를 순식간에 벌기도 했다. 지금 우리 돈으로 2천억 원이 넘는 액수다. 전쟁 기간 동안 이런 종류의 사업을 이어갔다. 전쟁이 길어질수록 군사 물자의 수요는 기하급수적으로 늘어났다. 모건은 전세에 따라 남부군과 북부군에 번갈아가며 투자하여 하룻밤 사이에도 수십만 달러씩 돈을 긁어모았다. 군수 산업과 금융 산업이 융합한 위력이었다.

　JP모건을 이야기할 때 대부분 그가 남북전쟁 과정에서 엄청난 부를 축적한 것처럼 묘사하는데, 사실 그가 미국 최고의 자본가가 된 것은 아버지의 은행을 상속받은 덕분이다. 그는 남북전쟁 기간 중인 1864년에 아버지 주니어스 스펜서 모건으로부터 '주니어스스펜서모건상사(JS모건상사)'를 물려받았다. 1862년 이미 자기 회사인 'JP모건상사'를 만들어 독립한 상태였는데, 이로써 대형 투자은행의 토대를 구축한 것이다.

　남북전쟁에서 북부군의 승리는 북부 공업지역을 중심으로 세력을 형성하고 있던 신흥 부르주아지의 정치적 군사적 승리이자 미국에서 꽃피기 시작한 자본주의의 승리이기도 했다. 남북전쟁을 거치면서 완전히 통합된 국가와 자본주의 시장체제를 갖춘 미국은 본격적인 발전의 길로 들어선다. 4년간의 전쟁이 끝나자 때맞추어 모건도 미국 최고의 재력가로 부상했다. 1864년에 이미 JP모건은 5만 3,286달러에 이르는 세전 소득을 올려 월스트리트의 영파워로 성장했다. 이로써 미국의 자본주의를 주도하는 JP모건 시대가 열렸다.

그 무렵 주니어스 스펜서 모건은 런던에 본거지를 두고, 미국의 대륙
횡단철도 건설에 필요한 자금을 유럽 시장에서 조달하는 채권 중개 사
업을 하며 돈을 많이 벌었다. JP모건은 30년도 넘게 회사를 경영하면서
영국과 미국의 중요한 재정적 연결고리 역할을 했다.

JP모건과 로스차일드, 노던증권 설립

1866년 대서양 해저케이블이 놓여 월스트리트와 런던의 거리는 더욱 좁
아졌다. 특히 로이터통신 등 통신사의 발달은 월스트리트의 성장에 큰
기여를 했다. 월스트리트 금융인들은 정부의 채권을 인수해 런던에서
유통시키는 등 해외로 활발히 진출했다.

당시 미국에서 가장 강력한 금융가는 JP모건이었다. 하지만 그런 그
도 첨단산업이자 가장 큰 산업군인 철도와 통신 사업에 뛰어들기 위해
서는 대자본이 필요했다. 그는 런던 금융과 손을 잡아야겠다고 판단했
고, 영란은행 이사인 그린필드와 동업자가 되어 회사를 차렸다. 그리고
런던 금융가의 대부 로스차일드와의 협력 방안을 모색했다.

1869년 JP모건은 필라델피아의 금융업자 드렉셀과 같이 런던으로 가
로스차일드를 만났다. 마침 로스차일드도 미국에 대리인들을 파견해 일
을 하고 있었기에 모건상사와 같은 파트너가 필요하던 참이었다. 둘의
이해관계가 맞아떨어진 것이다. 결국 둘은 로스차일드상사의 미국 지부
회사인 '노던증권'을 설립하기로 합의했다. 로스차일드가 자금을 대고,
모건이 경영을 맡기로 했다. 단, 중요 사안은 로스차일드 가문의 미국
대리인 제이콥 시프와 의논하도록 했다.

이로써 모건은 세계 최대 금융재벌인 로스차일드 가문의 자금을 대규모로 활용할 수 있는 기반을 구축했다. 모건으로서는 대단한 기회를 잡은 셈이다. 실제 모건은 이를 계기로 공격적인 인수합병에 돌입한다. 한편 로스차일드 입장에서는 공식적으로 미국 산업과 금융에 투자하는 길이 열린 것이었다.

이후 로스차일드 가문과 모건 가문은 상대방의 은행에 파견 근무하면서 상대국의 금융 시장에 관해 배우는 것을 관례화했다. 훗날 나탄 로스차일드의 손자 빅터 로스차일드는 가문의 관례에 따라 미국 JP모건은행에서 한동안 일하면서 월가를 익혔다.

노던증권, 철도 지주회사를 시작으로 각종 산업을 휩쓸다

1869년 미국의 대륙횡단철도가 완성되었다. 남북전쟁 이후 철도건설 붐이 일었는데, 무분별한 투기로 경제에 거품이 생긴 상황이었다. 이러한 철도 분쟁에 뛰어들어 이를 중간에서 조정하며 정리한 이가 바로 모건이다.

19세기의 마지막 20년 동안, 그는 볼티모어철도, 오하이오철도, 체사피크철도, 이리철도의 구조조정을 전담하며, 철도업계에서 가장 영향력 있는 인물로 부상했다.

당시는 철도 산업이 대세라 다우지수도 철도지수로 시작할 때였다. 다우존스지수는 월스트리트 저널을 창간한 찰스 다우가 1884년 뉴욕증시를 한눈에 보여주기 위해 개발한 것인데, 처음에는 9개의 철도회사 주식을 포함해 11개 기업의 주가를 평균한 값이었다. 사실상 철도주 평균 주가나 다름없었다.

1890년 미국의 철도회사가 벌어들인 돈은 연방정부 세입의 2배 반에 해당하는 10억 달러에 달했다. 모건의 철도 관련 재산도 30억 달러로 늘어났다. 그는 명실상부한 미국 4대 철도업자 가운데 하나가 됐다. 그는 이를 기반으로 '철도왕'이라 일컬어지던 미국 최대의 철도업자 윌리엄 밴더빌트와 힘을 합쳐 미국 굴지의 전신회사이던 '웨스턴유니언'사를 집어삼키는 데 성공한다. 이로써 철도에 이어 '전신'을 장악하여 누구보다도 빠른 정보를 접하게 되었다. 철도사업에 뛰어든 본래의 목적을 달성한 것이다.

유럽 자금이 미국을 번창시키다

철도산업 발전과 맞물려 당시 미국을 급속도로 발전시킨 건 '전보'였다. 광활한 미 대륙에서 철도는 상품과 인력을 싸고 빠르게 이동시켰고, 전보는 정보를 빠르게 전달했다.

물류산업과 유통업이 번성하면서 미국의 도시들도 번창했다. 도시 인구는 1700년대 후반 100만 명이 안 되었으나, 1840년에는 1,100만 명으로 늘어났다. 도시화가 진행되면서 1860년에는 뉴욕에만 100만 명이 거주했다. 대륙 각지에 공업도시가 건설되었다.

이 기간 동안, 유럽 자본은 미국 철도에 집중적으로 투자됐다. 영국 산업혁명을 통해 철도의 영향력을 직접 경험한 유럽계 투자자들은 1890년대에 이미 미국의 철도 주식을 대거 취득한 터였다. 일례로 볼티모어-오하이오철도 주식의 1/5, 뉴욕중앙철도 주식의 1/3, 펜실베이니아철도 주식의 절반 이상, 일리노이 중앙철도 주식의 2/3를 영국 자본이 보유했다.

이렇듯 영농국가였던 미국을 산업국가로 변화시킨 가장 큰 힘은 유럽 자금이었다. 특히 영국의 산업혁명에 공헌한 자금이 대거 미국으로 건너왔다. 영국계 자금이 미국의 운하를 건설하고 공장을 짓고 대륙 간 철도를 건설하면서, 미국 대륙을 짧은 기간 내에 단일경제권으로 만든 것이다.

모건, 에디슨과 손잡고 GE를 탄생시키다

토머스 에디슨은 1878년 여름 가스등을 대체할 전기등 연구에 몰두하고 있었다. 사실 에디슨이 태어나기 한참 전인 1800년대 초반부터 유리에 싸인 횃불 수준인 아크등과 병 속에 전기램프를 켠 밀봉전구 등 전구의 형태는 있었다. 그러나 이들 전구 모두 열로 인해 오래가지 못하고 깨졌다. 결국 관건은 등이 가열되어 깨지지 않도록 하는 것이었다. 에디슨은 '탄소 필라멘트를 쓰면 전구의 수명이 늘어난다'는 보도를 접하고, 이 문제를 해결할 수 있다고 생각했다. 그는 안전하고 값싼 전등을 발명하겠다고 공식적으로 발표했다.

모건이 이런 기회를 놓칠 리 만무했다. 본능적으로 사업 가능성을 직감한 그는 에디슨에게 합작회사 설립을 제의했다. 모건과 밴더빌트는 에디슨에게 회사를 차려주고 3만 달러를 연구개발비로 지불했다. 당시로서는 큰돈이었다. 오늘날 세계 최대 기업 제너럴일렉트릭의 모태는 바로 1878년에 설립된 이 '에디슨전기회사'다.

1879년 10월 21일, 에디슨은 백열등을 발명했다. 그는 40시간 동안 빛나는 탄소 필라멘트 전등의 연구 결과를 직접 실험해 보였다. 에디슨이 전구를 발명하자 전기의 가치가 날로 높아졌다.

모건은 추가로 30만 달러를 더 투자하였고, 이 가운데 25만 달러 상당의 주식을 에디슨에게 주고 백열전구 특허권을 샀다. 에디슨은 1880년 말 1,500시간을 견디는 16와트 전등을 만들어 시장에 내놓았다. 세기적 발명품인 전등 덕분에 대주주의 자리를 차지하고 있던 모건은 돈방석 위에 앉게 되었다.

모건의 자본력으로 에디슨은 전구뿐 아니라 전기를 생산해내는 소형 발전기도 만들었고, 1882년 뉴욕에 세계 최초의 화력발전소도 건설했다. 이 발전소에서 보낸 전기로 1882년 9월 4일 오후 3시, 모건은행 사무실에 세계 최초의 전등이 설치되어 밤에도 빛을 발했다. 인류는 전기에 관한 한 유대인의 덕을 톡톡히 본 셈이다. 낮을 밝히는 빛은 하느님이 창조했지만, 밤을 밝히는 빛은 유대인이 만든 것이다. 전등과 발전소가 에디슨에 의하여 발명되었다면 이를 실용화하여 전기를 대량 공급한 것은 모건의 자본력이었다.

에디슨 전기회사는 1889년 종합 전기회사인 '에디슨 제너럴일렉트릭 회사' 곧 에디슨GE로 이름을 바꾸었다. 에디슨GE는 국내 기업들의 잇단 주문으로 사업을 확장했다. 하지만 과다한 투자로 1890년 350만 달러의 빚을 지게 됐다. 모건은 경쟁 전구 회사인 탐슨-휴스톤사와 협상을 벌였고, 두 회사의 자산 가치(3,300만 달러)보다 훨씬 많은 5천만 달러를 투자하여 두 회사를 합병했다. 세계 최대 전기회사인 GE는 이렇게 탄생했다.

JP모건, 카네기철강 거저 손에 넣다

그 무렵 금융, 철도, 전기 등 미국의 주요 산업을 차례로 장악한 모건은 산업계를 계속 주도하기 위해서는 당시 떠오르는 산업인 철강 산업에 뛰어들어야 한다고 판단했다. 1898년 그는 환갑이 넘은 나이에 페더럴 제철(Federal Steel Co.)을 설립했다. 그리고 곧바로 미국 최대의 '카네기철강'에 눈독을 들였다.

'카네기 사무실에 불쑥 나타난 모건은 말없이 수표를 한 장 내밀었다. 당시 철도화차 20대 분량의 금괴값에 해당하는 천문학적인 금액인 5억 달러를 제시한 것이었다. 담력 큰 카네기도 자기 눈을 의심했다. 결국 카네기철강의 주인이 바뀌었다.' 이 이야기는 픽션이라는 설이 있지만, 하여튼 카네기는 결국 그의 철강회사를 모건에게 팔았다.

카네기철강을 인수한 모건은 소유하고 있던 3개의 철강회사인 페더럴제강, 내셔널제강, 아메리카제강 등과 합병해 '유에스(U.S.)스틸'이라는 미국 최대의 철강 공룡을 만들어 순식간에 철강업계를 장악했다. 그 뒤 기업을 공개하여 주식을 공모했다. 카네기로부터 주당 38달러에 산 주가는 55달러에도 불티나게 팔려 나갔다. 결국 모건은 기업 공개를 통해 미국 연간 예산의 두 배인 10억 달러를 며칠 만에 벌어들였다. 매입 가격의 2배에 이르는 시세 차익을 거둔 것이다. M&A 역사상 전무후무한 대단한 수익이었다.

당시 유에스스틸의 자본금은 14억 달러로, 그 무렵 미국의 1년 예산 5억 2500만 달러보다 2.7배나 더 컸다. 이러한 대규모 기업 공개를 계기로 뉴욕 증시는 규모면에서 단박에 런던 증시를 앞섰다. 자본주의가 대서양을 건너 미국으로 온 것이다. 1920년대 유에스스틸은 뉴욕증권거래소 시가 총액의 60%를 차지했다. 당시 다우지수가 20개 기업으로 구성되어 있었는데, 유에스스틸이 나머지 모두를 합한 것보다 더 컸다는 이야기이다. 이는 미국의 주력 산업이 철도에서 철강으로 완전히 이동했음을 의미한다.

모건은 기업 인수합병의 귀재였다. 결론적으로 자기 돈 한 푼 들이지 않고 미국 최대의 철강회사를 거저 손에 넣은 것은 물론, 가외로 5억 달러를 더 번 것이다. 사업과 금융을 연계할 줄 알았던 감각 덕분이었다. 모건은 시대의 흐름을 앞서 꿰뚫어보는 통찰력이 있었다. 동시에 이를 돈과 연결시키는 추진력도 탁월했다.

모건, AT&T도 인수하다

독점금지법도 모건의 왕성한 식욕을 막을 수는 없었다. 1902년 모건은 맥코믹하베스팅머신과 디어링하베스터사 등을 합병하여 인터내셔널 하베스터사를 세워 미국 농기계 시장의 80%를 장악한다. 독점은 고대로부터 내려오는 유대인들의 전형적인 비즈니스 수법이다.

당시 세계에서 가장 큰 전신회사였던 모건의 웨스턴유니언사는 알렉산더 그레이엄 벨의 '벨 텔레폰'사가 제안한 전화 기술 이전 계약을 거부했다. 전화가 처음 발명됐을 때만 해도 별로 인정을 받지 못했다. 웨스턴유니언사도 전화가 전신을 대체할 수 없을 것이라고 생각했다.

그러다 나중에 웨스턴유니언사는 에디슨이 개량한 탄소전화기 기술로 통신사업을 시작한다. 당시 웨스턴유니언사는 이미 미국 내에 40만 km에 달하는 전신망을 구축해 놓았던 터라, 이 전신망을 기반으로 전화사업을 독점해 가기 시작했다.

장거리전화 시장이 커지면서 1899년 말 '아메리칸 텔레폰 & 텔레그래프(AT&T)'가 탄생했고, 1900년 들어 AT&T의 특허권이 대부분 만료되자 6천여 개의 지역 전화회사가 우후죽순으로 생겨났다. 난립되어 있는 시장을 정리하여 평정하는 것은 모건의 주특기였다. 그는 1907년 AT&T의 지분을 사들여 자신의 회사 웨스턴유니언과 합병시켰다. 이때 벨과 에디슨은 배제되었다. 발명가들은 흔적도 없이 사라지고 자본가가 득세한 것이다. 자본주의의 서글픈 일면이다.

이후 모건은 노던시큐리티 등 지방 전화회사들을 인수 합병하여 전국적인 독점 체제를 만들었다. 당시 여성 교환원들이 전화를 연결시켜 주었는데, 통화량이 폭발적으로 늘어나 미국 여성 전원이 교환원으로 일해도 모자랄 지경이었다. 이때 발명된 것이 AT&T의 자동교환시스템이다. 이로써 AT&T는 통신 시장의 80% 이상을 독점했다.

모건은 로스차일드의 자본력 덕분에 철도에 이어 전신전보, 철강, 전화 산업에 잇달아 진출하며 미국 산업사의 새로운 역사를 썼다. 이밖에도 1873년 1차 철도 버블 공황과 1893년 2차 철도 버블 공황 때 중앙은행 역할도 톡톡히 해냈다. 미국이 1900년대 초 파나마 운하를 건설할 수 있게 돈을 융통한 것도 JP모건이었다.

그런데 미국 제일의 부자로 알려졌던 그가 죽었을 때 공개된 재산은 그리 많지 않았다. 알려진 재산 가운데 19%만이 그의 것이었다. 나머지 재산은 로스차일드 가문의 것으로 추정되었다. 미국 철도의 1/4이 모건 상사의 소유로 알려져 있었지만, 1895년 미국 재무성의 조사에서, 미국 철도 자본의 95%가 JP모건상사와 쿤롭상사를 통해 로스차일드 가문이 차지한 것으로 드러났다.

모건상사, 15개 철도회사로 1천 개 넘는 기업 지배

1920년대 연방대법원은 정부가 제소한 유에스스틸의 해체를 기각하였다. 그러자 다우지수는 1906년 이후 세 번째로 100선을 돌파했다. 1925년 무렵 모건상사가 지배한 주요 15개 철도회사의 자산만도 85억 달러였고(이 금액은 요즘 시가로 1조 달러가 넘는다), 하나의 철도회사 산하에 각기 수십 개의 회사가 문어발처럼 달려 있었다. 미국 내 발행 주식 가운데 47%가 철도회사 소유였고, 총 1천 개가 넘는 기업이 모건상사의 지배를 받았다. 여러 역사가들이 실질적인 모건상사의 자산 총액을 계산하려 했지만 불가능했다.

흔히 "JP모건의 지난 170년사를 알면 미국 금융과 경제의 모든 것을 알 수 있다"고 한다. JP모건이야말로 미국 금융계를 지배해온 최대 실력자다. 금융 이외에 철도, 철강, 통신, 영화 산업 등 실물경제에서도 패권적 지위를 행사했다. 한마디로 그는 미국 근대 산업사 그 자체라 할 수 있다.

"그 분야의 1위나 적어도 2위가 되지 않으면 이익을 얻을 수 없다. 3위 이하는 소용없다." 잭 웰치의 이 말은 사실 20세기 첫머리에 JP모건이 한 말이다.

러일전쟁과 로스차일드 대리인, 제이콥 시프

모든 전쟁은 사실 군사력을 뒷받침해줄 수 자금력의 싸움이었다. 러일전쟁 역시 예외가 아니었다. 러일전쟁 당시, 일본의 전비 마련을 도와주었던 금융인은 로스차일드 대리인 제이콥 시프였다. 그 과정을 살펴보자.

1903년 일본과 러시아는 한국과 만주에 대한 통치권을 놓고 수차례 협상을 가졌으나, 원만한 타결점을 찾지 못했다. 그해 가을부터 극동에는 전운이 감돌기 시작했다.

1904년 2월 8일, 일본 함대가 서해로 진격해 제물포에 정박 중이던 러시아 함대를 격침시키고 러시아 극동함대사령부가 있는 여순항으로 직진해 어뢰 공격을 개시했다. 이것이 러일전쟁의 시작이다.

전쟁에는 돈이 필요했다. 러일전쟁 때 일본이 사용한 전비는 17억 3천만 엔으로 청일전쟁 때보다 8.5배 많았으며, 당시 일본 국민 총생산액 2억 6천만 엔보다도 6.6배나 많은 규모였다. 일본 정부는 전쟁자금을 국채 발행과 조세로 충당했다. 전비의 약 40%가 국채 발행을 통한 해외차용이었다.

당시 열강대열에 끼지 못한 일본이 어떻게 국제 금융시장에서 돈을 빌릴 수 있었을까. 러일전쟁 기간 중 해외 자금 조달 임무는 일본중앙은행이 맡았다. 책임자는 다카하시 부총재였다. 그는 러일전쟁이 발발한 지 두 달 후인 1904년 4월 말, 외자 도입의 기회를 모색하라는 정부의 밀명을 받고 국제금융의 중심지 영국 런던으로 갔다.

영국은 일본과 동맹관계를 맺고 있는 우방국이었다. 런던에서 국채 발행을 통해 자금을 조달한 경험이 있는 다카하시 부총재는 런던 금융가에 지인이 많았다. 하지만 이들은 일본 정부의 자금 조달 계획에는 흔쾌히 응하지 못했다고 한다. 전쟁이라는 위험한 상황 속에서 리스크를 떠안으려 하지 않았던 것이다.

다카하시는 런던의 한 금융기관을 찾아가 1천만 파운드 국채 발행에 대한 자금 조달을 협의했다. 영국 금융기관은 1천만 파운드 가운데 500만 파운드는 즉시 발행하고, 나머지 500만 파운드는 다음 기회로 미루자는 조건을 제시했다. 한꺼번에 1천만 파운드의 국채 발행을 원하고 있던 일본정부는 순차적 발행 조건을 수용할 수 없었다.

로스차일드 대리인과의 우연한 만남

이 무렵 다카하시 부총재는 런던의 한 친구가 초대한 만찬장에서 우연히 미국 금융인 제이콥 시프와 나란히 앉았다. 다카하시와 제이콥 시프의 운명적인 만남은 이렇게 이뤄졌다. 제이콥 시프는 미국의 투자금융기관인 쿤롭사의 최고 경영자였다.

사실 그는 프랑크푸르트 로스차일드상사와 가깝게 지내던 랍비의 손자로, 로스차일드 가문의 미국 내 자금 관리를 위해 파견된 로스차일드 대리인이었다. 20세기 초 미국에서 대규모 철도산업 붐이 일 때 유럽 자본 곧 로스차일드 자본을 미국으로 조달한 장본인이었다.

제이콥 시프는 러일전쟁에 큰 관심을 보였다. 당시 러시아의 차르 체제가 러시아 내 유대인들을 핍박하고 있었기에, 제이콥 시프는 전쟁에서 일본이 승리해 러시아 왕정이 전복되길 바랐다.

다카하시 부총재는 전황을 상세하게 설명하고 자신의 영국 방문 목적과 국채 발행의 어려움을 토로했다. 다음날, 다카하시는 런던 금융기관으로부터 일본 정부가 희망하는 국채 1천만 파운드 중 절반을 미국 금융기관에서 인수할 의사를 밝혔다는 연락을 받았다. 전날 만찬장에서 만난 제이콥 시프가 조치를 취한 것이었다.

제이콥 시프의 일본 국채 인수는 커다란 모험이었다. 당시 일본과 러시아는 압록강에서 치열한 전투를 벌이고 있었는데, 어느 쪽이 승리할지 아무도 알 수 없었다. 더 나아가 제이콥 시프는 런던의 너대니얼 로스차일드에게 편지를 썼다. 유대인 동포를 핍박하는 러시아의 국채 발행을 거부해 달라는 요지였다.

1904년 5월 11일, 일본 정부와 영국 금융기관 그리고 미국 쿤롭 사의 합의하에 일본의 국채 1천만 파운드가 런던과 뉴욕에서 같은 날 동시에 발행되었다. 금리는 연 6%였다. 미국과 영국에서의 성공적인 국채 발행으로 일본은 외자를 도입할 수 있었다.

일본군이 러시아를 상대로 압록강 전투에서 승리를 거둔 후, 일본 정부는 두 번째 국채 발행에 나섰다. 총 규모는 1,200만 파운드였다. 압록강 전투 승리 직후인데도 불구하고 국제 금융계는 일본의 2차 국채 발행에 미온적인 태도를 보였다. 일본 해군이 러시아 극동함대의 주력 기지인 여순항을 신속하게 점령하지 못하는 것을 두고 일본의 승전 가능성을 낮게 전망한 것이었다. 다카하시의 영국 친구들과 제이콥 시프는 시간을 두고 기다려 보자고 했다.

러시아의 유대인 학살

1882년 러시아 정부는 유대인들의 거주지를 제한하는 법을 제정하였다. 유대인은 북부 발트해와 남부 흑해 사이의 땅 안에서만 살도록 한 것이다. 러 정부의 이러한 유대인 억압 조치는 일반 국민들에게 반유대주의를 자극하는 계기가 되었다. 매년 부활절에 유대인들이 종교의식을 위해 기독교인 소년을 잡아 살해했다는 식의 소문이 퍼지면서 유대인에 대한 적개심은 커졌고, 그 결과 곳곳에서 유대인 학살이 일어났다. 하지만 러시아 치안당국은 현지인들의 유대인 학살과 방화, 파괴를 관망하거나 미온적인 조치를 취했다. 유대인들은 분노했다.

제이콥 시프는 율법의 가르침에 따라 러시아 유대인들을 구해야 한다는 책임감을 느끼고 있었다. 그와 그의 친구들은 학살의 희생자들을 지원하고, 전 세계에 흩어져 있는 유대인들을 돕기 위한 미국 유대인위원회(AJC) 창설에 주도적인 역할을 했다. (미국 유대인위원회는 1906년에 창설되었다.) 제이콥 시프가 회장을 맡은 이 위원회는 전 세계 유대인이 핍박의 고통에서 벗어나 시민권을 인정받고 종교 활동의 권리를 누리도록 노력했으며, 동유럽 유대인들이 미국으로 이민 올 수 있도록 도왔다. 제이콥 시프가 다카하시를 처음 만난 것은 바로 이 무렵이었다.

여러 가지 어려움 속에서 제이콥 시프의 쿤롭사와 그의 협력 금융기관들은 1차 일본 국채 발행 때와 마찬가지로 영국 금융기관들과 협력했다. 이들은 일본 정부와의 협의를 거쳐 1904년 11월 14일, 연 6%의 금리로 1,200만 파운드의 일본 국채를 뉴욕과 런던에서 동시 발행했다.

일본은 만주 전선에서 점점 우위를 점했고, 1905년 1월, 결국 러시아 극동함대 본부 여순항을 점령했다. 일본의 연전연승을 전 세계는 경이로운 눈으로 지켜보았다. 이러한 분위기는 일본 정부가 계획하고 있는 3차 국채 발행에 긍정적인 영향을 미칠 것으로 전망되었다.

일본 정부는 앞서 발행한 두 차례의 국채 금리가 높다는 점에 불만을 품고 있었다. 그래서 다카하시에게 전쟁에서 승리하고 있는 상황인 점을 강조해 신규 국채 발행 시 금리를 현실화하도록 지시했다.

다카하시는 런던으로 가는 길에 먼저 뉴욕에 들렀다. 1905년 3월 7일이었다. 그는 제이콥 시프를 만났다. 제이콥 시프는 일본 정부가 희망하는 국채 발행액과 금리 현실화에 대해 걱정하지 말라고 하면서, 자신이 직접 영국 금융기관들과 협의를 하겠다고 했다.

영국인들도 일본의 전쟁 승리에 고무되어 있던 터였다. 제이콥 시프의 원격 지원과 영국 금융인들의 우호적인 태도에 힘입어 다카하시가 런던에 도착한 지 닷새째 되는 1905년 3월 28일, 3천만 파운드의 일본 국채가 금리 4.5%로 발행되었다. 종전대로 절반은 영국 금융기관이, 나머지 절반은 미국 금융기관이 인수했다. 당시 화폐가치 기준으로 볼 때, 3천만 파운드는 러시아 극동함대의 모든 자산 가치에 해당하는 엄청난 액수였다.

전비가 바닥나다

1905년 6월경, 루스벨트 미국 대통령이 러일전쟁을 종식시키기 위해 평화협상을 중재하고 나섰다. 이 무렵 일본 정부는 미국에 체류하고 있던 다카하시에게 또다시 대규모 국채를 조달할 것을 지시했다. 네 번째 국채 발행이었다. 미국에서 제이콥 시프를 만난 다카하시는 런던 금융계에 협조를 요청하는 전문을 보냈다. 그러나 반응이 좋지 않았다.

하지만 제이콥 시프는 다카하시에게 적극적으로 지원하겠다고 확약했다. 그는 참여를 기피하는 영국 금융기관을 대신해 독일 금융기관을 활용하는 방안을 강구했다. 제이콥 시프의 사위 집안이 독일 함부르크 소재 바르부르크은행의 소유주였다. 제이콥 시프는 이 은행을 주간사로 하여 미국 금융기관이 참여하는 방식의 국채 발행 추진 계획을 세웠다.

다카하시는 오랫동안 영국 금융기관들과 일해 왔는데, 네 번째 국채 발행에서 동맹국인 영국을 배제한다는 것이 맘에 걸렸다. 그는 1905년 7월 2일 런던으로 건너가 국채 발행 금융기관 대표자들을 초청하여 일본 정부의 계획을 설명했고, 런던 금융인들의 참여를 이끌어냈다. 1905년 7월 11일, 일본은 연 4.5%의 금리로 미국·영국·독일이 각각 1천만 파운드를 인수하는 형식으로 총 3천만 파운드의 4차 국채를 성공적으로 발행했다.

일본이 강대국 러시아를 상대로 벌인 전쟁에서 연전연승하는 가운데 국제 금융시장으로부터 상상을 초월하는 금액의 외자를 계속 도입한 반면, 러시아는 국제 금융시장은 물론, 국내에서도 국채 발행이 불가능한 상태에 처해 있었다. 1년 반 동안 전쟁을 치르면서 국고는 바닥난 상태였다. 현실적인 자금 조달 방법은 지폐를 계속 찍어내는 것뿐이었다.

결국 러시아와 일본은 종전을 위한 평화협상 테이블에 나왔다. 여러 차례의 전투에서 승리한 일본은 외자 조달을 지원해준 서방 국가들의 외교적 지지를 등에 업고 유리한 입장에서 러시아와 평화협정을 맺었다.

제이콥을 비롯한 미국 금융인들이 러일전쟁 기간 중 총 4회, 그리고 종전 후 한 차례 등 모두 5회에 걸쳐 일본에 지원한 자금은 총 1억 9,600만 달러였다. 쿤롭의 자금 지원은 일본이 러일전쟁에서 승리한 요인이 되었다. 또한 이 일로 제이콥도 부상했다. 그가 경영을 맡고 있는 쿤롭은 당시 미국 최대 금융기관인 JP모건보다 더 큰 위력을 발휘하게 되었다.

러일전쟁 이후에도 제이콥은 계속 일본을 지원했다. 그는 종전 후 일왕의 초청으로 일본과 한국을 방문하기도 했다.[59]

---

59 '러시아의 유태인 학살에 분노, 국제금융시장을 동원하여 일본을 밀었다', 강영수,『월간조선』 2004년 2월호 기사 참고.

2. 미국 연방준비은행의 탄생

1873년 공황

전시채권의 중개 수수료로 2천만 달러를 벌어들이며 성공 신화를 쓴 제이 쿡은 대륙횡단철도인 '노던퍼시픽 철도'에 과다하게 투자하는 바람에 1873년 파산하고 만다. 제이 쿡 은행의 파산은 유럽의 은행 부도와 맞물려 심각한 경제 위기를 불러왔다. 제이 쿡과 같은 거부가 채권 이자를 지급하지 못하고 디폴트를 선언하자, 유럽 자본은 삽시간에 빠져나갔다. 19세기에 핫머니가 있었던 셈이다. 이를 계기로 세계는 불황에 돌입하게 되는데, 이를 1873년 공황이라 부른다.

그해 연말 5천여 개의 기업이 문을 닫았다. 뉴욕 증권거래소 출범 이후 처음으로 열흘 동안 휴장한 가운데 증권사 57곳이 망했다. 유럽에도 영향을 미쳐 전 세계가 동시에 수렁에 빠져들었다. 붐(boom) 뒤에는 파열(burst)이 따르기 마련이었다.

이때 미국을 도운 사람이 영국의 로스차일드였다. 로스차일드는 1874년 가을, 뉴욕의 유대계 은행 가문인 요셉 셀리그먼과 손잡고 5,500만 달러의 미국 국채를 인수했다. 꽉 막힌 미국의 금융 경색을 풀어주기 위해서였다. 이후 모건 그룹과 뉴욕 퍼스트내셔널뱅크와 함께 2,500만 달러의 국채를 인수했다. 이렇게 로스차일드가는 뉴욕 월스트리트 은행 가문들과 함께 총 2억 6,700만 달러의 미국 국채를 인수해 미국 금융시장이 안정을 되찾는 데 큰 역할을 했다.

그런데 이렇게 한 데에는 이유가 있었다. 당시 세계의 금은 로스차일드의 영향력 아래 있었다. 로스차일드가 금 시세를 정할 때였다. 남북전쟁이 끝난 후 로스차일드는 미국 내 대리인 벨몬트와 셀리그먼을 앞세워 미국 정부가 그린백 지폐를 폐지하고 금을 사용하는 금본위제로 회귀하도록 영향력을 행사했다. 1866년 미국은 '긴축법안'을 통과시키고, 유통 중인 모든 달러를 회수해 금화로 환전해 주는 등 금본위제 부활을 시도했다. 이로써 통화 유통량은 1866년 18억 달러에서 10년 후 6억 달러로 줄어들었고, 시중에 유동성이 크게 줄어든 것이 기실 공황의 주요한 원인이 되었다. 그러니 로스차일드로서는 금본위제를 시도하려는 미국이 유동성 부족으로 흔들리는 것을 두고 볼 수만은 없었던 것이다.

1893년 공황

철도 건설은 과잉 공급을 부추기는 바람에 1893년 2차 버블 붕괴를 맞았다. 1893년에 일어난 공황은 그야말로 최악의 경기 불황이었다. 1894년 결국 철로 운영사업자의 1/4이 도산하는 지경에 이르렀다. 6개월 동안 8천 개가 넘는 기업과 156개의 철도회사, 400개의 은행이 문을 닫았다. 안 그래도 제값을 못 받던 농산물 가격은 더 폭락했다. 노동력의 20%인 100만 명의 노동자가 일자리를 잃었다. 이 혹독한 공황은 5년이나 지속되었다. 파업과 유혈 진압이 잇달았다.

당시 금융 산업의 지배자였던 JP모건이 유동성을 공급한 덕분에 시장은 겨우 안정을 찾았다. 이 사건으로 사람들은 전국 은행과 금융 제도를 깊이 있게 생각하게 되었다. 모건의 개입이 없었다면 공황은 더 오래 지속됐을 터였다. 공황의 극복 과정을 좀 더 자세히 살펴보자.

주식시장이 폭락하고 은행이 문을 닫게 되자 미국 정부는 당시의 외환보유고인 금괴를 비축하여 버티기로 결정한다. 금괴 비축의 마지노선은 1억 달러였으나, 1895년 1월 이미 5,800만 달러로 줄어든 상태였고, 1895년 2월 정부의 태환용 금 준비금은 1/10로 급감했다. 공황의 회오리 속에서 국가재정이 파산 직전까지 내몰려 한마디로 국가 비상사태가 야기된 것이다.

클리블랜드 대통령은 어찌할 바를 몰랐다. 이때 모건이 맨해튼에서 자가용 열차를 타고 워싱턴으로 갔다. 대통령을 만난 그는 비상수단으로 굵직굵직한 투자자들을 모아 국채인수 신디케이트를 만들고, 그들이 갖고 있는 금으로 국채를 사도록 하면 위기를 극복할 수 있다고 말했다. 그는 진땀을 흘리는 대통령에게 자신이 책임지겠다고 장담했다.

그 뒤 모건은 어거스트 벨몬트와 런던 로스차일드가를 움직여 삼자제휴를 통해 투자가 신디케이트를 구성하고 금을 동원했다. 그리고 6천 5백만 달러어치의 금을 재무부에 공급하여 금본위제도를 안정시켰다. (이중 반은 로스차일드 유럽은행에서 지원받았다.) JP모건은행이 지금의 중앙은행 역할을 해 미국을 위기에서 구한 것이다. 이로써 모건은 국가적 영웅으로 떠올랐다. JP모건은행은 연리 3.75%로 정부공채를 인수하였고, 유럽은행들과 함께 1천 6백만 달러의 이자 수입을 챙겼다.

이렇게 하여 대통령마저 조종하게 된 모건 부자는 증권투자를 독점하다시피 하여 금융 트러스트를 형성했다. 당시 록펠러의 석유 트러스트를 따라 담배 트러스트, 소금 트러스트, 설탕 트러스트, 술 트러스트 등이 우후죽순으로 생기던 와중에 모건은 트러스트의 트러스트라 불리는 모건 금융제국을 이룩하였다.

1895년 58세인 모건은 가문이 소유한 은행지분을 통합하여 뉴욕, 필라델피아, 런던, 파리에 있는 4개 은행의 대주주가 되었다. 한편 클리블랜드 대통령은 모건이 인수한 국채의 고금리 특혜 시비에 휘말려 재선에는 실패했다.

1907년 공황

1898년부터 미국 경제는 다시금 번영을 구가했다. 미국 기업은 또 한 번 호황의 팽창 주기에 들어섰다. 번영과 금본위제는 긴밀하게 결합되어 있는 것처럼 보였다. 1898년 미국의 금 생산은 8년 전의 2.5배로 증가했다. 통화 공급량이 늘자 1900년 미국 의회는 미국이 금은 양본위제로 복귀할 수도 있다는 우려를 불식시키기 위해 금본위법을 통과시켜 금을 공식 통화로 만들었다. 남북전쟁 때 발행한 그린백이 여전히 법정 통화였지만 최초로 금으로 태환이 가능해졌다.

1900년대 초 미국 금융 산업은 전당포 수준이었다. 당시 미국 전역에는 크고 작은 2만 5천여 개의 은행이 난립하고 있었다. 또한 통화와 신용의 유통량을 조절할 수 있는 중앙은행이나 은행의 건전성을 상시적으로 감시 감독할 수 있는 금융감독 당국도 존재하지 않았다. 한마디로 경제가 위험한 상황에 처하더라도 사전에 경보를 울리거나 유동성을 조절할 수 없었다. 금융 기법도 형편없어서, 모든 대출이 신용이 아닌 담보로 이루어졌다. 담보 없이 급전을 빌리려는 개인은 살인적인 고금리를 요구하는 전당포로 가야만 했다. 또 오늘날과 같은 예금보호제도도 없었고, 증권 등에 대한 건전성 규제도 없었다.

1907년 공황은 과잉 자본 때문에 발생한 것이었다. 당시 미국의 은행들은 자기자본비율이 1%에도 미치지 못할 정도로 대부분 대출을 지나치게 해주고 있었다. 금본위제하의 화폐라는 것은 고작 금에 대한 교환권이었기 때문에, 화폐량에 대한 조절 능력이 애당초 없었다. 이런 상황에서 은행들은 대출에 대출을 해주게 되고, 급기야는 버블을 만들게 된다. 경기가 하강하자 자기자본의 100배까지 레버리지가 실린 은행들은 시한폭탄과 다를 바 없었다.

1907년 10월 21일, 미국 월가는 구리광산 주가의 대폭락을 신호탄으로 순식간에 패닉 상태에 빠졌다. 다우존스지수는 전년도 대비 48%나 급락했다. 반 토막이 난 것이다. 연쇄 뱅크런(예금인출사태)으로 일주일 사이에 은행과 신탁회사 8개가 무너졌다. 증권사 50곳이 파산 직전으로 내몰렸다. '1907년의 공황'이 시작된 것이다. 당연히 예금자들이 은행과 투신사 앞에 장사진을 치는 인출사태가 벌어졌고, 뉴욕증권거래소(NYSE)에 돈이 떨어져 주식 거래를 중단해야 할 처지였다. 돈 많은 갑부나 은행 소유자들은 비상대책회의를 열고 "우리만이라도 은행에서 돈을 빼지 말자"고 결의했으나, 회의가 끝난 뒤 한두 시간도 채 안 되어 너도나도 돈을 빼내가는 극도의 혼란상이 연출되었다. 그러나 무능한 정부는 아무런 대책도 내놓지 못하고 허둥댔다.

그 절박한 위기에서 월가의 은행가들이 구조를 요청한 사람은 미국 대통령도 재무장관도 아니었다. 존 피어폰트 모건이었다.

20세기 초엽, JP모건은행의 영향력은 막강했다. 백악관, 화이트 하우스에 견주어 모건 하우스로 불릴 정도였다. 모건 하우스는 미국 금융의 거의 전부를 결정했다. 주식시장에서 밸류에이션에 대한 기본 개념이 없던 시기에 모건은 정기적으로 주가의 적정가를 발표했다. 모건에 의해 시장이 움직였다.

이 칠순 노인은 10월 22일 저녁 맨해튼호텔로 주요 금융인들을 불러 모았다. 워싱턴에서 재무장관도 달려왔다. 당시 모든 금융기관은 자신들의 자금 회수에만 여념이 없었다. 기업이나 사람들도 금이나 현금이 아니면 인수를 거부했다. 그래서 비정상적인 현금 결핍 상태가 계속되었다.

그는 먼저 은행들의 개인플레이를 금지시켰다. 다음으로 투신사와 영세은행의 구제계획을 내놓았다. 그는 어려움에 처한 투신사와 영세은행들로 하여금 담보를 내놓게 하고, 그 대신 대형 은행들에게는 투신사에 대한 대출을 지시했다. 그리고 금융시장 안정을 위한 신디케이트를 구성하고, 시장이 안정될 때까지 자금을 무제한 쏟아 붓기로 결정했다. 그 자신이 파산 직전의 영세은행들에 2억 달러의 긴급자금을 수혈하기로 했다. 동시에 정부에 압박을 가하여 국립은행과 거래은행에 대해 구제금융을 지원하도록 했다. 정부도 2,500만 달러의 구제금융자금을 내놓는 데 합의했다. 다음날 정부는 이를 발표했다.

그러나 24일 또다시 주식시장이 중단될 위기에 놓였다. 증권거래소의 딜러와 증권사들은 평소 연리 6%의 조건으로 하루짜리 콜금리 자금을 써왔으나, 금융경색이 극심해지자 100% 금리로도 자금을 빌릴 수 없었다. 서로가 서로를 믿지 못하는 신용경색이 극에 달한 것이었다. 절망을 넘어 극도의 공포가 시장을 휩쓸었다. 절체절명의 순간이었다.

모건은 다시 금융인들을 불러 모아 은행과 주식시장을 단 1분이라도 중단시키거나 먼저 닫아서는 안 된다고 강조했다. 모건은 무엇보다 먼저 신용경색을 푸는 것이 급선무라고 판단했다. 그는 자기 은행을 포함한 여러 은행에서 10% 금리 조건으로 긴급자금을 모아 제공함으로써 주식거래가 중단되는 사태를 막았다. 실세 금리를 파격적으로 끌어내린 것이다. 아무리 신용이 좋아도 100% 금리에도 돈을 빌릴 수 없던 시기에 연 10%짜리 자금을 공급해주는 JP모건은 그야말로 신과 같은 존재가 되었다.

자금 부족으로 영업 중단 위기에 처한 뉴욕증권거래소에 대해서도 지원 사격에 나섰다. 더 나아가 2,700만 달러의 증시 부양 자금을 확보했다. 이 소식이 알려지자 증권거래소는 회생했다. 이후 금융시장도 조금씩 안정을 되찾았다.

공무원들에게 월급 줄 자금이 떨어진 뉴욕시 정부도 모건에게 도움을 청했다. 뉴욕시가 파산하면 금융시장에 나쁜 영향을 줄 것을 우려한 모건은 뉴욕시 당국으로 하여금 연리 6%의 수익 채권을 발행하게 하고, 이를 은행들이 사들이게 했다. 요즘 말로 양적완화 정책을 쓴 것이다.

이 밖에도 각각 이해관계가 다른 투신사들을 설득하여, 이들이 공동 출자해 구제기금을 만들도록 하는 등 동분서주하며 일을 해결해 나갔다. 이처럼 모건이 정부를 대신해 한 달여 동안 불철주야로 금융계를 재조직해낸 결과, 11월 들어 파국 일보직전까지 갔던 금융 위기가 비로소 진정되었다. 위기의 순간에 모건이 혼자 힘으로 중앙은행 구실을 해낸 것이다.

이로써 금융계에서 차지하는 모건의 영향력이 만천하에 입증되었다. 당시 금융시장에서는 "하느님은 세상을 창조했고 모건은 그 세상을 재창조했다"는 말이 돌 정도였다. 모건 혼자 1907년 공황을 수습하며 오늘날 월가의 기초를 다진 것이다. 1907년 11월 15일 지수는 바닥을 찍었다. 경기 침체는 이듬해 6월에야 마무리되었다. 다우지수는 2년 동안 90%나 급등했다.

이렇게 미국에 중앙은행이 없던 1913년 이전, 모건 하우스는 사실상 중앙은행이나 다름없었다. 금융시장 패닉을 종식시켰고, 금 유출로 무너질 위기에 몰린 미국 금본위제를 사수했으며 세 차례나 디폴트 위기에 빠진 뉴욕시를 구제했다.

1910년 모건은 73세의 나이로 런던에 투자은행 모건그렌펠(Morgan, Grenfell & Co.)을 설립했다. 이 은행은 JP모건 컴퍼니를 대신하여 모건 조직의 영국 본부가 되었다. 이로써 'JP모건' 은행과 1935년 JP모건의 증권 부문이 독립한 '모건스탠리', 그리고 런던 법인 '모건그렌펠' 세 회사를 아우르는 모건 금융 제국이 완성되었다.

이 3개 회사를 지칭하는 통칭 '모건 하우스'의 역사가 20세기 금융의 역사를 집약한 것이라 해도 과언이 아니다. 모건 가문은 피바디은행(런던상업은행)이 런던에 세워졌던 1838년부터 지금까지 세계 금융시장의 양대 축인 뉴욕 '월가'와 런던 '더 시티'의 현장 한가운데에 늘 서 있었다.[60]

연방준비제도이사회 탄생

몇 차례의 공황과 재정 실패를 겪고 나자 미국은 절실하게 안정을 추구했다. 특히 1907년 금융공황은 사람들로 하여금 중앙은행의 필요성을

---

60 『금융제국 J.P.모건』(론 처노 지음, 플래닛) 참고.

절감하게 했다. 이를 계기로 은행가들 사이에 강력한 중앙은행 곧 발권 은행이 필요하다는 공감대가 형성되었다. 먼저 1907년 의회에 국가금융 위원회가 신설되었다. 의회는 이 특별위원회에 은행의 모든 문제에 대한 대책을 세워 제시하도록 했다. 위원장으로 넬슨 올드리치 상원의원이 선출됐다. 그는 미국에서 가장 부유한 은행 가문의 대표자였다. (참고로 훗날 그의 딸이 록펠러와 결혼하여 5명의 아들을 낳았는데, 이들이 록펠러 3세들이다. 그 가운데 둘째 아들 넬슨이 뉴욕주 주지사 4선을 거쳐 1974년에 부통령이 되었다. 넷째 아들 윈스롭은 아칸소주 주지사가 되었고, 다섯째 아들 데이비드는 사실상 미국의 대외 정책을 결정하는 외교문제협의회장과 체이스맨해튼은행의 회장을 역임했다.)

은행가들로 구성된 위원회는 새로운 민간 중앙은행인 연방준비은행을 설립할 것을 협의하고 의회로 하여금 법안을 발의토록 했다.

3년 뒤인 1910년 11월, 모건의 별장이 있는 조지아주 연안의 휴양지 지킬섬에서 비밀회의가 열렸다. 지킬섬은 조지아 앞바다에 있는 JP모건 소유의 땅이었다. 여기에 모인 사람은 모두 일곱이었다. 넬슨 올드리치가 모임을 주최했다. 하지만 실제로 자리를 준비한 사람은 로스차일드가의 대리인으로 남북전쟁 뒤 런던 로스차일드가 미국 내에 세운 금융업체 쿤롭의 공동 경영자이자 중앙은행 제도에 대한 가장 심도 깊은 전문가인 폴 와버그였다.

다른 참석자로는 당시 모건의 뱅커스트러스트사 회장 벤저민 스트롱, J.P.모건 사장 헨리 데이비드슨, 모건계 뉴욕 퍼스트내셔널 은행장 찰스 노턴, 하버드 대학 교수 출신 재무부 차관보 피아트 앤드루, 당시 뉴욕에서 가장 강력한 은행이었던 록펠러계 내셔널시티뱅크 프랭크 밴덜립 행장 등이었다. 밴덜립은 윌리엄 록펠러와 쿤롭을 대표했다.

10일간의 비밀회의 끝에 오늘날의 '연방준비법'이라고 하는 연방준비
은행법 초안이 마련되었다. 대중에게는 1911년 1월 16일에 공개되었다.
재미있는 것은 법안을 입법부가 아닌 유대인들이 주도하여 만들었다는
점이다. 모건, 록펠러, 로스차일드 3대 금융 가문이 주축이었다. 이중에
서도 로스차일드 가문의 대리인 폴 와버그가 이를 주도했다.

　　이들은 중앙은행이 주는 부정적인 이미지를 없애기 위해 '연방준비
시스템'이라는 용어를 사용했다. 그리고 과거의 중앙은행이 20%의 정
부 지분을 인정했던 데 비해 100% 민영으로 설계했다. 이들을 뒤에서
조종한 연방준비은행의 막후 추진자들 역시 유대계였다. JP모건, 철도
재벌 제임스 힐, 퍼스트내셔널의 조지 베이커는 모건 그룹에 속하는 사
람들이다. 그리고 JD 록펠러, 윌리엄 록펠러, 내셔널시티의 제임스 스
틸먼, 쿤롭사의 제이콥 시프는 록펠러 그룹으로 분류된다. 이들 7인이
진정한 막후 조정자라고 알려져 있다.[61]

　　이 법안은 곧장 상원에 회부되어 논의가 시작되었고, 5년여의 치열한
논쟁 끝에 1913년 12월 크리스마스 이틀 전에 의회를 통과했다. 월가 금
융 세력들에게 적대적인 의원들이 크리스마스 휴가를 떠난 틈을 이용하
여 상하 양원에 기습 상정하여 처리한 것이다. 법원이 상하원을 통과하
는 순간, 미국 월가와 영국 런던의 은행가는 환호성을 질렀으며, 신문은
의회가 크리스마스 최대 선물을 미 국민들에게 안겨주었다고 대서특필
했다. 그러나 『화폐전쟁』의 저자 쑹홍빈은 연방준비은행법이 의회에서
통과되던 날 찰스 린드버그의 연설을 다음과 같이 소개하고 있다.

　　"연방준비은행은 지구상에서 가장 큰 신용을 부여받았습니다. 대통

61　『화폐전쟁』(쑹홍빈 지음, 랜덤하우스) 참고.

령이 법안에 서명한 순간부터 금권이라는 보이지 않는 정부는 합법화될 것입니다. … 의회가 저지른 최대의 범죄는 바로 화폐체제 법안인 연방준비은행법을 통과시킨 것입니다. 이는 우리 시대 가장 악랄한 입법 범죄입니다. 양당의 지도자들이 밀실에서 담합해 국민이 정부로부터 이익을 얻을 기회를 앗아간 것입니다."

우드로 윌슨 대통령도 유대인의 압박에 못 이겨 연방준비은행법에 서명한 후 이렇게 토로했다.

"위대하고 근면한 미국은 금융시스템에 의해 지배되고 있다. 금융시스템은 사적 목적에 집중돼 있다. 결국 이 나라의 성장과 국민의 경제활동은 우리의 경제적 자유를 억압하고 감시하고 파괴하는 소수에 의해 지배된다. 우리는 문명 세계에서 가장 조종당하고 지배당하는 잘못된 정부를 갖게 되었다. 자유의사도 없고, 다수결의 원칙도 없다. 소수 지배자의 의견과 강요에 의한 정부만이 있을 뿐이다."

1914년 11월 16일 보스턴, 필라델피아, 뉴욕, 클리블랜드, 리치먼드, 애틀랜타, 시카고, 세인트루이스, 미니애폴리스, 캔자스시티, 댈러스, 샌프란시스코 등 12개 지역 준비은행이 업무를 시작했다. 12개의 지역 준비은행은 산하에 다시 25개의 지점을 두고, 연방은행법에 따라 약 1천 개의 주법은행[62]과 연계된 방대한 조직을 구성했다.

이로써 미국은 연방준비제도이사회(Federal Reserve Board, FRB)를 비롯해 12개 연방은행을 주축으로 하는 중앙은행체제를 확립했다. 일종의 은행 카르텔이 탄생한 것이다.

한편 올드리치 상원의원은 금융위기 이후 "모건이 우리의 금융위기를

---

62 연방법이 아닌 주 정부법으로 설립된 은행.

워싱턴의 FRB 전경

영원히 막아주지는 않을 것"이라며 국내 은행들이 재무부 지시에 따라 채권을 발행하여 현금 부족을 막는 것을 골자로 하는 또 다른 법안을 제안해 통과시켰다.

미국 연방준비은행은 민간 기구

연준(FRB) 초대 이사회 의장에 찰스 햄린이 임명되었다. 뉴욕연방은행 총재에는 JP모건의 오른팔인 벤저민 스트롱이 임명되었다. 그러나 연준의 실질적인 실세는 독일계 유대인 폴 와버그였다. 그가 처음부터 연준의 청사진을 그려냈고 설립을 앞장서서 주도했다. 연준의 내막과 운영에 대해 그만큼 잘 아는 사람도 없었다.

무자본 특수법인인 우리나라의 한국은행과는 달리, 연준(FRB)은 자본금이 있는 주식회사로 그 지분은 민간은행들이 나누어 갖고 있다. 워털루 전쟁에서 한몫을 잡고 세계 금융시장의 대부분을 석권한 로스차일드 가문의 런던과 베를린의 로스차일드은행, 석유 재벌 록펠러 가문의

JP모건체이스은행이 FRB의 주요 주주다. 파리의 라자르브라더스은행, 이탈리아의 이스라엘 모세시프은행, FRB 창립위원장을 역임한 폴 와버그 가문의 바르부르크은행, 2008년 글로벌 금융위기를 불러온 리먼브라더스, 볼셰비키혁명이 끝나고 1917년에 제정러시아를 대체할 새로운 임시정부가 결성되는 데 무려 2천만 달러를 지원한 것으로 알려진 유서 깊은 쿤뢰브은행도 FRB의 주주로 알려져 있다. 이렇게 탄생한 연준은 출범 당시부터 월스트리트의 대형 은행가와 중개인들의 그늘에서 벗어나지 못했다. 쑹훙빙은 폴 와버그가 FRB 초대 이사이지만 그를 배후에서 조종한 것은 런던에 있는 알프레드 로스차일드라고 주장했다.

연준의 실질적 주인은 누구일까?

미국 시인 에즈라 파운드의 후원을 받았던 작가 유스터스 멀린스 역시 이 같은 주장에 힘을 실었다. 그가 『연방준비은행의 비밀』이라는 저서에서 공개한 12개 지역연방은행의 초창기 사업 허가서와 주주 현황에 따르면(이 책은 미국에서는 불건전 도서로 판매가 금지되어 나중에 유럽에서 출판되었다), 뉴욕연방은행의 등록자본금은 1억 4,300만 달러, 주식 발행량은 총 20만 3,053주로 뉴욕내셔널시티은행이 3만 주로 가장 많았고, 뉴욕내셔널상업은행이 2만 1천 주, 퍼스트내셔널은행이 1만 5천 주, 하노버은행이 1만 2천 주, 체이스은행이 6천 주, 케미컬은행이 6천 주 순이었다.

　이 은행들과 로스차일드 가문과의 관계를 살펴보면 다음과 같다. 뉴욕내셔널시티은행의 공동경영자는 제이콥 시프로, 그는 로스차일드 가문이 월스트리트에 파견한 대리인이다. 뉴욕내셔널시티은행의 자본 상당 부분이 로스차일드 소유임을 유추할 수 있는 대목이다.

　두 번째로 뉴욕연방은행의 지분을 많이 갖고 있는 뉴욕내셔널상업은행의 소유주는 폴 와버그다. 앞서 언급한 대로 그는 당시 로스차일드가 최대 주주인 영란은행의 시스템을 본떠 연방준비제도이사회의 밑그림을 그렸을 뿐 아니라 1913년 연준 창설을 직접 주도한 인물이다. 그는 뉴욕연방은행을 중심으로 하는 12개 지역 연방은행 총재들로 구성된 '연방자문위원회'가 실질적으로 연준 이사회를 조정하도록 연준의 시스템을 설계했다. 세 번째로 많은 지분을 가진 퍼스트내셔널은행의 JP모건은 로스차일드 가문의 자금 파이프라인 역할을 한 미국 근대 산업사의 주인공이다. (참고로 1955년에 뉴욕내셔널시티은행과 퍼스트내셔널시티은행의 합병으로 시티은행이 탄생했으므로, 오늘날 뉴욕 연방은행의 최대주주는 바로 시티은행이다.)

　이들은 모두 로스차일드 가문으로부터 유래한 유대계 금융 세력이다. 이로써 유럽 유대계 자본과 미국 유대계 자본은 한 파이프라인의 금융 조직을 갖추게 되었다. 초국가적 국제 자본을 통해 세계 금권 지배의 기틀을 구축한 것이다.

1913년, 모건 잠들다

모건은 말년에 렘브란트, 다 빈치 등의 미술품을 수집하며 중동과 유럽 여행을 즐겼다. 100년 전 이미 모건가는 정기적으로 이집트와 케냐로 이어지는 아프리카 루트를 통해 여행을 하면서 신성장동력을 찾는 시간을 가졌다. 미 연준이 설립되던 해인 1913년, 미국의 금융사와 산업사와 궤적을 같이하였던 전설적인 인물 존 피어폰트 모건은 이집트 여행 중

얻은 병이 악화되어, 요양 중이던 로마에서 76세의 나이로 사망했다. 그가 죽은 뒤, 그가 소장하고 있던 미술품 대부분은 뉴욕 메트로폴리탄미술관에 기증되었다.

1892년 발명왕 에디슨을 포섭해 제너럴일렉트릭(GE)의 전신인 에디슨전기회사를 설립하고 전기 사업에 진출했던 모건은, 1901년에 철강왕 카네기로부터 카네기철강을 인수해 철강 트러스트라 불리는 유에스스틸을 설립하였다. 그리고 1907년에는 미국 전역의 전화를 독점하는 에이티앤티(AT&T)를 인수하였다. 1920년에는 듀퐁과 손잡고 제너럴모터스(GM)를 지배하였다.

이레네 듀퐁(Irenee du Pont)은 듀퐁사의 회장을 역임하면서 1차 대전에서 연합군이 사용한 폭약류의 40%를 제조해 죽음의 상인이라 불렸다. 그는 모건상사와 공동으로 제너럴모터스를 인수한 뒤 1913년 유산 4천만 달러를 남기고 사망했다.

당시 다우 산업주 30종 가운데 9종이 모건 주였다. 제너럴일렉트릭, 제너럴모터스, 듀퐁, 텍사코, 유에스스틸(현재 USX), 에이티앤티(AT&T), 아이비엠(IBM), JP모건, 시티뱅크를 꼽을 수 있다. "기원전 4004년에 신이 세상을 창조하셨다. 그러나 서기 1901년이 되어 존 피어폰트 모건과 존 록펠러가 지구를 바꾸어 버렸다"는 말이 나올 정도였다.

그러나 앞서 언급했듯이 그가 보유한 기업군에 비해 남긴 유산은 너무 적었다. 그의 소유로 알려진 재산 가운데 19%만 그의 것이었다.

3. 미국 산업을 양분한 두 재벌, 모건과 록펠러

두 재벌의 경쟁으로 자연스럽게 산업 구조조정 이루어져

모건이 로스차일드의 자금을 받아 크는 동안, 석유왕 록펠러도 월가의 지원을 등에 업고 성장해나갔다. 결국 둘은 미국 산업계의 양대 축이 되었다. 커질 대로 커진 모건과 록펠러는 미국 산업을 양분하다시피하며 치열한 영역 전쟁을 치러 나갔다. 모건은 자신이 대주주로 있는 퍼스트내셔널은행을 통해, 록펠러는 내셔널시티은행을 통해 유망 기업을 사들이며 문어발식 확장에 전념했다. 그들은 금융·전기·철강을 비롯하여 석유와 철도에 이르기까지 광기 어린 경쟁을 펼쳤다. 하지만 승부는 쉽게 나지 않았다.

1870년대 이후 미국의 산업구조는 종래의 경공업과 섬유산업 위주에서 철강·기계·석유 등 중화학공업 중심으로 바뀌어 갔는데, 이는 오로지 두 재벌의 치열한 경쟁이 가져온 결과였다. 적자생존의 법칙에 따라 성장성이 있는 산업은 살아남아 더 커지고, 성장성이 없는 한계 산업은 퇴출당하여 없어졌기 때문이다. 시장 기능에 의한 산업의 구조조정이었던 것이다. 자본주의는 냉혹한 면도 있지만 이러한 순기능도 있다.

대공황을 불러온 은행 합병의 회오리

1890년대와 1910년 사이에 법인자본이라는 새로운 자본 형태가 출현했다. 이를 '법인혁명'이라 부른다. 이러한 법인들은 소유와 경영을 분리하였다. 이에 따라 법인들은 기존의 은행이 아닌 주식시장을 통해 자본을 조달했다. 이로써 주식시장을 중심으로 한 새로운 금융 제도가 발전하였고, 주식시장도 커졌다.

이후 금융업 합병 바람이 불었다. 모건 전성기인 1919년부터 1928년까지 10년 동안, 놀랍게도 1,358개 은행이 합병의 소용돌이에 휘말렸다. 1930년 JP모건체이스은행이 미국 1위가 되기까지 4천 개 은행이 합병되거나 도산했고, 이 과정을 통해 은행의 집중화, 거대화가 이뤄졌다. 많은 은행이 자회사로 증권회사를 설립하여 증권시장에도 적극 참여하였다. 그러나 규제되지 않은 금융활동은 결국 버블을 만들었다.

중산층들은 1차 대전 때 전비 마련을 위해 공모한 '자유 채권'에 참여한 적이 있어 자본주의 '금융의 맛'을 알고 있었다. 이들은 증권투자에 열을 올렸다. 1928년 여름, 미국의 투자자들은 유럽에서 돈을 빼서 뉴욕 증권시장에 투자했다. 뉴욕증시는 급격히 달아올랐다. 이러한 붐을 목격한 개인 투자자들은 돈을 빌려서라도 주식을 매입하려는 유혹에 빠졌다. 심지어 마진론(주식담보대출) 메커니즘, 곧 레버리지를 활용한 차입투자까지 감행해 주가 상승을 부채질하였다. 자기 돈 증거금 10%만 있으면 나머지 90%는 브로커에게 빌려 주식을 사는 식이었다. 즉 100달러의 선금으로 주식 1천 달러어치를 샀다.

그러던 1929년 늦여름, 유럽이 주가가 떨어지고 불경기에 시달렸다. 미국의 투자자들이 빠져나간 때문이었다. 유럽의 경기 침체는 미국에 영향을 주었다. 미국의 국민총생산(GNP)은 1929년 1/4분기를 최고점으로 하여 점차 감소하기 시작했다. 급기야 1929년 10월 24일, 주가가 대폭락을 맞고 금융 버블이 터졌다. 마진론을 쓴 투자자들은 24시간 이내에 빌린 자금을 갚아야 했다. (마진론은 자본 잠식 시에 24시간 이내에 갚아야 하는 조건이 있었다.) 그 결과 주식 시장은 아수라장이 되었다. 대공황이 들이닥친 것이다. 24일 하루에 영국의 재무장관 처칠이 관람석에서 지켜보는 가운데 주가가 12.6%나 급락했다.

이튿날 모건을 비롯한 대형 은행들이 조성하기로 한 1억 3천만 달러로 시장이 안정될 것이라 여겨졌지만, 다음날 주가는 또 11.7% 폭락했다. 이틀 사이에 시가총액 1/4이 날아간 것이다. 마진론을 쓴 투자자들은 대부분 파산했다. 그해가 끝날 무렵 다우지수는 최고 351에서 238로 하락했다. 다우 30종목의 시가총액이 1/3로 줄어든 것이다.

1929년 대공황 발생 직후, 허버트 후버 대통령에게 '공매도'는 공공의 적이었다. 공매도란 금융 불황의 골이 깊어져 하락장에서 가격이 떨어질 것으로 예상되는 주식을 빌려다 미리 판 뒤 나중에 싼값에 다시 사들여 결제하는 방식이다. 후버는 당시 월가에서 주가 하락에 따른 위험 회피 수단으로 널리 퍼져 있던 공매도 관행을 문제 삼으며, "공매도는 주가가 폭락하고 있는 순간에 보유하고 있지도 않은 주식을 팔아 막대한 수익을 챙기는 버러지 같은 제도"라고 비난했다. 국민적 분노가 월스트리트로 향하는 순간, 의회도 발 빠르게 반응했다. 1929년과 1940년 두 차례에 걸쳐 공매도를 사실상 금지하는 법이 시행됐다.

이후 2년 10개월에 걸쳐 주가지수 1/10 토막 나

1932년 다우지수는 폭락에 폭락을 거듭했다. 3년 사이에 시가총액의 무려 89%가 증발해 버렸다. 2년 10개월 동안 거의 1/10 토막이 난 것이다. 공포가 공포를 잡아먹는 무서운 폭락이었다. 이후 10여 년 동안 주가는 회복되지 않았다. 1930년대를 고작 150으로 마감했다. (경제학에 수학을 접목해 계량경제학을 발전시키고 국민소득 이론을 주창한 경제학자 어빙 피셔도 이때 전 재산을 날린 것으로 알려졌다.) 이 과정에서 은행들의 줄도산이 이어졌다. 2만 5천 개였던 상업은행은 5년 뒤 1만 4천 개로 줄어들었다. 전체 은행의 44%가 도산한 것이다. 이 와중에 예금을 보호받지 못한 많은 예금자가 알거지가 되었고, 투자자들은 한 푼이라도 더 건지기 위해 증권사 앞에 장사진을 쳤다. 은행에서 예금을 빼내 장롱 속에 숨겨두는 뱅크 런 사태도 일어났다. 은행은 자신감을 완전히 상실해 기업과 개인에 대한 대출을 중단했다.

이 같은 대공황의 여파로 건설업과 자동차업의 가동률이 50% 이하로 떨어지면서 노동자들이 대량 해고되었다. 노동자의 25%가 직장을 잃었다. 공황 전에는 260여 만 명이던 실업자 수가 공황이 정점에 달했던 1933년에는 1,300만 명으로 급증했다. 미국 경제의 30%가 붕괴되었다.

미국에서 시작된 대공황은 전 세계로 퍼져 나갔다. 부유하고 산업이 발달한 나라일수록 여파가 컸다. 대공황에 영향을 받지 않은 나라는 소련뿐이었다. 미국 경제는 2차 대전이 시작될 때까지 이때의 충격에서 벗어나지 못했다. 뒤집어 이야기하면 2차 대전이 공황에서 미국을 건져주었다.

모건과 록펠러, 대공황 이후 미국 기업 양분

원래 부자들은 대공황과 같은 위기를 이용해 돈을 버는 법이다. JP모건과 록펠러도 호기를 놓치지 않았다. 대공황 이후 역사상 유례없는 거대 자본이 모건과 록펠러 양가로 흘러들어갔다. 어느 정도 공황이 가라앉은 1930년대 중반, 이들은 소유한 은행과 증권회사를 동원해 주가 조작 등 불법 투자로 기업들을 헐값에 인수하여 막대한 이익을 취하였다. 당시 자기자본 10배에 달하는 마진론 차입투자가 유행했을 뿐 아니라 보유 채권과 주식으로 대출을 받을 수 있어 거의 무한대로 투자가 가능했던 것이다. 모건과 록펠러 두 재벌가의 주식 헐값 주워 담기는 극에 달했다. 더구나 이들은 자기 은행을 소유하고 있었기에 자금 융통에 어려움이 없었다.

모건의 지배 아래로 들어온 기업으로는 자산 규모가 1억 달러 이상이던 대형 기업만 해도 JP모건과 퍼스트내셔널 등 은행 14개, 생명보험회사 4개, 제너럴일렉트릭과 아메리카전신전화 같은 전기·전화·가스 등 SOC 기업 8개, 철도회사 4개, 유에스스틸 등 자동차·철강제조업체 12개에 이르렀다. 여기에 중견기업까지 합하면 모건그룹 산하의 기업체 수는 440개였으며, 자산 총액은 776억 달러에 달했다. 이는 미국 상장기업 200개사의 자산 총액의 40%에 가까운 엄청난 액수였다. 한편 록펠러가 소유의 기업은 스탠더드오일, 체이스내셔널은행, 아나콘다제강 등 287개에 달했다.

이는 실제로 미국 상원에 제출된 모건가의 기업명세서에 의거한 내용이다. 두 가문의 자본금은 776억 달러:449억 달러로 7:4 비중이었다. 이렇게 미국의 전 산업이 두 가문에 양분되어 있었다. 거대 유대계 자본이 뒤에 있었기에 가능한 일이었다. 더불어 정부 차원의 강력한 지원이 있었다고 추정된다.

또한 JP모건에 의해 4백여 가족의 초강력 유대인 상류사회가 형성되었다. 이들이 미국 기업 부의 75%를 거머쥐었다. 미국이 영국을 제치고 산업과 금융에서 앞서 나갈 수 있었던 것은 이러한 거대 자본을 축적한 유대인 자본가들 때문이다.

이들에 의한 자본 축적은 경제학 이론을 적용할 사이도 없이 한 세대 만에 이루어졌다. 미국은 1870년 이후 불과 60년 만에 세계 제1의 초강대국 기반을 구축하였다. 오늘날 미국 경제의 뿌리가 한 세대 만에 유대계 자본에 의하여 이루어진 것이다.

초법적 존재가 된 JP모건

미국의 남북전쟁 이후 1870년대부터 1920년대 대공황 직후까지의 사이를 이른바 '도금시대'라 부른다. 이때가 독점 재벌의 전성기였다. 모건, 록펠러, 밴더빌트 등 자본가들은 경쟁자를 꺾고, 노조 파괴를 위해 수단과 방법을 가리지 않았다. 모건은 상업은행과 투자은행을 같이 경영하며 제조업체들에 이사를 파견해서 지배했고, 불황기에 기업과 금융기관을 살리고 죽이는 힘을 행사하였다.

당시 미국의 새로운 산업지도자들은 일반적으로 정직과 근면을 바탕으로 재산을 모은 사람들로 인식되지 않았다. 그들이 지배하던 시대는 사실 '강도짓을 하는 귀족의 시대' 또는 마크 트웨인의 말을 빌리면 "겉 다르고 속 다른 도금시대"로 묘사되었다.

JP모건상사는 당시에는 기업이 아니라 판관(判官)이었다. 특히 1930

년대에는 전문가도 없었고 기업을 어떻게 평가해야 하는지도 몰랐던 시기였다. 경제학자들이 우후죽순으로 나오기는 했어도 이론이 정립되지 않았던 이 시기에 JP모건상사는 절대 권력을 행사했다. 기업의 목표 가격은 추정이 아닌 결정이었다. 모건상사가 "이 주식의 가격은 얼마가 적정하다"고 결정하면 시장은 그렇게 움직였다. 그만큼 모건상사의 힘은 막강했다. 심지어 모건 회장이 연준 의장을 동시에 수행할 정도였다.

다수 국민이 공황과 전쟁으로 고통받던 때 통제 불능의 거대 공룡이 되어가는 JP모건상사는 사회의 공적이 되었다. 국민의 분노가 빗발치자 정치권이 나섰다. JP모건상사를 방치했다가는 체제 위기까지 발생할 수 있다는 판단에서였다. 정치권은 JP모건상사 견제를 본격화했다. 의회는 먼저 1933년 글래스와 스티걸 의원이 공동 발의한 금융독점방지법인 '글래스-스티걸법'을 제정해, 은행과 증권업의 겸업을 금지시켰다. 이미 겸업을 하고 있던 기존의 금융기관들도 강제 분리시켰다.

이로써 JP모건그룹은 모건스탠리를 강제 분리하면서 주식·채권 등 유가증권 투자는 전혀 할 수 없고, 여수신 업무 등 상업은행 영업만 해야 했다. 외형상 JP모건의 일대 위기였다. 그러나 JP모건은 이 모든 제도적 제약을 가볍게 무력화시켰다. JP모건은 상업은행이 된 다음에도 다른 상업은행과 달리 지점을 내지 않았고 광고도 하지 않았다. 그 대신 정부와 은행, 대기업, 소수의 부유층 백인 고객만 상대하는 종전의 '귀족주의 영업전략'을 구사하며 변함없는 금융 파워를 과시했다. JP모건은 핵심 고객에게는 자사 주식을 시세 이하로 살 수 있는 특혜를 부여하는 'JP모건사 특권자 명부'를 만들어 고객을 관리해 나갔다. VIP 마케팅으로 투자 은행 업무를 금지시킨 법을 무력화시키면서, 수면 밑에서 부를 계속 불려나간 것이다.

실제로 다른 일반 상업은행들은 예대마진을 주된 수입원으로 하는 영업 행위에 만족해야 했다. 이와 달리 JP모건은 수익의 대부분을 정부와 우량 대기업 및 은행에 대한 대규모 대출, 증권발행 주선, 외환이나 기타 금융상품의 거래업무 등에서 얻었다. JP모건은 법으로도 어찌할 수 없는 초법적 존재였다. 그도 그럴 것이 미국 정부는 전쟁 채권 발행 등 생명선이 걸린 모든 업무를 JP모건에 의존하고 있었고, 대통령 선거 때도 JP모건의 눈치를 봐야 하는 처지였다.

재벌가에 장악된 미국 대통령 선거

미국 대통령 선거에서 금융재벌 그룹의 역할은 컸다. 이들 도움 없이는 당선이 불가능할 정도였다. 따라서 선거에서 이겨 대통령으로 당선된 뒤에는 자연히 이들의 영향력 아래 놓일 수밖에 없었다. 일례로 1910년 태프트 내각을 살펴보면 국무장관에는 카네기 회사의 고문변호사가, 재무장관에는 유에스(US)철강의 고문변호사가, 국방장관에는 모건 철도의 고문변호사가, 상공장관에는 벨전화의 임원이 올랐다. 마치 모건-록펠러 연합의 임원회의 같다. 이들은 국가 정책을 마음대로 주무를 수 있었다. 미국의 금권 정치는 이렇게 시작되었다.

대공황 이후 금융이 산업을 지배하는 이유

1978년 6월 15일, 상원 정부사무위원회는 미국 주요기업의 상호 이해관계에 대한 보고서를 발표했다. 이 보고서에 따르면 130개 주요 기업 내에 470개의 이사직을 은행가가 차지하고 있었는데, 그중 JP모건은행이 99석, 씨티은행이 97석, 케미컬은행이 96석, 체이스맨해튼은행이 89석,

하노버은행이 89석이었다.

이렇게 된 데는 이유가 있다. 로스차일드 가문의 자본을 수혈받은 모건과 록펠러가 대공황 이후 폭락한 미국 상장사들의 주식을 헐값으로 사들였기 때문이다. 곧 로스차일드 가문의 자금이 미국 금융뿐 아니라 미국 기업들의 주식까지도 인수한 것이다. 금융이 산업을 장악한 금융 자본주의는 이렇게 구축되었다.

4. 로스차일드, 이스라엘 건국을 돕다

제1차 세계 시오니스트 대회

로스차일드가는 19세기 말 테오도어 헤르츨을 지원했다. 헤르츨은 헝가리 부다페스트에서 태어난 유대인이다. 그는 변호사 자격증을 획득했지만 빈으로 건너가 기자가 되었다. 그 무렵 그는 유럽의 반유대인 정서를 피부로 느끼면서 유대인이 살 수 있는 길은 삶의 터전을 마련하는 것이라고 생각했다. 당시 그가 쓴 책이 『유대인 국가』다.

신문사를 그만둔 그는 유럽과 북아프리카의 유대인 커뮤니티를 찾아다니면서 이스라엘 국가 건립 운동인 시오니즘(Zionism) 전파에 전력을 기울였다.

이스라엘 재건은 19세기 후반 시오니즘에서 비롯된다. 시오니즘은 "시온으로 돌아가자"라는 뜻으로 시온이란 이스라엘의 한 지명 이름이다. 시온은 유대인들에게 종교적으로 매우 중요한 의미를 갖는다. 성서에 따르면 시온은 하느님 야훼가 거처하는 곳이자 그가 다윗을 왕으로 세운 곳이다. 이런 이유로 시온은 유대인들이 돌아가야 할 영원한 고향이다. 유대인들이 자기들의 국가를 다시 세우겠다는 염원을 시오니즘이라고 부르는 것은 당연했다.

마침내 헤르츨의 주도하에 1897년 8월 29일 유대인 국가 건립을 위한 세계 시오니스트 총회가 스위스 바젤에서 개최되었다. 세계 유대인 대표들이 한자리에 모여 3일간에 걸쳐 회의를 했고, 1948년 이스라엘 건국의 출발점이 된 '유대인 국가를 세운다'는 역사적인 결의문이 채택되었다. 오스만 제국 술탄의 승인과 식민 열강의 지지를 받아 팔레스타인에 국가를 창설한다고 선언한 것이다. 이른바 '바젤 강령'이다.

운동 본부는 오스트리아 빈에 설립되었다. 시오니스트 대회는 2년마다 열렸으며 1901년까지 지속되었다. 헤르츨은 오스만 제국에 팔레스타인 자치권을 요구했지만 거절당했다. 처음엔 오스만 제국은 독립 허용 대가로 막대한 금액의 재정을 지원하겠다는 유대인들의 제안에 솔깃했다. 그러나 아랍권의 반발이 거세지자 없던 일로 하고 말았다. 반면 영국은 이 운동에 호의적이었다. 팔레스타인 지역의 통치를 떠맡은 영국은 몇 차례에 걸쳐 유대인 국가의 설립을 약속했으나 역시 아랍의 반발로 이를 백지화했고, 대신 우간다 일부 지역을 제공하겠다고 제안했다. 그러나 시온주의자들은 이를 거절하고 팔레스타인을 고집했다.

1904년 헤르츨은 죽었고 운동 본부는 쾰른, 베를린으로 옮겨졌다. 제1차 세계 대전 때까지 이 운동은 극소수의 인물만 참여한 미미한 운동이었다. 참가한 사람들은 대개 러시아 거주자들이었고, 지도부는 오스트리아와 독일 거주자였다. 1905년 러시아 혁명이 실패하고 대학살이 일어나자 많은 러시아 출신 유대인은 팔레스타인으로의 이주를 감행했다.

1897년 스위스 바젤에서 결의된 내용은 상당 기간 베일에 싸여 있었다. 제1차 시오니스트 회의가 비밀리에 열린 만큼 많은 사람이 회의 내용을 궁금해 했으나 상당 기간 알려지지 않았다.

그러다가 회의가 열린 지 10년 후, 러시아 세르게이 닐즈가 번역한 『시온의정서』라는 책이 발간되었다. 당시 사람들은 이것이 바젤 회의의 회의록이라고 믿었다. 의정서에는 유대인들이 장차 세계를 정복하기 위해 필요한 전략들이 상세히 적혀 있었다. 핵심은 세계의 정보망과 연료, 식량을 장악해야 한다는 것이었다. 약간은 신비주의적인 냄새가 나는 시온의정서의 내용은 매우 충격적인데, 그 요지는 이렇다.

▲ 자유와 평등사상을 바탕으로 개인주의를 새로운 가치관으로 확산시켜 국가 체제나 민족에 대한 귀속 의식을 약화시킨다. ▲ 비(非)유대국가들을 끊임없는 분쟁에 몰아넣어 스스로 국력을 소모하게 한다. ▲ 유대인이 수완을 발휘하는 금융·투기 분야에 각국이 몰입하게 만들어 각국 경제를 약화시키고, 이러한 상황이 확대될 때 대규모 국제 대공황을 연출한다. ▲ 인간을 다루기 쉬운 동물로 개조하기 위해 시각 교육을 조직적으로 보급시켜 인간이 이를 탐닉하게 하여 사고력을 마비시킨다. ▲ 이상의 전략을 효과적으로 수행하기 위해 매스컴과 재력을 적극적으로 활용한다.

책이 나오자 사람들은 세계 지배 음모를 꾸민 유대인들을 규탄하기 시작했다. 히틀러는 이를 유대인 박해의 명백한 구실로 삼아 엄청난 학살을 자행했다. 학살을 보다 못한 학자들이 나중에 이 책의 내용을 검증했고, 바젤 회의록이 아닌 유대인을 음해하기 위해 꾸며낸 이야기라고 판정내렸다. 하지만 이미 6백만 명의 유대인이 나치의 손에 학살된 뒤였다. 이렇듯 시온의정서는 현재로서는 위작이라는 의견이 우세하다.

에드몽 드 로스차일드, 이스라엘 건국을 돕다

1881년 러시아 국왕 니콜라이 2세가 암살당했다. 조사 결과 암살범이 유대인 처녀의 집에서 집회를 가졌음이 알려졌다. 이로 인해 유대인 학살이 자행되었으며, 22만 5천 명의 유대인이 이를 피해 서유럽으로 망명했다. 이후에도 러시아에서 유대인 학살은 계속되었다.

이 같은 참상을 보고 프랑스의 대랍비 사독 칸은 러시아 랍비 사무엘 모히레버와 함께 1882년 9월 2일 에드몽 드 로스차일드를 찾아갔다. 모히레버는 에드몽에게 히브리어 찬송으로 러시아의 참상을 전하면서 팔레스타인에 유대인 정착촌을 건설하는 걸 지원해 달라고 요청했다. 에드몽은 히브리어 찬송에 큰 충격을 받았다. 그는 독실한 유대교도라 히브리어 성가를 어느 정도 이해할 수 있었다. 에드몽은 필요한 돈을 기부하겠다고 말했다. 그 뒤 그는 은행 일은 형들에게 맡기고 본격적으로 시오니즘 운동에 뛰어들었다.

그가 팔레스타인 땅을 사들이기 시작한 것은 이스라엘이 건국되기 66년 전인 1882년부터였다. (땅 사는 데 투입한 자금은 600만 파운드에 달했다.) 오늘날 이스라엘 영토의 80% 이상이 에드몽이 산 땅인 셈이다. 이는 콜롬비아대학 교수 사이먼 샤마가 쓴『두 명의 로스차일드와 이스라엘』에 기록되어 있는 내용이다.

에드몽 드 로스차일드(왼쪽)와 랍비 사무엘 모히레버(오른쪽)

훗날 에드몽이 사준 개척지를 중심으로 예루살렘은 이슬람 도시에서 유대인의 도시로 바뀌어 갔다. 그 뒤에도 프랑스 파리의 로스차일드가에서만 7천만 프랑을 이스라엘 건국 자금으로 지원했다.

이스라엘의 초대 총리 다비드 벤구리온은 근대 이스라엘 건국의 아버지로 불리는 에드몽에 대해 이렇게 이야기했다. "에드몽 드 로스차일드에 버금가는, 또는 그와 견줄 만한 인물을 발견하는 일은 도저히 불가능하다." 또 이스라엘의 개척 항구 카이시리아 항구가 내려다보이는 언덕 라마트 하나디브에 있는 에드몽의 무덤에는 이런 묘비명이 써 있다. "이 땅의 아버지 에드몽 드 로스차일드 남작과 그의 부인, 하느님을 높이 받든 여인 아델하이드 남작부인 여기 잠들다."

밸푸어 선언을 이끌어낸 리오넬 로스차일드

1차 대전은 유대 민족에게 새로운 가능성을 열어주었다. 영국이 전후 중동처리를 고민하고 있을 때, 런던 로스차일드상사의 리오넬 월터 로스차일드가 영국 외무부장관 등 실권자들에게 팔레스타인에 유대국가 건설을 지원해줄 것을 건의했다.

그 무렵 영국 경제는 심각한 상황이었다. 유일한 해결책은 미국의 참전을 끌어내어 전쟁을 빨리 끝내는 것이었다. 이를 위해 워싱턴을 뒤에서 움직이고 있는 미국 내 시오니스트 유대인들의 도움이 절실했다. 영국 정부는 1916년 10월 영국 '세계시온주의자연맹' 대표인 리오넬 로스차일드와 비밀리에 만나, 전쟁이 끝난 뒤 팔레스타인에 유대국가 건설을 지원하겠다고 약속했다.

하지만 당시 미국 유대인들은 영국 정부의 약속 이행 여부에 회의적이었다. 다급해진 영국 정부는 1916년 12월 시오니즘 지지로 유명한 데이비드 로이드 조지를 전격적으로 총리로 내세웠고, 총리 취임 바로 다음날에는 조시아 웨지우드 의원을 미국에 파견했다. 웨지우드는 유대계 지도자 51명을 뉴욕 사보이호텔로 초청해 영국 정부의 약속에 대해 자세히 설명했다.

미국의 시오니스트들이 친영 노선으로 입장을 정리한 것은 이때부터다. 그 결과 1917년 4월 2일, 미국의 윌슨 대통령은 의회에서 "미국은 독일에 대해 선전포고를 해야 한다"는 연설을 하기에 이르고, 그로부터 불과 4일 후에 제1차 세계 대전에 참전한다.

그 뒤 1917년 11월, 당시 영국 외무장관이었던 아서 밸푸어가 리오넬 월터 로스차일드 경에게 편지를 보낸다. "팔레스타인에 유대 민족의 정착지를 마련할 것을 호의적으로 숙고하며 이 목표를 이루기 위해 혼신의 노력을 다할 것입니다." 이른바 '밸푸어 선언'이다.

밸푸어 선언이 나온 배경은 간단하다. 영국은 유대인들의 돈과 기술이 필요했던 것이다. 이렇게 역사적으로 유명한 밸푸어 선언이 실은 외무장관 밸푸어가 영국 시오니스트 회의 의장 리오넬 월터 로스차일드에 보내는 답신 형태로 발표되었다. 3문장 125단어로 이루어진 밸푸어 선언은 다음과 같다.

친애하는 로스차일드 남작 귀하

영국 폐하와 정부를 대표해 귀하에게 소식을 전해 드릴 수 있게 되어 영광으로 생각합니다. 유대 국가 건설과 관련한 다음의 선언은 이미 영국 내각에 제출되어 내각의 지지를 받았음을 알려드립니다.

"영국의 폐하와 정부는 유대인이 팔레스타인에 유대 민족 국가를 세우는 데 찬성하고 총력을 기울여 도와줄 계획이다. 그러나 명확히 해야 할 것은 이미 팔레스타인에 살고 있는 비유대인의 공민 자격과 종교적 권리를 해쳐서는 안 된다는 것이다. 유대인이 다른 국가에서 향유하는 각종 권리와 정치적 지위도 손상되어서는 안 된다."

아서 밸푸어와 그의 서신

귀하께서 선언의 내용을 시온주의자연맹에 전해준다면 무한한 기쁨
으로 생각하겠습니다.

– 아서 밸푸어 배상

밸푸어 선언은 연합국의 지지를 받았다.

그러나 밸푸어 선언은 애초에 지키지 않을 거짓 약속이었다. 밸푸어
선언 이전인 1915년 10월, 수에즈운하를 둘러싸고 터키와 치열하게 싸
웠던 영국은 전세를 만회하기 위한 방편으로 이집트 주재 외교관인 맥
마흔을 통해 당시 아랍의 지도자인 후세인에게 자신들을 도우면 전후
아랍인의 독립국가 건설을 지지하겠다는 약속을 했던 것이다. 해가 지
지 않는 나라로 불리며 3,700만㎢에 달하는 영토를 지배했던 영국이,
아랍인과 유대인들을 갖고 논 셈이다.

19세기 말까지만 하더라도 팔레스타인에서 아랍인과 유대인은 평화
롭게 공존하였으나, 오늘날과 같은 세계의 화약고로 돌변한 것은 이러
한 영국의 모순된 행동 때문이라는 비판이 있다.

차임 바이츠만과 벤구리온

밸푸어 선언이 나오도록 뒤에서 도운 유대인이 또 있다. 바로 차임 바
이츠만이다.

1차 대전 당시 영국은 폭약의 제조 원료인 무연 화약이 부족했다. 이
전에는 주로 독일에서 수입했던 것이다. 그래서 수입처를 남미 칠레
로 바꾸었는데, 해상 운송이 어려웠다. 그러던 차에 당시 맨체스터대
학 화학교수였던 바이츠만이 화학원료를 혼합해 포탄 제조에 들어가
는 아세톤과 같은 성능의 폭발물 제조방법을 찾아낸다. 영국의 전쟁

수행에 결정적인 도움을 준 것이다.

그는 영국에서 유명인사가 되었다. 그 뒤 그는 영국 고위 정책당국자들에게 기회가 있을 때마다 팔레스타인에 유대인 국가를 만드는 것이 영국 국익에도 도움이 된다고 말했다. 바이츠만은 "런던이 늪이었을 때 예루살렘은 유대 수도였다"는 말로 영국 외상 밸푸어를 감동시켰다. 그런 노력의 결과가 밸푸어 선언이다. 하지만 돌이켜보면 아랍과 이스라엘 간의 끝없는 피의 투쟁이 시작됨을 알리는 메시지이기도 했다. 차임 바이츠만은 훗날 이스라엘 초대 대통령이 된다.

바이츠만과 함께 이스라엘 건국과 얽혀 언급해야 할 인물이 초대 수상 벤구리온이다. 그는 폴란드계 유대인으로 근대 시오니즘 창시자인 헤르츨의 영향을 받아 시오니스트가 되었다. 1906년 팔레스타인에 입국하여 팔레스타인 노동당 기관지의 편집장이 되었고, 1차 대전 당시 미국으로 건너가 시오니스트인 벤츠비와 함께 유대 군단을 결성하여 팔레스타인 전쟁에 종군하였다. 전후에는 팔레스타인에 머물면서 노동총연합을 조직하고 서기장이 되었다. 1933년 국제 시오니즘의 최고 감독 기관인 시오니즘 집행위원회에 들어가 2년 뒤에는 위원장이 되었고, 1948년 5월 이스라엘 공화국 성립과 함께 초대 수상이 되었다.

몰려드는 유대인 난민들

제1차 세계 대전에서 오스만 제국이 패하자, 국제연맹은 영국과 프랑스가 오스만 제국 지배하에 있던 국가들 가운데, 터키를 제외한 지역을 한시적으로 식민지화하여 위임통치하는 것을 인정하였다. 영국과 프랑스 두 강대국은 아랍 지역을 이라크, 시리아, 레바논, 남시리아 4개 지역으로 분할했다. 남시리아 지역은 공식적으로는 영국이 팔레스타인이라고 부르는 지역이었다. 윈스턴 처칠은 이 지역을 요르단강을 경계로 동서로 다시 분할했다. 이리하여 요르단강 동안은 훗날 요르단이 되고, 서안은 팔레스타인이라는 이름으로 남게 된다.

전쟁이 끝나자 이집트에 있던 유대인 난민은 팔레스타인으로 돌아왔다. 또한 러시아에서 자행되던 유대인 학살을 피해 많은 유대인이 팔레스타인에 도착했다. 1922년 팔레스타인 인구 조사 결과 약 59만 명의 이슬람과 8만 3천 명의 유대인, 7만 1,500여 명의 그리스도인이 거주하는 것으로 나타났다.

밸푸어 선언 이후 영국의 확실한 지원이 뒤따르며 유대인이 더 쇄도했고, 1933년에는 유대인만 23만 8천 명으로 늘어났다. 당연히 팔레스타인 지방에 살던 아랍인들은 유대인의 물결에 두려움을 느끼기 시작했다. 1929년 그리고 1936~39년에 아랍인들은 영국 정책에 반대하며 봉기를 일으켰다. 이후 영국은 1939년 유대인의 이주를 제한한다는 방침을 발표했다. 그러나 유대인과 아랍인 모두 불만을 갖게 할 뿐이었다. 이후 히틀러의 등장으로 더 많은 유대인이 팔레스타인으로 이주했고, 그 지역에서 유대인과 아랍인 간의 긴장은 높아만 갔다.

대망의 이스라엘 재탄생

1947년 영국은 UN을 통해 팔레스타인 지역을 유대인과 아랍인의 나라로 분할하는 안을 내놓았다. 특히 성지인 예루살렘을 분할하기로 했다. 영국의 위임 통치 기한은 1948년 5월 15일까지였다. 이러한 UN안을 바탕으로 1948년 5월 14일 금요일 이스라엘이 건국되었다.

"그날에 내가 다윗의 무너진 천막을 일으키고 그 틈을 막으며 퇴락한 것을 일으켜서 옛적과 같이 세우고…… 내가 저희를 그 본토에 심으리니 저희가 나의 준 땅에서 다시는 뽑히지 아니하리라. 이는 네 하느님 여호와의 말씀이니라"라는 아모스 9장 11절에서 15절이 벤구리온에 의해 낭독되었다. 이스라엘은 기원전 63년에 망한 지 정확히 2011년 만에 나라를 되찾은 것이다. 기적이었다.

하지만 기쁨도 잠시였다. 이 건국은 곧 전쟁으로 이어졌다. 건국을 선언한 그날 밤, 이집트 전투기들이 이스라엘을 폭격했고 이튿날 마지막 영국인이 떠나는 것을 기해 아랍군의 침입이 시작되었다. 이로써 전 아랍이 전쟁 상태에 돌입했다. 이집트, 요르단, 시리아, 레바논, 이라크 등 5개국이 이스라엘을 공격했다. 북쪽에서는 레바논과 시리아가, 동쪽에서는 요르단과 이라크가, 남쪽에서는 이집트가 공격해왔다. 누가 보아도 이스라엘은 곧 무너질 것처럼 보였다.

그런데 이스라엘은 기적적으로 살아남았다. 이스라엘 민간인들이 부족한 무기들로나마 결사 항전했다. 20일 넘게 이어진 전투 끝에 결국 유대인들은 예루살렘과 텔아비브를 지켜내 1948년 6월 11일 스웨덴의 중재로 휴전 협상이 시작되었다. 그사이 미국의 지원으로 현대적인 전투 군대로 변한 이스라엘군은 모세 다얀 장군의 지휘 아래 이집트 카이로, 요르단 암만, 시리아 다마스쿠스를 폭격해 아랍 연합군은 결국 두 손을 들었다.

1949년 2월 평화 조약 조인으로 제1차 중동 전쟁은 이스라엘의 승리로 끝났다. 이 전쟁을 이스라엘은 '독립전쟁'이라고 부르나 팔레스타인 측에서는 알 나크바, 즉 재앙의 시작이라고 부른다. 이 전쟁으로 이스라엘은 UN안보다 50%나 더 많은 지역을 점령했다. 이 전쟁으로 자신의 고향에서 축출된 아랍인들은 80만 명이나 된다. 오늘날 세계는 이들을 팔레스타인인이라고 부른다. 하지만 전쟁은 이것으로 끝이 아니었다. 1차 중동 전쟁 이후 이스라엘과 아랍의 대규모 정규전은 4차례 더 일어났다.

자본주의의 유래 논쟁, 청교도 대 유대교

막스 베버와 베르너 좀바르트의 치열한 논쟁, 자본주의 정신

『프로테스탄트 윤리와 자본주의 정신』을 쓴 막스 베버는 자본주의가 청교도로부터 시작됐다고 주장했다. 그가 말하는 자본주의는 '건전한 직업정신'과 '정당한 이윤추구'라는 '윤리적 자본주의 정신'이다. 그는 노동이 신성하다면 돈도 신성하다고 말했다. 그리고 돈은 철저하게 합리적인 목적을 위해 사용돼야 하는 책임감을 수반한다고 주장했다. 베버에 따르면 윤리적 자본주의 정신이란, 직업을 갖고 노동을 통해 합리적으로 정당한 이윤을 추구하는 것이다. 즉, 탐욕과 무한한 이윤 추구와는 전혀 다르다. 베버는 이른바 금욕주의 정신에 충실한 자본가들은 자신의 직무를 엄격하게 수행하면

막스 베버

서 윤리적으로 조금도 어긋나지 않는 이윤을 추구한다며, 자본가와 노동자가 번 돈을 소비하지 않고 저축하여 다시 생산에 투자한다면 더 많은 상품을 생산하고 생산성도 올라가 자본주의는 더욱 번창한다고 주장했다.

베버는 잘못된 자본주의 정신과 건전한 자본주의 정신과의 차이점을 유대교와 청교도 정신에 비유하기도 했는데, 유대교의 경제적 지향은 정치나 투기에 의존해서라도 돈을 버는 모험적 자본주의 태도라며 돈을 벌기 위해 수단과 방법을 가리지 않는 유대교 자본주의 행태를 천민자본주의라고 말했다.

반면 『근대 자본주의』를 저술한 독일의 경제학자이자 사회학자인 베르너 좀바르트는 자본주의는 청교도가 아닌 유대인들로부터 비롯되었다고 주장했다. 좀바르트는 "이베리아반도의 유대인들이 재산을 정리하여 막대한 자본을 가지고 암스테르담에 정착할 때 자본주의도 따라왔다"고 했다. 또한 "미국은 유대정신으로 가득 차

베르너 좀바르트

있다. 우리가 '미국의 혼'이라 부르는 것은 순수한 유대정신에 지나지 않는다. 아메리카의 정신은 청교도를 통해 기독교의 가면을 쓴 유대교로 변질되어가는 과정이며 청교도는 인공적인 유대교이다" 라고 했다.

'반유대교'적일 만큼 과격한 이 말이 의미하는 것은 무엇일까? 그것은 영국 청교도 혁명 이후 영국이 서서히 '유대화'되었고, 대영제국의 정책, 나아가서는 세계 정책에 유대인들의 입김이 크게 작용했고, 결국엔 청교도 무리와 유대인들이 아메리카 대륙으로 건너가 미국을 건설했다는 것이다.

청교도 혁명 당시 유대인은 물 만난 고기였다. 그 이유는 청교도와 유대교 사이에 커다란 공통점이 있기 때문이다. 대체로 종교는 부를 부정하고 탐욕을 억제하라고 가르친다. (가톨릭은 부귀를 탐하지 말고 청빈하라고 가르치고, 불교는 모든 물욕을 버리고 마음을 비우도록 '무소유'를 설파한다. 힌두교는 아예 아무것도 소유해선 안 된다고 가르친다. 이슬람도 물욕을 버릴 것을 요구한다.) 탐욕으로 인한 악행을 방지하고 인간 사회의 질서를 유지하기 위함이다. 그런데 미국의 기초를 이룬 두 개의 종교가 부를 인정하고 부자가 돼도 좋다는 교리를 강조한다. 이 두 종교가 바로 유대교와 청교도이다.

칼뱅은 '깨끗한 부자'를 강조했고, 유대교도 부자가 축복받은 것임을 강조했다. 유대인들은 물질적인 성공은 신으로부터 선택받은 사람임을 증명해주는 것으로 믿었다. 다시 말해 재산을 모으는 일은 고귀한 일이었다. 오히려 가난이야말로 삶에 대한 성실성의 결여로 간주되어 도덕적으로 지탄받아야 할 대상이었다. 이러한 생각은 청교도들도 마찬가지였다. 다만 유대교는 개인의 윤리 차원에서 소유욕과 부를 경고했다. 돈과 부는 인간을 교만하게 하여 하느님을 잊게 할 수 있다는 것이다. 또 과도한 금전욕은 불의와 부패로 이끈다. 그럼에도 돈과 부는 경건한 자에게 주어지는 하나님의 선물로 간주되었다.

베버의 주장과 좀바르트의 주장은 명백히 상충된다. 베버는 검약과 저축이 자본주의 초기의 특성임을 주장한 반면, 좀바르트는 이를 반박하며 오히려 소비가 자본주의의 동력이라고 했다. 좀바르트가 이런 주장을 설파한 책이 『사랑과 사치의 자본주의』이다.

물론 두 사람의 주장이 전적으로 모순되고 양립 불가능한 것은 아니다. 가만히 들여다보면 둘은 근대 초 자본주의의 형성 원인으로서 서로 상이한 집단을 연구 대상으로 삼았음을 알 수 있다. 또 이는 초기 자본주의와 성숙 자본주의의 차이이기도 하다. 이 둘의 논쟁은 이후에도 계속된다. 막스 베버의 주장이 종교적, 윤리적으로 우위에 있어 좀바르트의 주장이 사람들에게 잊힌 듯했으나 최근 불황이 소비 부족에 기인한다고 알려지면서 좀바르트의 견해가 조명받고 있다.

묘하게도 학문적으로 대립각을 세운 이 둘은 절친한 친구이다. 둘은 함께 「사회과학과 사회정책」이라는 잡지를 만들었다. 두 사람에게서 유대교와 청교도 관계를 보는 듯하다.

유대인, 자본주의 창시자라는 사실을 거부하다

유대인은 탐탁지는 않지만 그리스도교와 공산주의 창시자가 유대인이라는 사실 자체는 인정하고 있다. 하지만 자본주의를 창시한 사람이 유대인이라는 말만큼은 단호히 부인한다. 그들은 좀바르트의 주장의 타당성을 입증하기보다는 오히려 부인하는 데 힘썼다.

근래에 와서야 비로소 좀바르트 주장을 재검토하게 되었지만 아직도 확실한 입장은 아니다. 흔히 반유대주의자들이 유대인을 '약탈적 자본주의자'라고 부르기 때문에 유대인 스스로 자신들이 자본주의의 창시자라는 사실을 인정하고 싶지 않은 것이다.

유대인이 주도한 자본주의의 탄생 과정과 오늘날까지의 흐름을 추적하며, 그 과정에서 로스차일드 가문의 역할을 살펴보았다.

유대인은 이슬람 세계에서 500년간 번영을 누렸다. 그러던 중 이슬람 근본주의의 발흥으로 박해받게 되자 스페인 왕국으로 건너갔고, 그 후 '해가 지지 않는 제국'을 건설하며 통일왕국을 이룩한 스페인이 '기독교 왕국'을 표방하자 다시 전격 추방되었다. 1492년의 일이었다.

스페인에서 쫓겨나 종교의 자유를 찾아 척박한 저지대로 몰려간 30여 만 명의 유대인이 인구 100만의 소국 네덜란드를 당대의 중상주의 물결을 타고 최강의 강소국으로 만드는 기적이 100여 년 만에 펼쳐졌다. 네덜란드가 가난한 어업국에서 해운 강국으로, 중계무역과 금융 강국으로 변신하는 가운데 자본주의의 씨앗인 '주식회사, 주식거래소, 중앙은행'이 탄생한 것이다.

유대인은 네덜란드의 독립전쟁을 치르면서 치열하게 싸웠다. 특히 전시자금을 모으기 위해 채권시장을 발전시킨 덕분에 시중금리가 2~3%대로 떨어졌다. 이로 인해 투자가 활성화되어 세계 무역네트워크가 만들어지고 세계가 하나의 시장으로 커가면서 서로 왕래하게 되었다.

이후 이들 무역네트워크와 금융시스템이 후진국 영국으로 통째로 옮겨지는 소설 같은 일이 실제 역사에서 벌어졌다. 유대인의 이동과 함께 암스테르담의 세계 무역네트워크와 금융시스템이 도버 해협을 건너 런던으로 이식된 것이다.

이러한 환경 속에서 로스차일드 가문이 나타나 세력을 확장하며 유럽 대륙을 하나의 금융권으로 묶었다. 멀티내셔널 금융그룹의 탄생이었다. 이들은 정보를 토대로 돈을 벌었다. 전쟁·산업·외환·상품·지역 등에 관한 모든 정보가 돈과 직결되었다. 그리고 정보를 통해 이들이 축적한 천문학적인 자금과 저금리는 산업혁명을 전 세계로 전파했다. 글로벌 금융의 효시였다. 이들이 전쟁 통에 사들인 엄청난 양의 금과 금광들이 세계 각국에 금본위제를 확장시키면서 금은 세계 통화시스템의 근간이 되었다. 이후 세계의 금값은 로스차일드 가문이 정했다. 즉, 한 시대의 통화시스템을 이들이 주물렀다는 말이다.

히틀러의 출현으로 어려움을 겪자 커튼 뒤로 숨은 로스차일드 가문의 자금은 이후 은밀하게 움직이면서 세계에 자본주의와 유대주의를 전파했다. 특히 이들의 대리인과 모건을 통한 미국에 대한 투자는 미국의 근대 산업과 금융 발전을 가져왔다. 로스차일드 가문의 커튼 뒤 대표 작품이라 해도 과언이 아니다. 또한 이스라엘의 건국에도 로스차일드 후손들의 역할이 컸다.

로스차일드 가문은 5형제가 일치단결하여 유럽 대륙 전체를 자본의 힘으로 발전시킨 공로도 컸지만, 그 후손들이 대리인과 모건을 통해 미국의 산업과 금융을 발전시킨 공로는 그보다 더 컸다. 비록 그로 인한 금융자본주의가 많은 문제점을 내포하고 있지만 말이다. 로스차일드 이야기는 과거의 지나간 이야기가 아니라 오늘날에도 살아 숨 쉬는 현재 진행형의 이야기이다.

이 책을 쓰면서 다음 네 가지에 유의했다. 첫째, 음모론적 시각이나 픽션적인 이야기는 피하고 팩트에 충실하려고 노력했다. 둘째, 여러 관련 서적을 비교해서 가장 사실에 부합된다고 판단되는 것을 가려내어 출처를 밝히고 인용했다. 셋째, 여러 저자의 주장이 상충되는 경우, 그 내용을 함께 밝히고 가장 타당하다고 여기는 이야기를 소개했다. 넷째, 본질에서 벗어난 곁가지들은 가급적 이 책에 담지 않았다. 그러다 보니 전반적으로 '재미' 요소가 반감된 듯한 느낌이 없지 않으나 팩트에 주력하다 보니 그리되었음을 이해 바란다. 그 대신 로스차일드가 우리에게 들려주고 싶은 가치, 곧 '신뢰, 단결력, 정보의 힘, 자본의 힘, 인맥, 자선'에 대한 의미를 행간에서 함께 읽었기를 바란다.

그럼에도 사실 이상의 픽션이라고 느끼는 부분이 없지 않을 것이다. 내용 중에 사실이 아닌 이야기가 있다면 언제라도 지적해주기 바란다. 고마운 마음으로 고치겠다.

로스차일드 이야기

초판 1쇄 인쇄 2021년 7월 1일
초판 1쇄 발행 2021년 7월 8일

지은이 홍익희
펴낸이 정상우
편집 정재은
관리 남영애 김명희

펴낸곳 오픈하우스
출판등록 2007년 11월 29일(제13-237호)
주소 (03496)서울시 은평구 증산로9길 32
전화 02-333-3705
팩스 02-333-3745
페이스북 facebook.com/openhouse.kr
인스타그램 instagram.com/openhousebooks

ISBN 979-11-88285-92-1 03320